La 1ʳᵉ Livraison à **10** Centimes sera en Vente le 1ᵉʳ AVRIL

La 1ʳᵉ Série à **50** Centimes sera en Vente le 19 AVRIL

LE BARON FRÉDÉRICK

PAR GUSTAVE AIMARD

L'OUVRAGE

sera complet

EN

90 LIVRAISONS

à

10 Cent.

L'OUVRAGE

sera complet

EN

18 SÉRIES

à

50 Cent.

ÉDITION DE LUXE ILLUSTRÉE

AVIS DE L'ÉDITEUR

A notre profond regret, la première feuille de cet ouvrage n'a pu paraître au jour indiqué, LE 18 MARS. Un ordre ministériel s'y est opposé. Par déférence envers l'Administration, nous avons même dû substituer au titre annoncé, les *Maîtres Espions*, celui-ci : *Le Baron Frédérick*.

Nous ne récriminons point contre les administrations supérieures des Affaires Étrangères et de l'Intérieur qui se sont crues forcées d'intervenir. Nous avons la certitude qu'elles ont obéi à une impérieuse obligation.

Probablement eût-on voulu exiger davantage qu'un simple changement de *titre*; mais fort heureusement, aux termes de notre Législation, le texte de l'œuvre éminente de Gustave Aimard est à l'abri

(*Voir suite au dos de la couverture.*)

de toute prohibition légale ou administrative. Dès lors, il se trouve protégé contre toute récrimination de l'Extérieur.

Nous en donnons notre parole d'honneur, il ne sera retranché ni modifié un seul mot du texte.

Ce Roman n'est pas plus un livre de scandale qu'une platonique promenade en pays étranger. Il est la vérité vraie. Les individus et leurs mauvais instincts y sont dépecés à nu. Leurs agissements haineux sont dévoilés sous une forme dramatique plus vivante et, disons le mot, plus poignante que ne pourra jamais le faire la froide histoire.

L'œuvre n'est pas inédite, elle a été écrite et publiée une première fois en pleine fièvre politique.

Son succès a été grand. Sous la nouvelle forme que nous la publions, édition populaire et de luxe, il sera immense.

Paris, 25 mars 1877.

A. D.-C.

————————

Seule, l'obligation de changer le titre très-significatif **les Maîtres Espions**, prouve mieux qu'on ne saurait le dire, l'intérêt patriotique de ce Roman. L'intérêt dramatique n'est pas moins grand.

Nous nous bornons donc à donner un très-court extrait du 1er chapitre : *Comment l'Araignée tendait sa toile.*

Puis il annonça au ministre, en s'inclinant profondément, selon son habitude :

— Son Excellence Monseigneur le comte de Brisgaw.

Ce personnage fit immédiatement son entrée.

Figurez-vous un petit homme rondelet, grassouillet, à la face rubiconde, épanouie par un éternel sourire ; aux petits yeux gris, vifs et pétillants de malice ; à la bouche narquoise ; toujours fringant, sautillant et flottant entre quarante et quarante-cinq ans ; vous aurez le portrait du comte.

— Eh ! arrivez donc, mon cher comte, lui dit le ministre dès qu'il l'aperçut. Sacrement ! j'étais impatient de vous voir.

— Ah ! pardieu ! Excellence, il ne tenait qu'à vous de me voir plus tôt. L'envie ne manquait pas de vous faire visite, mais... les affaires...

— Ah ! oui, les affaires ! Parlons-en un peu, mon cher Brisgaw, et surtout des vôtres, qui me paraissent un peu brouillées.

— C'est-à-dire, fit le bonhomme en riant, que le diable lui-même ne les débrouillerait pas. Ces damnés de Français viennent encore de me refaire de cent mille thalers sur la dernière vente de chevaux que je leur ai livrés.

— Vous courez donc toujours le pays ?

— Dame ! il le faut bien. Depuis longtemps ma légitime s'en est allée à tous les diables. Il m'a fallu profiter de mes connaissances en hippiatrique pour tâcher de refaire dans mon âge mûr ma fortune si fortement compromise par une jeunesse un peu orageuse. Mais, décidément, les Français sont plus forts que moi, et si le diable ne me vient en aide, je serai forcé de chercher une autre planche de salut.

— Eh bien ! mais, si je vous venais en aide, moi !

— Eh ! eh ! vous êtes un peu cousin du diable, mon cher comte, je vous avoue que cela m'arrangerait beaucoup, fit-il en éclatant d'un gros rire.

— Cousin ou non du diable, mon cher Brisgaw, vous savez que depuis longtemps je vous suis acquis et prêt à vous servir en toute circonstance. Déjà plusieurs fois je n'ai eu qu'à me louer de votre fidélité dans les missions que je vous ai confiées sur les frontières françaises.

— Est-ce d'une mission semblable que vous voulez me charger ? Parbleu, je suis merveilleusement disposé pour cela et vous me prenez dans un bon moment. Je veux absolument me venger de ces coquins de Français contre lesquels, depuis dix ans, je lutte vainement de finesse.

— Eh bien ! voilà qui s'arrange à merveille. Il s'agit tout simplement de faire pour moi en grand ce que, jusqu'à présent, vous n'avez fait qu'en petit.

— Je saisis parfaitement votre pensée. A compter d'aujourd'hui, je deviens maquignon ; je vends des chevaux du Mecklembourg et du Luxembourg, je cours les foires et les villages d'Alsace et de Lorraine. Je vois tout, j'entends tout, je brouille tout et vous raconte tout. Est-ce cela ?

— Parfaitement. Il n'y a que vous pour savoir deviner ainsi et comprendre à demi-mot.

— Oui, oui, fit-il ; toujours à demi-mot ! Ah ! dame ! je comprends vite, mais je me fais payer cher. Écoutez donc ; c'est qu'aussi, je ne suis pas un croquant...

— Soyez tranquille, mon cher Brisgaw, je vous traiterai en gentilhomme. En attendant, avant que vous vous remboursiez sur les Français, faites-moi le plaisir d'accepter de moi les cent mille thalers qu'ils vous ont fait perdre.

— Ai-je dit thalers ? répliqua finement le gros homme.

— Thalers ou doubles thalers, peu importe entre nous, mon cher comte.

— Allons, ceci arrive comme la manne dans le désert, répondit-il en serrant précieusement dans son portefeuille les bons que lui avait remis le ministre. Quand dois-je me mettre à l'œuvre ?

552.77. — Boulogne (Seine). — Imp. JULES BOYER. — Administration : 14, rue Neuve-Saint-Augustin, Paris.

SPECIMEN. Livraison à 10 centimes,

La 1re livraison paraîtra *irrévocablement* le 1er avril.
La 1re série à 50 cent. paraîtra le 19 avril.

LE
BARON FRÉDÉRICK

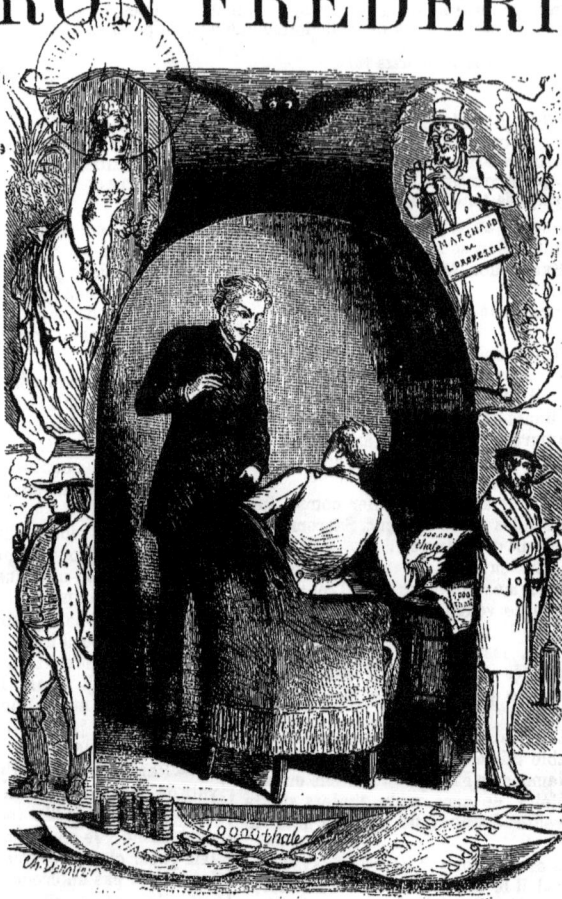

PAR

GUSTAVE AIMARD

Édition de luxe illustrée

PARIS

A. DEGORCE-CADOT, éditeur, 70bis, rue Bonaparte

ET CHEZ TOUS LES LIBRAIRES DE FRANCE ET DE L'ÉTRANGER

AVIS DE L'ÉDITEUR

A notre profond regret, la première feuille de cet ouvrage n'a pu paraître au jour indiqué, LE 18 MARS. Un ordre ministériel s'y est opposé. Par déférence envers l'Administration, nous avons même dû substituer au titre annoncé, les *Maîtres Espions*, celui-ci : *Le Baron Frédérick*.

Nous ne récriminons point contre les administrations supérieures des Affaires Étrangères et de l'Intérieur qui se sont crues forcées d'intervenir. Nous avons la certitude qu'elles ont obéi à une impérieuse obligation.

Probablement eût-on voulu exiger davantage qu'un simple changement de *titre*, mais fort heureusement, aux termes de notre Législation, le texte de l'œuvre éminente de Gustave Aimard est à l'abri de toute prohibition légale ou administrative. Dès lors, il se trouve protégé contre toute récrimination de l'Extérieur.

Nous en donnons notre parole d'honneur, il ne sera retranché ni modifié un seul mot du texte.

Ce Roman n'est pas plus un livre de scandale qu'une platonique promenade en pays étranger. Il est la vérité vraie. Les individus et leurs mauvais instincts y sont dépecés à nu. Leurs agissements haineux sont dévoilés sous une forme dramatique plus vivante et, disons le mot, plus poignante que ne pourra jamais le faire la froide histoire.

L'œuvre n'est pas inédite, elle a été écrite et publiée une première fois en pleine fièvre politique.

Son succès a été grand. Sous la nouvelle forme que nous la publions, édition populaire et de luxe, il sera immense.

Páris, 25 mars 1877.

A. D.-C.

LE
BARON FRÉDÉRICK

PROLOGUE

I

COMMENT L'ARAIGNÉE TENDAIT SA TOILE

L'Autriche était vaincue.

Les résultats imprévus de la bataille de Sadowa l'avaient livrée pantelante aux griffes acérées de l'hyène prussienne.

Impuissant et humilié, l'empereur d'Autriche avait été contraint de se courber sous l'implacable volonté de son vainqueur et de signer le honteux traité qui le rejetait hors de la Confédération allemande.

Depuis quelques jours, Guillaume IV se trouvait à Ems, où il digérait l'immense curée de l'Empire mis à sac.

A cette époque, le roi de Prusse était un homme d'environ soixante-neuf ans, d'une taille bien au-dessus de la moyenne, sec, nerveux, plutôt laid que beau. Son œil, brillant parfois de fauves lueurs, disparaissait presque constamment, perdu derrière des cils épais et sous ses sourcils abondants. Ses favoris en hérisson et ses moustaches ébouriffées lui donnaient au premier aspect une ressemblance frappante avec le jaguar, ce tigre américain.

Boutonné depuis le haut jusqu'en bas, gourmé et pour ainsi dire ficelé dans une capote bleue à deux rangs de boutons d'argent, il portait des épaulettes de même métal, à graines d'épinards. Un passe-poil rouge accompagnait le collet et dessinait les manches de cette capote qui, par une ouverture pratiquée à cet effet comme dans les tuniques de nos anciens sergents de ville, laissait passer la poignée et la dragonne de son épée dont le fourreau tombait droit le long du vêtement.

Le surplus de son costume se composait d'un pantalon gris de fer, avec le passe-poil d'un rouge sanglant.

Ses manières et ses allures, triviales et presque grossières, étaient celles d'un vieux soldat.

De plus, il affectait en parlant la prononciation nasillarde du grand Frédéric dont il a fait son modèle.

Chaque jour on le voyait sur le Cursaal se promener silencieusement, seul, jetant autour de lui des regards sournois, comme un fauve qui guette, et suivi à dix pas en arrière par deux laquais à face patibulaire, dignes serviteurs de ce monarque cauteleux qui résume en lui la froide cruauté des Teutons, l'orgueil brutal des Germains et l'avarice sordidement judaïque et légendaire des Hohenzollern.

Le jour où commence l'histoire que nous entreprenons de raconter, après avoir bu son verre d'eau, ainsi qu'il le faisait chaque matin, le roi venait d'apparaître sur le Cursaal, mais cette fois il n'était pas seul.

Il était accompagné d'un homme d'une taille élevée, aux traits heurtés, aux cheveux courts et rares sur le front, aux yeux glauques, dont le regard sans cesse errant ne se fixait jamais. Les poils rudes de sa moustache coupée en brosse ne cachaient qu'à demi la torsion sardonique de sa bouche aux lèvres charnues dont le rire, qu'il essayait vainement de rendre bonhomme, ne parvenait qu'à donner à son visage une indicible expression de fourberie railleuse.

La morgue et la roideur de ce personnage le faisaient, bien qu'il portât un costume civil, reconnaître pour un officier prussien.

Cet homme était le ministre, le confident, l'*alter ego* du roi, le sombre conseiller dont les perfides insinuations poussaient incessamment son maître dans la voie ténébreuse, où quelques années plus tard celui-ci devait s'enfoncer dans le sang jusqu'aux genoux. C'était l'homme enfin qui, patriote et démocrate au début de sa carrière, avait renié toutes ses croyances; que ses flatteurs ont eu l'audace de comparer à Richelieu, et qui n'est même pas la caricature de Mazarin.

Pendant près d'une demi-heure, le roi et le ministre s'entretinrent à voix basse, avec une animation toujours croissante.

Le roi marchait la tête légèrement penchée sur la poitrine. Du bout de sa botte, il poussait avec un geste impatient les cailloux qui se rencontraient sur ses pas.

Le ministre, sans hausser la voix, mais avec des mouvements obséquieux, des sourires serviles, semblait insister près de son maître sur une demande qu'il lui adressait sans doute et que celui-ci s'obstinait à refuser.

Mais enfin, comme cela arrive toujours, lorsqu'un caractère faible et incertain se trouve aux prises avec un autre plus fort et plus résolu, le roi, de guerre las, s'arrêta,

redressa la tête et fit un geste d'assentiment.

Le ministre, sans insister davantage, recula d'un pas en arrière, salua en s'inclinant profondément, et laissant son maître continuer seul sa promenade, il se retira en lui lançant à la dérobée un regard de triomphe.

C'était un noble seigneur que ce ministre, et, bien que sa fortune ne répondît pas encore à ses prétentions, toutes féodales, et surtout à ses vues ambitieuses, il était de vieille race et portait le titre de comte.

Sans nul doute, ses ancêtres devaient faire partie de ces nobles à aire d'épervier qui détroussaient les voyageurs, *allaient à la proie*, et que Frédéric Barberousse broya dans leurs burgs féodaux sous sa puissante épée.

Probablement aussi le descendant de ces nobles écorcheurs rêvait de ressusciter ces beaux temps du moyen âge, et c'est dans ce but qu'il s'était mis à l'œuvre avec une si furieuse ténacité; s'essayant d'abord sur le Danemarck, puis sur l'Autriche, puis sur les petits États de la Confédération germanique, afin de procéder plus tard en grand à l'écrasement de la civilisation moderne.

Donc, ainsi que nous l'avons dit, le comte, après avoir quitté son maître, s'éloigna à grands pas, s'enfonça dans les rues les plus désertes de la ville, puis, arrivé devant une maison de médiocre apparence, mais construite entre cour et jardin, il s'arrêta devant une porte basse pratiquée dans le mur de ce jardin, jeta autour de lui un regard investigateur pour s'assurer que personne n'observait ses mouvements.

Il ouvrit cette porte avec une clef microscopique qu'il retira d'une des poches de son gilet et referma la porte derrière lui.

Il se trouva alors dans un jardin assez vaste, construit à la française, et qui, sans doute abandonné depuis longtemps, ressemblait presque à un bois, tant les arbres et arbustes qui le composaient avaient jeté dans toutes les directions des rejetons parasites.

Le ministre s'engagea dans une sorte d'allée qu'il parcourut d'un pas hâtif dans toute sa longueur.

Après quelques minutes, il déboucha sur une vaste pelouse qui s'étendait derrière la maison.

Là, se trouvaient installés comme dans un camp provisoire, une centaine de soldats revêtus de l'uniforme prussien.

En apercevant le comte, il se levèrent respectueusement, se placèrent en haie sur son passage et lui firent le salut militaire.

Le comte, rendit ce salut d'un geste machinal, monta quelques marches d'un perron en assez mauvais état, posa la main sur le loqueteau d'une porte, mais, au moment de l'ouvrir, il se retourna.

— Capitaine Schultz, dit-il à un officier qui, le petit doigt de la main gauche sur la couture du pantalon et la main droite au casque, se tenait immobile, au bas du perron, mon secrétaire vous a-t-il communiqué mes ordres ?

— Oui, Excellence, répondit le colosse, — le capitaine avait plus de six pieds, — plus semblable à un automate qu'à un homme.

— A dix heures, ce soir, soyez prêt. Maintenant, allez.

Le capitaine se retourna tout d'une pièce et rejoignit d'autres officiers qui se tenaient roides et immobiles à quelques pas plus loin.

Le comte poussa la porte, pénétra dans le corridor et de là dans un vaste cabinet où il s'assit dans un large fauteuil, derrière une table couverte ou plutôt encombrée de papiers et de dossiers soigneusement étiquetés et rangés avec un soin méticuleux.

Ce cabinet était éclairé par deux grandes fenêtres, devant lesquelles tombaient d'épais rideaux, qui ne laissaient pénétrer qu'un jour presque crépusculaire.

A une petite table, placée dans un des angles de la pièce, écrivait un homme à la figure de fouine, dont les cheveux du blond le plus fade tombaient en longues mèches graisseuses sur le collet de son habit étriqué, aux coutures blanches de vétusté et réparé aux coudes.

Aussitôt qu'il aperçut le comte, cet homme se leva comme poussé par un ressort, salua en se courbant en deux comme s'il eût voulu faire la culbute, puis il reprit sa place sur sa chaise et se remit à sa tâche, un instant interrompue.

— Quoi de nouveau, herr Muller ? dit le comte.

— Rien, monseigneur, répondit le scribe en se levant et saluant de nouveau, puis il se rassit.

— Il n'est venu personne ?

— Personne, monseigneur, répondit le scribe, se relevant et resaluant.

Rien n'était plus singulier que les mouvements automatiques et compassés de ce digne homme qui, chaque fois que son maître lui adressait la parole, se croyait obligé de se lever, de saluer et de se rasseoir.

La conversation eût-elle duré plusieurs heures, jamais il n'eût manqué d'accomplir à chaque interpellation ce qu'il considérait de sa part comme un devoir impérieux.

Plus d'une fois, le comte lui avait fait des observations à ce sujet, mais jamais le secrétaire n'avait voulu en démordre. Aussi le ministre avait-il fini par le laisser libre d'agir à sa guise.

— Vous savez, herr Muller, dit le comte avec intention, que je veux être prévenu aussitôt que les personnes que j'attends seront arrivées.

— Je me suis conformé en tout aux ordres de Votre Excellence, monseigneur.

— N'avais-je pas convoqué pour aujourd'hui certaines personnes qui désirent m'adresser des demandes ?

— J'ignore, monseigneur, quelles sont les personnes qui ont été convoquées par Votre Excellence, mais l'antichambre est pleine de gens qui semblent, pour la plupart, venir des parties les plus éloignées de la Prusse. Ils sont bien une trentaine. Parmi eux se trouvent plusieurs femmes. Tous, du reste, sont munis de pressantes lettres de recommandation pour Votre Excellence.

Un sourire de railleuse satisfaction illumina comme un éclair dans la nuit sombre, le visage renfrogné du ministre.

— S'il en est ainsi, dit-il, ne faisons pas attendre ces personnes plus longtemps. Introduisez-les immédiatement et faites-les entrer par ordre alphabétique. Je n'ai au reste que quelques mots à dire à chacune d'elles. Eh! mais, à propos, les bons sur la trésorerie, que je vous ai demandés, sont-ils prêts?

— Les voici, monseigneur. Il y en a cinq cents. Ils sont, ainsi que vous m'en avez donné l'ordre, de cinq mille, dix mille, vingt-cinq mille et cent mille thalers, tous payables au porteur, dans les principales maisons de banque de Paris, Metz, Nancy, Mulhouse, etc....

— Très-bien, herr Muller, dit le comte, en feuilletant les liasses de bons de la trésorerie, qu'il plaça ensuite sur la table et sur lesquels il posa un presse-papier. Maintenant faites entrer ces solliciteurs... N'oubliez pas cependant que si les personnages que j'attends arrivaient durant ce temps, je tiens à les voir immédiatement.

— Votre Excellence sera obéie, monseigneur.

Le scribe salua et sortit à reculons.

Le comte se leva et alla s'adosser à la cheminée.

— Tous ces individus me sont fort recommandés, murmura-t-il en parcourant des yeux un papier écrit en chiffres. On me les représente comme des gens actifs, intelligents, sans scrupules, pauvres, avides et résolus à ne reculer devant rien pour atteindre la fortune. Le moment arrive où s'engagera la grande partie que je prépare depuis si longtemps. Il est temps enfin que tous les fils de l'immense réseau dont j'ai couvert la France soient reliés entre eux et que je les tienne dans ma main. Qui saurait prévoir les événements qui d'ici à quelques mois peuvent surgir? Il faut

être prêt. Et puis, au besoin, ne puis-je pas aider le hasard? « Aide-toi, le ciel t'aidera, » a dit un sage. Et je m'aide autant que je puis, ajouta-t-il en riant, car cette fois ce ne sont plus des soldats que je vais envoyer, ce sont des chefs...

En ce moment, la porte du cabinet s'ouvrit et la portière fut soulevée. Un homme parut, et les audiences commencèrent.

Elles continuèrent sans interruption pendant toute la journée. Ce ne fut que vers six heures du soir que le dernier solliciteur quitta le cabinet du comte.

Chacun de ces personnages, chargé sans doute par le ministre de quelques missions ténébreuses, emportait avec lui un ou plusieurs des bons de la trésorerie.

Le comte passa alors dans une salle à manger voisine de son cabinet, et se fit servir immédiatement à dîner.

Le ministre du roi de Prusse est grand mangeur, et surtout grand buveur. La station qu'il fit à table fut longue. Lorsqu'il se leva pour rentrer dans son cabinet, ses joues légèrement enluminées, témoignaient qu'il s'était arrêté sur la limite précise, non pas de la tempérance, mais de l'ivresse.

Chez cet homme, dans les veines duquel coulait du fiel au lieu de sang, la digestion était laborieuse, l'âme au lieu de s'égayer s'attristait. Le visage devenait plus sombre.

Il s'assit.

Une pendule de style Louis XIV, posée sur un piédouche, sonna lentement dix heures.

Au même instant, un bruit semblable au roulement d'un tonnerre lointain et qui se rapproche rapidement, se fit entendre au dehors. Le bruit cessa devant la maison, puis des pas pesants résonnèrent dans l'antichambre. On entendit plusieurs crosses de fusil se reposer sur les dalles.

La porte s'ouvrit, et herr Muller montra sa longue personne par l'entrebâillement.

— Monseigneur est-il disposé à recevoir le

baron de Stanbow? dit-il d'une voix obsé-
quieuse.

— Qu'il entre, répondit le comte, mais que
l'escorte ne s'éloigne pas.

La personne annoncée sous le titre de
baron de Stanbow, et qui avait pu entendre
cette recommandation, pénétra alors dans le
cabinet, salua respectueusement le comte,
puis elle se redressa et demeura immobile et
roide comme un soldat sous les armes.

Le baron était un homme de vingt-trois
ans environ.

Superbe cavalier dans toute l'acception du
mot, il résumait en sa personne toutes les
beautés de la race germanique pure. Toutefois, ses traits pâles, fatigués, défaits, ses
yeux alanguis, montraient chez ce jeune
homme, soit une grande douleur morale non
encore étouffée, soit les lassitudes d'une dépravation précoce.

Peut-être y avait-il en lui de l'un et de
l'autre.

Le comte l'examina un instant à la dérobée,
puis fixant sur lui son regard glauque, il lui
dit d'une voix douce et avec un indicible
accent de bonhomie :

— Vous êtes le baron Frédéric de Stanbow,
monsieur?

— Oui, monseigneur.

— Veuillez approcher.

Le baron fit quatre pas en avant et s'arrêta en face du ministre dont la table seule le
séparait.

— Monsieur le baron, reprit le comte, dont
la voix devenait de plus en plus douce et les
manières se faisaient plus affables, il y a
quelques jours seulement que j'ai été informé
par hasard de la dure réclusion à laquelle vous
êtes condamné. La personne qui m'a parlé de
vous semble vous porter un si vif intérêt que
je n'ai pu résister au désir que me témoignait
cette personne, et j'ai pris sur vous et sur les
causes qui ont amené votre détention les renseignements les plus précis et les plus minutieux.

— Monseigneur!... murmura le baron avec
embarras.

— Oui, je sais. Vous avez eu une jeunesse...
comment dirai-je?... orageuse, si orageuse
même que votre famille, épouvantée de vos
désordres, a porté au roi une plainte fou-
droyante contre vous.

— Monseigneur!...

— Oh! permettez, monsieur le baron. Je
ne me pose pas devant vous en pédagogue.
Eh! mon Dieu! moi aussi, j'ai eu une jeunesse orageuse. Moi aussi, j'ai jeté l'argent
par toutes les fenêtres; j'ai eu des intrigues,
et pourtant, vous le voyez, aujourd'hui......
Seulement, entre nous soit dit, vous avez été
un peu trop vite. Mis il y a deux ans à peine
en possession de votre fortune, vous vous
êtes ruiné, sans même savoir comment. Et
alors, à bout de ressources, ayant perdu tout
crédit — ce n'est pas moi qui dis cela, remar-
quez-le bien, c'est la plainte adressée au
roi, — vous n'auriez pas hésité pour continuer quelque temps encore cette folle existence, à contrefaire d'honorables signatures.

— Oh! monseigneur! en effet...

— Ceci est grave, monsieur le baron, d'autant plus grave que votre père, dit-on, en
est mort de chagrin. Aussi, Sa Majesté le roi,
grâce à la bienveillance qu'il conserve pour
votre famille, et afin de ne pas vous laisser
publiquement déshonorer le nom de vos ancêtres, vous a-t-il condamné à terminer vos
jours dans une forteresse. Mon embarras est
extrême, je ne vous le cache pas, mon cher baron : je voudrais vous être utile et, je vous
l'avoue, je ne sais que faire. Voyons. Tout cela
est-il vrai? Qu'avez-vous à objecter?

— Rien monseigneur, murmura le jeune
homme d'une voix tremblante. Le châtiment
est juste et mérité. Cependant, puisque Votre
Excellence daigne m'interroger, j'oserai, si
elle me le permet, implorer d'elle une
grâce.

— Une grâce! fit le comte avec un feint
intérêt.

— Monseigneur, je suis bien jeune. Ma punition durera peut-être bien longtemps encore. Les souffrances que j'endure sont intolérables. Daigne le roi mettre le comble à ses bontés en ordonnant immédiatement mon exécution. Ma mort aura racheté ma vie.

Il y eut un assez long silence entre les deux interlocuteurs.

Le jeune homme suivait d'un regard anxieux le tout-puissant ministre qui, les bras derrière le dos, la tête penchée sur la poitrine, marchait à grands pas dans le cabinet, plongé en apparence dans les plus profondes réflexions.

Enfin le comte s'arrêta devant le jeune homme, et fixant sur celui-ci un regard qui lui fit baisser les yeux.

— Ainsi, c'est la mort que vous implorez, lui dit-il d'une voix douce.

— Oui, la mort, la mort par grâce, monseigneur, répondit-il avec des larmes dans la voix.

Le comte sourit; son visage s'éclaira; ses traits s'adoucirent encore.

— Vous souffrez donc bien? lui dit-il.

— Un martyre de toutes les heures, de toutes les secondes, monseigneur; un martyre si effroyable qu'il me faut toute la force de ma volonté pour m'empêcher de me briser le crâne contre les murs de ma prison.

— Et si je vous les ouvrais, les portes de cette prison? reprit le comte en pesant sur chaque mot. Si je vous rendais à la vie? Si je faisais renaître l'avenir qui s'est si brutalement fermé devant vous? En un mot, si je vous faisais libre et riche?

— Oh! monseigneur, murmura le jeune homme, dont tout le corps était agité par un mouvement convulsif et dont le front s'humectait de larges gouttes de sueur. Tant de bonheur me serait-il réservé? Oh! non, c'est impossible!

— Rien n'est impossible à qui veut fermement, répliqua sentencieusement le sinistre tentateur.

— Monseigneur, pardonnez-moi ces paroles qui s'échappent malgré moi de mon cœur chargé d'amertume. Je n'ose croire à cet avenir dont vous me parlez... Moi retranché du nombre des vivants! Vous raillez, monseigneur... Si je pouvais un instant supposer que ce que vous daignez me dire fût vrai... Mais non. Cela n'est pas: cela ne saurait être.

— Pauvre nature humaine, fit le comte, comme s'il se parlait à lui-même; le doute sera-t-il donc toujours au fond de tous les sentiments? Voyons, répondez nettement, monsieur le baron de Stanbow, répondez comme je vous interroge: je vous le répète, il ne tient qu'à vous d'être libre et riche.

— Oh! alors, monseigneur, tout de suite, reprit-il d'une voix étouffée.

— Tout de suite? Soit! reprit le comte redevenant subitement froid: je ne vous ai pas dit: vous êtes libre; mais il ne tient qu'à vous d'être libre, ce qui n'est pas tout à fait la même chose. Cela suppose... une convention... une condition... enfin, une sorte de pacte entre nous.

— Condition, convention ou pacte, j'accepte tout, monseigneur, tout, pour être libre; respirer enfin l'air pur, voir d'autres hommes que mes geôliers; errer à ma guise, au milieu de la foule indifférente, mais dont chaque individu sera pour moi un ami inconnu... Oh! monseigneur, ne rétractez pas vos paroles! Rendez-moi cette liberté que vous m'avez laissé entrevoir, lorsque l'espérance même m'avait abandonné; demandez-moi en retour ce que vous voudrez. Je suis prêt à tout pour être libre, quoi que vous m'ordonniez, quoi que vous exigiez de moi... Je le ferai, sans hésitation, sans crainte, sans remords.

— Allons, dit le comte, avec un accent d'imperceptible raillerie, je vois que je ne me suis pas trompé sur vous et que nous pouvons nous entendre. Écoutez-moi, baron de Stanbow; aussitôt que vous aurez quitté ce cabinet, vous serez libre et vous emporterez dans votre portefeuille deux bons de la trésorerie,

Le capitaine Schulz ne manqua pas de la saluer avec la courtoisie à la fois guindée et respectueuse habituelle aux officiers allemands. (Page 19.)

chacun de cent mille thalers. Chaque année vous recevrez une pension de vingt-cinq mille thalers, et, lorsque votre mission sera accomplie, je me charge de rétablir votre fortune complétement, soit par un mariage, soit autrement.

— Il s'agit donc pour moi d'une mission, monseigneur?

— Écoutez-moi sans m'interrompre. Quelle qu'ait été votre existence passée, vous n'avez pas oublié sans doute l'antagonisme, tranchons le mot, la haine héréditaire qui existe entre la Prusse et la France. Vous n'avez pas oublié, sans que je veuille ici faire un cours d'histoire et remonter trop haut, les humiliations dont nous ont abreuvés les Français sous le règne du premier Napoléon, la ruine de notre pays, son démembrement, la dévastation de nos campagnes et la terrible défaite enfin qu'ils nous ont fait subir à Iéna.

— Je ne serais ni gentilhomme, ni Prussien, monseigneur, si j'avais oublié cette haine.

— Eh bien! un autre Napoléon occupe en ce moment le trône de France. Cet homme tient à la fois de Caligula, de Claude et de Néron. On ne sait qui prime en lui de l'orgueil, de la lâcheté, de la férocité ou de la sottise. Jamais plus belle occasion ne peut être offerte à la Prusse de prendre sa revanche. La France, si forte, si puissante il y a dix ans, est aujourd'hui complétement démoralisée. Toutes les vertus qui font la force d'un peuple ont été systématiquement mises à néant par un gouvernement imbécile. Les talents son tenus à l'écart, les hommes de cœur jetés en prison ou envoyés en exil. Les vices les plus honteux se prélassent au grand jour. Le désordre est partout, dans les finances, dans l'armée. Les mœurs se sont corrompues. Enfin, les choses en sont arrivées à ce point, qu'au premier choc, la France devra s'écrouler comme un colosse miné par sa base. Le mal est sans remède. L'occasion de cette revanche, que la Prusse guette depuis si longtemps, s'offre enfin à elle. Depuis plusieurs années, j'ai éparpillé sur le territoire français des milliers d'agents, intelligents, dévoués, qui, placés à tous les degrés de l'échelle sociale, tout en fomentant la discorde, en activant la dépravation, me tiennent au courant de tout ce qui se fait, comme de tout ce qui se dit, de tout ce qu'on veut faire. A ces agents, le temps est venu de donner des chefs, afin que, lorsque l'heure sonnera, chacun soit prêt à agir de concert et à hâter le succès de cette revanche qui ne sera complète que par la ruine totale de ce pays exécré dont l'Europe entière désire la perte et dont nous nous partagerons les lambeaux. Vous le voyez, baron, je vous parle franchement et sans mots couverts, car je suis sûr de vous. Il faut, dès à présent, que vous soyez à moi, et cela, comme disent les jésuites, *Perinde ac cadaver.*

Du reste, ajouta-t-il, en s'approchant d'une fenêtre et soulevant un rideau, voyez ce piquet. Au cas d'un refus, dit-il, il m'assurera de votre personne, et je vous aurai ainsi, fit-il d'une voix railleuse, accordé la grâce que vous me demandiez d'abord. Si vous acceptez, au contraire, toutes les promesses que je vous ai faites seront rigoureusement tenues. Répondez-moi donc en deux mots. Consentez-vous à être l'un de ces chefs que je destine à nous assurer la victoire?

— J'accepte, monseigneur, j'accepte, parce que la mission que vous daignez me confier est sainte et que, dans une cause comme celle que vous me chargez de défendre, la fin justifie les moyens... Elle ennoblit tout, même le rôle d'espion, car c'est à mes yeux le rôle du dévouement.

Un sourire machiavélique plissa les lèvres du comte.

— Ne vous y trompez pas, monsieur le baron, dit-il; de près ou de loin je ne vous perdrai pas de vue. D'ailleurs vous correspondrez avec moi, directement, chaque mois.

— Où dois-je me rendre, et quand dois-je partir, monseigneur?

— Vous partirez tout de suite. Vous vous rendrez directement en Alsace que vous ne quitterez que d'après mes ordres..... Vous parlez plusieurs langues, je crois?

— Oui, monseigneur, le français, l'italien, le russe et le polonais. Ma nourrice était des environs de Varsovie. Les premiers mots que j'ai balbutiés l'ont été en polonais. Cette langue est pour moi presque la langue maternelle.

— Pardieu, voilà qui est parfait. N'oubliez pas ceci : Vous êtes un Polonais, recherché par la politique russe. Vous avez, à grand'-peine, échappé aux poursuites exercées contre vous. Toute votre famille a été massacrée dans la dernière insurrection. Vous êtes dénué de tout et vous venez chercher en France un refuge. Les Français ont la sottise d'accueillir les réfugiés de tous les pays, de leur accorder des secours et de les regarder comme des frères. Vous vous nommerez Ladislas Stanbowitch. A vous, maintenant, de broder sur ce canevas et de vous rendre le plus intéressant possible. Voici deux traites de chacune cent mille thalers; voici, de plus, les chiffres dont vous vous servirez pour correspondre avec moi. Je ne vous fais aucune recommandation de prudence et de fidélité, car, au premier mot qui vous échapperait, touchant la mission dont vous êtes chargé, fussiez-vous dans les entrailles de la terre, au milieu d'une armée de cent mille hommes, que vous n'échapperiez pas à ma vengeance. Maintenant, pas un mot de reconnaissance. Des actes. Partez. La chaise de poste qui vous a amené ici vous conduira à un point rapproché de la frontière de France. Adieu.

Le jeune homme sortit en chancelant, comme un homme ivre, se heurtant contre tous les meubles et froissant entre ses doigts les papiers qu'il venait de recevoir.

Le comte le suivit des yeux avec une expression indéfinissable, et lorsque le jeune homme eut disparu, il murmura avec un accent empreint à la fois d'amertume et de raillerie.

—Je crois que cette fois j'ai trouvé l'homme qu'il me faut.

Puis il posa le doigt sur un timbre.

Herr Muller parut.

— Dites au capitaine Schulz de venir me parler.

Herr Muller salua et sortit.

Au bout d'un instant la porte s'ouvrit, et le capitaine Schulz parut sur le seuil, roide, le haut du corps en arrière, la main droite à son casque et la gauche collée à la couture du pantalon.

—Approchez, capitaine, dit le comte.

L'officier fit automatiquement trois pas en avant et s'arrêta brusquement en face du comte.

— C'est vous, capitaine, qui commandez le détachement qui se trouve dans ce jardin?

— Oui, monseigneur.

— Suivant les ordres que j'ai donnés, vos hommes ne sont pas sortis par la ville? Personne ne les a vus?

— Non, monseigneur. Ils sont arrivés ici de nuit. Leur présence à Ems est complétement ignorée.

— Fort bien. Il faut que dans une heure vous ayez quitté la ville. Je ne veux pas que l'uniforme de la garde royale soit vu à Ems. Cela donnerait lieu à des conjectures et à des suppositions qui ne doivent pas être faites. Une locomotive chauffe en gare. Un train est préparé pour vous conduire directement à Berlin. Emmenez avec vous les hommes du piquet qui ont escorté la chaise de poste amenant ici un prisonnier. Dans dix minutes vous devez avoir quitté cette maison; dans une heure la ville. Est-ce compris?

—Oui, monseigneur.

— En ce cas, allez.

Le capitaine tourna tout d'une pièce sur ses talons et se retira du même pas automatique qu'il avait pris en pénétrant dans le cabinet.

Dix minutes plus tard, herr Muller vint avertir le ministre qu'il ne restait plus un soldat dans la maison.

Puis il annonça en s'inclinant profondément, selon son habitude :

— Son Excellence Monseigneur le comte de Brisgaw.

Ce personnage fit immédiatement son entrée.

Figurez-vous un petit homme rondelet, grassouillet, à la face rubiconde, épanouie par un éternel sourire; aux petits yeux gris, vifs et pétillants de malice; à la bouche narquoise; toujours fringant, sautillant et flottant entre quarante et quarante-cinq ans; vous aurez le portrait du comte.

—Eh! arrivez donc, mon cher comte, lui dit le ministre dès qu'il l'aperçut. Sacrement! j'étais impatient de vous voir.

— Ah! pardieu! Excellence, il ne tenait qu'à vous de me voir plus tôt. L'envie ne me manquait pas de vous faire visite, mais... les affaires...

— Ah ! oui, les affaires ! Parlons-en un peu, mon cher Brisgaw, et surtout des vôtres, qui me paraissent un peu brouillées.

— C'est-à-dire, fit le bonhomme en riant, que le diable lui-même ne les débrouillerait pas. Ces damnés de Français viennent encore de me refaire de cent mille thalers sur la dernière vente de chevaux que je leur ai livrés.

— Vous courez donc toujours le pays ?

—. Dame ! il le faut bien. Depuis longtemps ma légitime s'en est allée à tous les diables. Il m'a fallu profiter de mes connaissances en hippiatrique pour tâcher de refaire dans mon âge mûr ma fortune si fortement compromise par une jeunesse un peu orageuse. Mais, décidément, les Français sont plus forts que moi, et si le diable ne me vient en aide, je serai forcé de chercher une autre planche de salut.

— Eh bien ! mais, si je vous venais en aide, moi ?

— Eh ! eh ! vous êtes un peu cousin du diable, mon cher comte, je vous avoue que cela m'arrangerait beaucoup, fit-il en éclatant d'un gros rire.

— Cousin ou non du diable, mon cher Brisgaw, vous savez que depuis longtemps je vous suis acquis et prêt à vous servir en toute circonstance. Déjà plusieurs fois je n'ai eu qu'à me louer de votre fidélité dans les missions que je vous ai confiées sur les frontières françaises.

— Est-ce d'une mission semblable que vous voulez me charger ? Parbleu, je suis merveilleusement disposé pour cela et vous me prenez dans un bon moment. Je veux absolument me venger de ces coquins de Français contre lesquels, depuis dix ans, je lutte vainement de finesse.

— Eh bien ! voilà qui s'arrange à merveille. Il s'agit tout simplement de faire pour moi en grand ce que, jusqu'à présent, vous n'avez fait qu'en petit.

— Je saisis parfaitement votre pensée. A compter d'aujourd'hui, je deviens maquignon ; je vends des chevaux du Mecklembourg et du Luxembourg, je cours les foires et les villages d'Alsace et de Lorraine. Je vois tout, j'entends tout, je brouille tout et vous raconte tout. Est-ce cela ?

— Parfaitement. Il n'y a que vous pour savoir deviner ainsi et comprendre à demi-mot.

— Oui, oui, fit-il ; toujours à demi-mot ! Ah ! dame ! Je comprends vite, mais je me fais payer cher. Ecoutez donc ; c'est qu'aussi, je ne suis pas un croquant...

— Soyez tranquille, mon cher Brisgaw, je vous traiterai en gentilhomme. En attendant, avant que vous vous remboursiez sur les Français, faites-moi le plaisir d'accepter de moi les cent mille thalers qu'ils vous ont fait perdre.

— Ai-je dit thalers ? répliqua finement le gros homme.

— Thalers ou doubles thalers, peu importe entre nous, mon cher comte.

— Allons, ceci arrive comme la manne dans le désert, répondit-il en serrant précieusement dans son portefeuille les bons que lui avait remis le ministre. Quand dois-je me mettre à l'œuvre ?

— Ma foi, quand vous voudrez. Le plus tôt sera le mieux.

— Bon. C'est entendu. Dès demain j'entre en campagne. Rapportez-vous-en à moi pour leur en faire voir de toutes les couleurs cette fois, à vos Français. Je baragouine le jargon alsacien comme un pur Strasbourgeois ; si par hasard vous me rencontriez ainsi, vous ne me reconnaîtriez plus et vous me prendriez pour un welche authentique.

— Je compte sur vous, mon cher Brisgaw. Quant à votre fortune, elle est entre bonnes mains.

— Ah çà ! cher ami, c'est moi qui ne vous reconnais plus en ce moment. Vous devez diablement généreux. Ce n'est pas cependant votre habitude.

— Bast! fit le ministre avec un mauvais sourire, c'est que, moi aussi, j'espère me faire rembourser par les Français... Avez-vous toujours notre ancien chiffre?

— Pardieu!

— C'est toujours le même. Tous les mois, au moins, vous m'enverrez une lettre.

— C'est entendu. Et maintenant...

— Maintenant, mon cher Brisgaw, adieu et bonne chance.

— Rapportez-vous-en à moi, fit le gros homme, en se frottant joyeusement les mains... Ah! messieurs les Français, nous allons voir...

Et il sortit du cabinet.

— Mme la baronne de Steinfeld, annonça herr Muller, avec la salutation obligée

— Faites entrer madame la baronne de Steinfeld, dit le comte, puis il ajouta à voix basse: Réussirai-je aussi facilement avec cette femme?

II

UNE NUIT D'UN PREMIER MINISTRE

Madame la baronne de Steinfeld était une de ces blondes filles d'Arminius dont le type a fourni à Gœthe sa poétique création de Marguerite, et que le génie de Shakespeare avait deviné dans Ophélia.

Grande, svelte, cambrée, les ondulations serpentines de sa démarche avaient ce je ne sais quoi de particulier aux Andalouses et qui les rend si irrésistibles.

Son visage, d'un ovale parfait, était encadré par les boucles soyeuses d'une magnifique chevelure de ce blond aux reflets cendrés, particulier aux races du nord.

Ses grands yeux bleus, aux reflets alanguis

et rêveurs, étaient bordés de longs cils qui formaient ombre sur ses joues, dont la peau, d'une finesse et d'une transparence extrêmes, avait des reflets de pêche.

Son nez droit, un peu court, aux ailes roses et mobiles, surmontait une bouche aux contours déliés, aux lèvres un peu charnues et d'un rouge sanglant, qui laissaient apercevoir, en s'entr'ouvrant, une double rangée de dents petites, fines et blanches comme celles d'un jeune chien.

Son menton, un peu carré, était séparé par une fossette, sur laquelle, par un singulier hasard, la nature avait posé un grain, gros comme l'œil d'une mouche et d'un noir brillant.

Ses mains un peu longues, aux doigts effilés, aux ongles roses, étaient d'une blancheur extrême. Ses pieds, cambrés et mignons, coquettement chaussés, étaient d'une petitesse étonnante, contrairement à ce qui se rencontre généralement en Allemagne.

La baronne avait vingt-sept ans alors; mais, comme toutes les blondes, lorsqu'elles sont réellement belles, c'était à peine si elle en paraissait vingt-deux.

Son costume, à la fois très-riche et d'une grande simplicité, était celui d'une personne qui vient de faire un long voyage, sans que pour cela il eût perdu de sa fraîcheur.

Lorsque la baronne de Steinfeld pénétra dans le cabinet, le ministre s'avança au-devant d'elle et, après l'avoir respectueusement saluée, il la conduisit à un fauteuil où il la fit asseoir en lui disant :

— Tout d'abord, madame la baronne, veuillez m'excuser si je vous reçois à une heure aussi avancée de la nuit. Je suis tellement accablé d'affaires de toutes sortes, que, malgré mon vif désir de vous recevoir plus tôt, j'ai été contraint de vous fixer cette heure.

— Un grand ministre comme vous l'êtes, monsieur le comte, ne doit pas d'excuses au solliciteur qui lui demande une entrevue. Votre Excellence a daigné accueillir favorablement la supplique que je lui ai adressée, quitter un instant ses travaux pour s'occuper d'une personne qu'il ne connaît pas et qui doit, naturellement, lui être indifférente. C'est donc à moi de remercier Votre Excellence.

— Vous vous trompez, madame, en supposant que vous m'êtes inconnue et surtout indifférente. Je vous connais beaucoup, au contraire ; le roi, que j'ai l'honneur de représenter devant vous, s'intéresse vivement, croyez-le, madame, à la veuve du général de Steinfeld.

— Eh! quoi, monseigneur, réellement, vous me connaissez ?

— Jugez-en, madame. Lorsque votre mari mourut, il y a cinq ans, un intendant infidèle disparut en dérobant un testament qui vous nommait légataire universelle de tous les biens du général. Ce testament n'a pas été retrouvé et comme, aux termes de votre contrat de mariage, au cas où votre mari mourrait intestat, il était stipulé que vous n'auriez d'autres droits à sa succession que celui de reprendre votre dot, et que ses biens passeraient à son frère jusqu'à la majorité de votre fils, si vous en aviez un ; fils auquel il serait alloué une pension alimentaire de trois mille florins par an ; tous les biens et propriétés immenses que possédait votre mari en Silésie sont passés entre les mains du frère puîné du général, le chevalier de Steinfeld, chargé d'affaires de Prusse en Suède. N'est-ce pas cela, madame ?

— Hélas! oui, monseigneur. Votre Excellence n'a pas dit un mot qui ne fût vrai. Vous êtes parfaitement renseigné.

— Plus encore que vous ne le supposez, madame. Cet intendant infidèle qui a disparu à la mort du général, que vous avez vainement cherché et sur lequel il vous a été impossible d'obtenir aucun renseignement...

— Eh bien! monseigneur...

— Eh bien! moi, madame, j'ai obtenu sur le compte de ce misérable qui se nommait, je crois, Hans-Steinitz...

— Hans-Steinitz, en effet, monseigneur.

— J'ai obtenu, dis-je, sur le compte de cet homme, les renseignements les plus détaillés. J'ajouterai même que je sais pertinemment que le général de Steinfeld n'est pas mort intestat ; que le testament qu'il avait fait a parfaitement été volé et que ce testament existe encore.

— Comment, monseigneur! vous êtes certain qu'il n'a point été détruit?

— D'autant plus certain, madame, que le voilà, dit le comte en choisissant une liasse de papiers au milieu de toutes celles qui encombraient le bureau, et la présentant à la baronne.

— Oh! mais alors, monseigneur, puisque vous avez ce testament, que je reconnais en effet, et qui est bien tout entier écrit de la main de mon mari, alors je suis sauvée ; ma fortune me sera rendue...

— Hélas, madame, dit le comte, en hochant tristement la tête, cette affaire est malheureusement beaucoup plus difficile à arranger que vous ne le croyez.

— Mais, cependant, monsieur le comte, puisque voilà le testament.

— Oui, je le sais bien, voilà le testament... Il m'en a même coûté assez cher pour réussir à m'en emparer. Et, s'il ne s'agissait que d'une petite bourgeoise ou même d'une famille de médiocre noblesse, les choses s'arrangeraient toutes seules, et dès demain vous pourriez rentrer en possession de tout ce qui vous appartient. Malheureusement, il ne peut en être ainsi.

— Oh! mon Dieu, que voulez-vous dire, monseigneur?

— Écoutez-moi, madame, reprit-il avec un intérêt parfaitement joué, et tout d'abord soyez convaincue que le roi vous porte le plus vif intérêt et que, moi personnellement, j'ai le plus grand désir de voir vos droits reconnus.

— Oh ! monseigneur, je vous crois; mais pardon, je ne suis qu'une pauvre femme bien ignorante de toutes les choses, je ne comprends pas comment il peut se faire...

— Patience, madame. Veuillez prêter à ce que je vais avoir l'honneur de vous expliquer la plus sérieuse attention.

— Parlez, je vous écoute, monseigneur.

— Mon Dieu, madame la baronne, la question que nous avons à traiter est tellement délicate, que je ne sais en vérité comment je dois m'y prendre pour vous en faire bien saisir les difficultés. Tous les droits sont de votre côté, cela est évident. Votre fils et vous avez été indignement spoliés d'une fortune qui vous appartient bien légitimement; mais un jugement a été prononcé contre vous et a donné gain de cause à vos adversaires. Oh ! ajouta-t-il en arrêtant d'un geste la baronne qui voulait l'interrompre, je le sais bien, la justice a été trompée ; la preuve qui établissait vos droits n'existait pas ; elle a cru que ces droits étaient faux. Aujourd'hui, le testament est là, il peut être représenté et vous donner gain de cause; mais, réfléchissez bien à ceci : M. le général de Steinfeld était une des illustrations du royaume. Sa famille est une des plus anciennes de la noblesse. La vôtre, au reste, ne lui cède en rien sous ce rapport; vos parents, comme ceux de votre mari, occupent les plus hautes positions de l'État, dans l'armée, dans la diplomatie, dans le Parlement, dans les cours de justice. Partout on les rencontre. Voilà précisément où gît l'impossibilité, ou tout au moins la difficulté pour vous de revendiquer vos droits.

— Mon Dieu, murmura-t-elle, que me dites-vous donc là, monseigneur?

— La vérité, madame, vérité cruelle, mais que vous devez connaître. Ces droits, vous ne pouvez les revendiquer que par un procès, songez-y bien. Ce procès aura un immense retentissement en Europe. Il causera un scandale épouvantable. Car enfin, contre qui plaiderez-vous? contre votre beau-frère, un homme qui occupe une des plus hautes positions de l'État, qui représente le roi auprès d'une puissance alliée. Réfléchissez aux conséquences d'un semblable procès, surtout dans les circonstances où se trouve placée la Prusse vis-à-vis des autres nations de l'Europe. Est-ce lorsque notre roi s'est fait le champion du droit et de la justice humaine, en revendiquant hautement, devant tous, la liberté des peuples de race germanique, en travaillant comme il le fait à l'unité de l'Allemagne, qu'il peut ainsi se donner à lui-même un démenti? montrer quels désordres peuvent exister dans la noblesse allemande, et combien cette justice de notre pays, qui jusqu'à présent a joui d'une si grande réputation de savoir et d'impartialité, s'est facilement laissé tromper dans une affaire purement civile et que le moindre bourgmestre de village aurait tranchée mieux qu'elle?

— Hélas ! monseigneur, dit la baronne, dans les yeux de laquelle roulaient des larmes, pourquoi m'avez-vous donc donné tant d'espoir, puisque maintenant vous me prouvez que ma cause est perdue et que la raison d'État vous empêche de me faire rendre justice?

— Calmez cette douleur, je vous en supplie, madame. Séchez ces larmes qui me navrent. Je vous ai dit la vérité brutale, implacable ; mais toute question a deux faces : celles qui ne peuvent être dénouées, on les tranche... J'ai eu l'honneur de vous annoncer, au commencement de cet entretien, le vif intérêt que vous porte Sa Majesté notre roi, et combien moi-même, j'ai à cœur de faire pour vous tout ce qui sera possible.

— Je ne sais pourquoi, monseigneur, mais à ces paroles bienveillantes qui tombent de votre bouche, je sens l'espérance rentrer dans mon cœur. Et pourtant, moins que jamais, j'entrevois une solution avantageuse pour moi...

— Vous ne l'entrevoyez pas, madame la

baronne, parce que vous n'envisagez pas la question à son véritable point de vue. Si des raisons touchant aux plus hauts intérêts de l'État empêchent le roi de vous faire rendre bonne et prompte justice, Sa Majesté, ainsi que j'ai eu l'honneur de vous le dire, peut, sinon complétement trancher la question, du moins tourner la difficulté.

— J'attends que Votre Excellence daigne s'expliquer plus clairement, monseigneur.

— Les revenus de votre fortune, madame, si je suis bien informé, se montent à environ huit cent mille florins par an ; fortune colossale et toute princière. Dès aujourd'hui, si vous consentez à me laisser conduire cette affaire à ma guise, c'est-à-dire au mieux de vos intérêts, je puis vous affirmer que, d'ici à cinq ans, c'est-à-dire au commencement de l'année 1871, toute votre fortune vous sera rendue, sans que vous ayez eu besoin, pour obtenir un tel résultat, non-seulement d'entamer un procès, mais encore de tenter la moindre démarche. Jusqu'à cette époque, relativement courte, j'ai obtenu de votre beau-frère un commencement de transaction à l'amiable. Tous les ans, il vous sera payé, à titre de pension, une somme de trois cent mille thalers. Et, pour que vous ne mettiez pas en doute mes paroles, madame la baronne, voici cette transaction parfaitement libellée et signée par M. le chevalier de Steinfeld. Vous voyez, madame, que vos intérêts me sont chers et que je m'en suis occupé activement.

— Oh ! monseigneur, quelle reconnaissance ne vous dois-je pas ?

— Vous ne m'en devez aucune, madame, d'autant plus que je n'ai pu empêcher la clause assez rigoureuse qui a été introduite dans cette transaction par votre beau-frère.

— Et cette clause, monseigneur…

— La voici, madame, telle qu'elle est écrite :

« Mme la baronne de Steinfeld, en mettant « sa signature au bas de cet acte, s'engage à « quitter immédiatement le territoire allemand, et à se retirer en France d'où elle « ne pourra revenir sans être appelée formel- « lement par le roi ; faute d'accepter cette « clause ou d'y manquer, l'acte et les condi- « tions y stipulées seront nuls de plein droit. »

— Est-ce tout, monseigneur ?

— Oui, madame la baronne.

Un sourire d'une expression singulière plissa pendant une seconde les lèvres charmantes de la jeune femme.

— Si sévère que soit cette clause, dit-elle, et bien que je n'en comprenne pas toute la portée, j'accepte cet exil, monseigneur, je l'accepte sans me plaindre. Je le fais pour mon fils dont, au prix des plus grandes douleurs, je dois sauvegarder l'avenir.

— Il ne tiendra pas à moi, madame la baronne, que ces quelques années d'exil ne vous soient légères… Vous avez, je crois, des parents en France.

— Une branche de notre famille est Française, oui, monseigneur.

— Ah ! fit le comte avec un feint étonnement, je l'ignorais. Et cette branche est-elle dans une position convenable ?

— Elle occupe un rang élevé en France, elle compte des diplomates et des généraux, monseigneur.

— Je vous engage, quel que soit, madame la baronne, le lieu où vous fixiez votre résidence, à tenir un grand état de maison. Il est bon que les Français sachent que la noblesse allemande n'est pas aussi pauvre qu'ils se l'imaginent. J'aurai d'ailleurs, si vous le permettez, l'honneur de vous remettre des lettres qui vous ouvriront toutes grandes les portes des maisons où votre nom lui-même ne vous aurait pas donné accès.

— Je vous suis reconnaissante, monseigneur. Ainsi vous croyez qu'il convient que je tienne un grand état de maison ?

— Certes, madame. Ne serez-vous pas recommandée à notre ambassadeur à Paris ? Entre nous, vous n'êtes qu'une exilée volon-

Ce digne hôtelier mettait deux choses au-dessus de tout : sa pipe et sa chope. (Page 24.)

taire. Toute la bienveillance du gouvernement vous est acquise.

— Mon Dieu, monseigneur, je suis bien ignorante, et si vous daigniez me donner un dernier renseignement...

— Quel renseignement, madame la baronne? Parlez, je suis à vos ordres.

— Monsieur le comte, vous le savez mieux que personne, il y a cent manières différentes de tenir une maison sur un grand pied. Comme j'ai surtout à cœur de vous prouver ma reconnaissance, peut-être ne serait-il pas mauvais que vous daigniez m'indiquer de quelle façon vous désirez que ma maison soit tenue.

— Je me bornerai, madame, à vous citer pour exemple quatre femmes dont deux étaient inconnues comme vous, madame la baronne, et qui, toutes les quatre, ont laissé de grands souvenirs en France. Je ne vous parle que pour mémoire des deux premières : madame de Tencin et madame Récamier.

— Les deux autres, monseigneur?

— Les deux autres, dit le ministre avec intention, réunissaient dans leurs salons, chaque semaine, tout ce que Paris comptait alors de plus remarquable dans les lettres, dans la diplomatie et dans la guerre. La première se nommait la princesse de Bagration; la seconde, madame de Lieven...

— Mais, monseigneur, fit observer la baronne, madame la princesse de Bagration avait pour mari l'ambassadeur de Russie, et madame de Lieven...

— Vous, madame, interrompit vivement le ministre, en appuyant avec intention sur les mots, vous êtes la veuve du général baron de Steinfeld.

— C'est juste; je vous comprends, monseigneur. Et si je ne puis être, comme madame de Lieven, l'Égérie d'un puissant ministre, je tâcherai, comme madame de Bagration, que dans mes salons se réunisse l'élite de la société parisienne.

Les deux interlocuteurs échangèrent alors entre eux un sourire d'une expression indéfinissable.

Ils s'étaient compris.

Le pacte était conclu.

Cependant, il y avait encore quelques clauses secondaires à débattre. Madame de Steinfeld se sentait plus forte. Elle voyait qu'elle pouvait désormais traiter de puissance à puissance avec le ministre.

— Monseigneur, dit-elle, Votre Excellence oublie sans doute que j'ai un fils et que les soins de son éducation absorberont une grande partie du temps que je devrai consacrer au monde.

— Je n'oublie rien, madame. Sa Majesté le roi se charge dès aujourd'hui de l'éducation de votre fils, qui a onze ans, et entrera à l'École militaire. Donc, ne vous préoccupez pas de l'avenir de cet enfant. Le roi s'en déclare le tuteur. Sa Majesté fait davantage en-

core. Elle sait combien sont lourdes les dépenses d'un premier établissement en pays étranger et me charge de vous annoncer qu'elle a décidé qu'une pension de cent mille thalers par an vous serait offerte sur sa cassette particulière, somme qui vous sera payée par la maison Rothschild à Paris ou ailleurs, quand vous le jugerez convenable.

— Je remercie humblement Sa Majesté, monseigneur, de tant de munificence.

— Ce n'est pas tout, madame. Voici deux bons de caisse de cent mille florins que je vous prie de destiner spécialement aux premiers frais que nécessitera votre installation.

— C'est me combler.

— Non, madame. Sa Majesté n'est que juste. Elle sait combien est inique l'arrêt qui vous frappe; elle essaie de réparer autant que cela est possible le malheur dont vous êtes victime. Veuillez avoir l'obligeance de signer cette convention, madame.

La baronne se leva, prit la plume et signa en souriant.

— Voici maintenant les deux bons sur la trésorerie, de cent mille florins. En arrivant à Paris, la maison Rothschild vous soldera les trois cent mille thalers de la pension que vous fait votre beau-frère en même temps que les cent mille thalers que vous accorde le roi.

— Merci, monseigneur. Quand me faudra-t-il partir pour la France?

— Oh! ne vous pressez pas, madame la baronne, vous avez tout le temps de faire vos préparatifs.

— Je partirai dans huit jours, monseigneur. Ce ne sera pas trop tard?

— Non, c'est précisément l'époque que j'allais vous fixer. Maintenant, madame, comme vous avez fait un long voyage, que vous êtes venue en poste et que, par conséquent, vous n'avez pas eu le temps de trouver un logement dans cette ville que vous ne connaissez pas, peut-être, permettez-moi de vous offrir l'hospitalité jusqu'à demain.

— Monseigneur...

— Votre appartement a été retenu aujourd'hui même au principal hôtel d'Ems. Votre chaise vous y conduira.

— Merci mille fois, monseigneur. Maintenant, permettez-moi de prendre congé de Votre Excellence, que je n'aurai pas l'honneur de revoir avant mon départ.

Le comte lui fit un salut respectueux et l'accompagna jusqu'à la porte du cabinet. Arrivée là, la baronne s'arrêta, et, se retournant vers le ministre, avec un sourire rempli de finesse et d'espièglerie mutine :

— Vous le savez, monseigneur, dit-elle : la pensée des femmes se trouve toujours dans le post-scriptum de leurs lettres. Mon cœur, en ce moment, est tellement troublé par la joie, le bonheur qui m'arrivent d'une façon si imprévue, qu'il m'est impossible de vous exprimer comme je le voudrais tout ce qu'il renferme pour vous de dévouement et de reconnaissance. Mais une fois installée à Paris, me permettrez-vous de vous écrire?

— Je vous le demande, madame.

— Monseigneur, les femmes sont bavardes. Elles se laissent aller dans leurs lettres à raconter leurs impressions, ce qu'elles voient, ce qu'elles font, ce qu'elles entendent. Vous excuserez, n'est-ce pas, tout ce verbiage qui peut-être vous paraîtra insipide.

— Ce que vous me dites là, madame, est si loin de ma pensée que, pour vous le prouver, je vous prierai, au contraire, de m'écrire le plus souvent possible.

— C'est donc une correspondance en règle que vous me demandez?

— Cela vous chagrine-t-il, madame la baronne?

— Moi, monsieur le comte, nullement. Je crains de vous ennuyer de mon bavardage, voilà tout.

— Eh! bien, madame, si cette raison est la seule qui vous arrête, je serai heureux de recevoir de vous au moins deux lettres par mois.

— Ce qui veut dire une tous les quinze jours, dans laquelle je vous raconterai ma vie...

— Tout ce que vous me raconterez, madame, m'intéressera, soyez-en bien convaincue.

— Soit, monsieur le comte, dit-elle finement. Si c'est un défi, je l'accepte. Nous verrons qui de nous deux se lassera le premier : moi de vous écrire, ou vous de lire mes lettres.

— Je crains que ce ne soit vous, madame.

— Non, monsieur le comte. Vous avez trop fait pour que je refuse de vous accorder une satisfaction si minime.

— Ainsi, c'est convenu, madame la baronne.

— Convenu, oui, monseigneur,

Ils échangèrent un dernier salut, et la baronne de Steinfeld sortit. Le capitaine Schulz, de service dans l'antichambre ministérielle, ne manqua pas de la saluer avec la courtoisie à la fois guindée et respectueuse habituelle à tous les officiers allemands.

Dès que le comte fut seul, son visage s'épanouit. Il se frotta les mains d'un air satisfait.

— Ah! sacrement, der teufel! voilà une rude nuit, s'écria-t-il, mais j'en suis sorti à mon honneur. J'ai lâché sur notre allié, l'empereur Napoléon, trois personnages qui, je l'espère, lui donneront du fil à retordre. Il y a plaisir en vérité à traiter avec les femmes. La méchanceté et l'astuce forment tellement le fond de leur caractère que, pour les hommes qui savent les utiliser, elles sont en réalité les instruments diplomatiques les plus redoutables. Je m'étonne qu'on ne les emploie pas davantage. J'y songerai... Cela me manquait à Paris, un salon comme celui qui va être ouvert par la baronne. L'empereur Alexandre avait bien compris cela, lui, mais il était passé maître en fait de fourberies. C'était un véritable Grec; il avait conservé toutes les traditions de la cour de Byzance... Quelle femme que cette baronne ! der teufel ! il m'a fallu toute ma force de volonté pour ne pas en devenir amoureux... Quelle ravissante créature... Allons donc, où mon esprit va-t-il s'égarer? Que m'importent les femmes, à moi ! C'est avec les empires qu'il faut que je joue. Que l'Allemagne soit grande, que la France soit vaincue et démembrée, oh ! alors, alors...

Il n'acheva pas, et se passant la main sur le front comme pour en chasser certaines idées qui l'obsédaient, il s'approcha de la table, frappa sur un timbre qui était à sa portée et attendit.

Au bout d'un instant herr Muller parut, plus obséquieux que jamais.

Le digne homme, sans prononcer une parole, s'assit à sa place et se mit à examiner attentivement le bec de ses plumes et même à en retailler quelques-unes.

Le comte se promenait de long en large dans le salon, sans paraître remarquer la présence de son secrétaire, que cependant lui-même avait appelé.

Tout à coup il s'arrêta devant lui et, le regardant avec une expression singulière :

— Que diable faites-vous là ? Laissez donc vos papiers. Tout est fini pour cette nuit.

Et il reprit sa promenade.

Au bout d'un instant, il s'approcha de nouveau :

— A propos, herr Muller ?

— Monseigneur?

— Votre mauvais sujet de frère, qu'est-il donc devenu ? Je n'en entends plus parler depuis quelques jours. Qu'en avez-vous fait ?

— Je n'avais rien à en faire, monseigneur. Il subit en ce moment les quinze années de forteresse auxquelles il a été condamné.

— Ah ! oui, dit le ministre, comme si la mémoire lui revenait, quoiqu'il sût aussi bien que son secrétaire ce dont il s'agissait. Je sais. Votre frère est un partisan du docteur Jacoby, n'est-ce pas ? Je vous demande un peu à quoi pensent ces espèces ? Un croquant! qui n'a ni sou ni maille, un claque-dents, un misérable maître d'école de village! se mêler de politique !

Et il éclata d'un gros rire.

— Monseigneur!... murmura le pauvre secrétaire en s'inclinant humblement.

Le ministre continua d'une voix incisive, en haussant les épaules avec mépris :

— Des drôles, sans feu ni lieu, qui n'ont ni tenants ni aboutissants et qui se permettent de régenter les empires et de juger le pouvoir qui les gouverne ! Cela ferait rire de pitié, si ce n'était tout simplement odieux.

Herr Muller suivait d'un œil atone les mouvements de son redoutable maître dont les gestes saccadés, la parole brève et les éclats de voix le glaçaient de terreur.

Le malheureux se creusait vainement la cervelle pour deviner quel piége cachait pour lui ce débordement subit d'une colère que rien ne motivait en apparence et qui tombait dru comme grêle sur sa chétive personne.

— Ah! monseigneur! murmura-t-il avec un accent désespéré, le malheureux a déshonoré toute notre famille et fait le tourment de ma vie.

— Bon, répondit le ministre en ricanant, croyez-vous que je sois dupe de votre feint désespoir ?

— Comment, monseigneur ne croit pas? balbutia le pauvre homme en pâlissant.

— Au contraire, je crois, je suis convaincu que je suis entouré d'ennemis. Tout me le prouve. Je ne puis me fier à personne.

— Monseigneur, depuis quinze ans que j'ai l'honneur d'être attaché au service particulier de Votre Excellence, voici la première fois...

Le ministre se mit à rire; il avait atteint son but.

— Allons donc, sacrement! Herr Muller; vous êtes un idiot, lui dit-il en posant lourdement la main sur l'épaule du pauvre diable qui fléchit de terreur. Croyez-vous que je songe à vous rendre responsable des sottises de votre frère ?

Le secrétaire redressa la tête et respira à pleins poumons. Le danger n'était pas pour lui. Que lui importait le reste ?

— Monseigneur est la bonté même, répondit-il en grimaçant un sourire.

— Ne l'avez-vous pas vu, il y a quelques jours ?

— Qui cela, monseigneur ?

— Mais votre frère, der teufel ! Est-ce que vous dormez ?

— Ah ! mon frère... En effet, monseigneur m'avait chargé de le voir.

— Je vous avais chargé, moi...

— Pardon, monseigneur, la langue m'a fourché..., si cela déplaît à Votre Excellence...

— Continuez, peu importe. Donc, vous l'avez vu ?

— Oui, monseigneur, bien malheureux, mais moins encore qu'il le mérite pour ses exécrables opinions.

— Eh bien ! que vous a-t-il dit ?

— Pas grand'chose, monseigneur. Il s'est plaint comme toujours; les mots tyrannie, esclavage, revenaient sur ses lèvres sans cesse. Je lui ai cependant expliqué ce que vous m'aviez chargé... c'est-à-dire non, monseigneur, ce que je désirais de lui.

— Ah ! eh bien, vous a-t-il écouté ?

— Avec une patience angélique, monseigneur, sans m'interrompre une seule fois. J'en ai été surpris moi-même ; lui, si fougueux d'ordinaire, si violent, il m'a laissé parler tant que j'ai voulu sans souffler mot.

— Ah ! ah ! voilà qui est singulier.

— Oui, monseigneur, très-singulier. Et, lorsque j'ai eu terminé, il s'est mis à sourire et m'a serré deux ou trois fois la main, ce qui m'a bien davantage étonné, car habituellement il n'est guère expansif avec moi. Figurez-vous, monseigneur, que nous nous disputons continuellement.

— C'est bien, faites-moi grâce de ces détails. Ne vous a-t-il rien dit ?

— Pardonnez-moi, monseigneur, il m'a dit au contraire certaines paroles qui m'ont charmé.

— Ah ! ah ! voyons, lesquelles ?

— Celles-ci, monseigneur : « Mon frère, le ministre est décidément un grand homme, je m'étais trompé sur son compte. Ton éloquence est irrésistible, tu m'as convaincu. Si ton pouvoir va jusque-là, fais-moi donner ce qu'il faut pour écrire, et je m'empresserai d'adresser au ministre une lettre que tu lui remettras toi-même. »

— Oh ! oh ! voilà qui me surprend plus que tout. Et cette lettre, où est-elle ?

— La voici, monseigneur.

— Pourquoi ne pas me l'avoir remise plus tôt ?

— Monseigneur...

— Voyons, expliquez-vous, sacrement !

— Je vous avoue, monseigneur, que je n'osais pas.

— Vous n'osiez pas...

— Dame ! monseigneur, le changement d'humeur de mon frère a été tellement subit, tellement radical, pour me servir de ses propres expressions, que...

— Allons, vous êtes fou, herr Muller, remettez-moi cette lettre.

Le secrétaire, plus courbé que jamais, déposa la redoutable missive entre les mains du comte.

Celui-ci l'ouvrit, la parcourut des yeux et, au bout d'un instant, il partit d'un franc éclat de rire.

— Allons, allons, herr Muller, vous êtes décidément moins bête que je ne le croyais : vous avez pressenti ce que contenait cette lettre.

— Eh ! quoi, monseigneur, il aurait osé ?...

— Parfaitement, il se moque de moi de la meilleure façon.

— Ah ! le misérable ! s'écria le secrétaire,

dont le visage était devenu vert, et qui trem-
blait de tous ses membres.

— Tenez, lisez vous-même.

— Moi, monseigneur, s'écria-t-il avec cette
énergie que donne le désespoir ou la terreur
poussée à son dernier degré, moi, lire de
telles infamies ! Votre Excellence est toute-
puissante. Elle peut faire tomber ma tête,
mais elle ne saurait me contraindre à lire ce
qu'un misérable que je renie pour être de ma
famille a osé écrire.

— Allons, herr Muller, calmez-vous. Votre
frère, je le crains bien, mourra dans l'impé-
nitence finale, mais soyez tranquille, aucun
soupçon ne saurait vous atteindre, je connais
votre fidélité.

— Monseigneur, tant de bonté...

— Allons donc ! fit le comte en haussant
les épaules. Est-ce que le lion se repaît de
bêtes puantes ? Votre frère me brave du fond
de sa prison, mais il est trop au-dessous de
moi pour atteindre même jusqu'à mon mépris.

— Ainsi, monseigneur daigne oublier...

— Je n'oublie rien, monsieur, seulement je
dédaigne.

— Mais Votre Excellence ordonnera sans
doute qu'il soit soumis à une peine plus grave.
L'attentat qu'il commet en ce moment est si
impardonnable...

— Vous êtes bien sévère, herr Muller, pour
les membres de votre famille, je veux être
plus doux que vous, moi.

Il écrivit quelques mots sur une feuille
blanche, signa, plia le papier en deux et le
remit au secrétaire, qui était devenu de plus
en plus tremblant.

— Tenez : puisque votre frère est si dévoué
au parti républicain, je lui rends la liberté.
Qu'il aille, si cela lui plaît, se joindre au docteur Jacoby et à ses adhérents ; seulement,
qu'il y prenne garde, s'il se retrouve jamais
sur ma route, sa tête tombera cette fois.

— Sur ce dernier mot, le ministre congédia
son secrétaire qui se confondit en actions de
grâces et en salutations.

— Ce que je viens de faire là, murmura
le comte, une fois qu'il fut seul, est tout simplement un trait de génie. A peine libre, cet
homme, auquel il est impossible dès à présent
de vivre en Prusse, va partir, répandre ses
idées ailleurs... en France ; oui, au besoin, je
l'y aiderai. Il est de cette société terrible, et
qui commence à devenir menaçante, que l'on
nomme l'Internationale. Cet homme est in-
telligent, résolu, peu scrupuleux... Qui sait
si quelque jour il ne sera pas, sans le savoir,
un de nos plus utiles instruments... Et pourtant, pour les esprits vulgaires, je viens de
faire un acte de clémence, qu'ils considére-
ront peut-être même comme une sottise.

Après avoir laissé échapper ainsi le fond de
sa pensée, le comte quitta son cabinet et
rentra dans ses appartements particuliers où
il s'enferma.

Chaque nuit, depuis plusieurs années, le
tout-puissant ministre de Sa Majesté le roi
de Prusse travaillait ainsi à resserrer les
mailles de l'immense filet dans lequel il voulait envelopper la France entière.

Les scènes que nous venons de rapporter
avec des détails sur lesquels nous avons appuyé avec attention, se renouvelaient chaque
jour, à peu de variantes près, dans le cabinet
du ministre.

Elles tenaient à un plan froidement conçu,
lentement élaboré ; travail incessant et souterrain commencé en 1806, après la bataille
d'Iéna, et continué sans relâche ni interruption, pendant plus d'un demi-siècle, par tous
les gouvernements qui s'étaient succédé en
Prusse.

Le but de cette œuvre de taupes était, on
l'a compris trop tard en France, une revanche éclatante de la Prusse, la vengeance
de ses nombreuses défaites, par l'écrasement
et le démembrement de la France, et surtout
la grandeur à venir du peuple prussien, basée
sur la ruine complète de la nation qu'il con-

sidère comme son ennemie héréditaire et qu'il hait en conséquence.

Plus que tous les autres hommes d'État qui l'avaient précédé, le ministre actuel de Guillaume IV était capable de mener à bien cette étrange machination.

Sans foi, sans délicatesse, sans scrupules, dévoré par une ambition que rien ne pouvait assouvir, conspirateur d'instinct, il ne reculait devant rien. Tous les moyens lui étaient bons pour atteindre son but et obtenir un succès, trompeur à la vérité, mais qui, malgré cela, n'en serait pas moins éclatant aux yeux des gens à courte vue, habitués à applaudir quand même aux vainqueurs.

III

ANNA SIEVERS

Le soleil se levait.

Les habitants du charmant petit village de Marnheim commençaient à ouvrir leurs fenêtres et à présenter à la brise matinale leurs faces curieuses et leurs yeux encore bouffis par le sommeil.

Les coqs chantaient dans les basses-cours.

Quelques paysans, plus actifs et plus matineux que leurs voisins, faisaient sortir leurs bœufs réunis sous le joug ; d'autres conduisaient leurs troupeaux à la pâture ; l'on entendait résonner sur l'empierrement raboteux de l'unique rue du village les charrettes chargées de provisions qui se dirigeaient vers Mannheim où les cultivateurs de Marnheim ont l'habitude de vendre chaque jour leurs produits au marché.

En ce moment, des claquements de fouet se firent entendre à une courte distance et une légère chaise de poste entra au galop dans le village.

Marnheim n'est qu'un hameau, mais un hameau coquet, presque inconnu et capricieusement jeté dans un pli de terrain. Ses maisons rouges, aux volets verts, s'étagent sur la pente douce d'une assez haute colline pour aller, quelques-unes du moins, baigner leurs pieds dans la petite rivière de la Pfrim qui, à quelques lieues plus loin, va se perdre dans le Rhin un peu au-dessus de Worms.

Aujourd'hui encore Marnheim est resté tel qu'il était il y a cinquante ans.

L'industrie fiévreuse qui a bouleversé et complètement modifié les conditions de la vie en Allemagne, semble avoir oublié ce coin de terre qui a vu passer au-dessus de sa tête tant d'événements mémorables sans y être jamais mêlé.

A Marnheim, la vie patriarcale des anciens jours est encore en honneur. Les habitants, à la fois pêcheurs, bûcherons et cultivateurs, voyagent peu et presque tous meurent sur le sol qui les a vus naître, sans avoir jamais perdu de vue l'humble clocher de leur village.

Marnheim ne possédait alors et ne possède probablement encore aujourd'hui, qu'une seule auberge située juste au centre du hameau et tenue de père en fils, depuis plus de dix générations, par la même famille.

Cette auberge, en même temps brasserie et relais de poste, se composait d'une seule pièce, à la fois cuisine et salle commune, où trônait flegmatiquement maître Hans Puffendorff, maître, après Dieu, de l'auberge de la Croix-de-Fer.

Ainsi se nommait ce vénérable établissement, à la porte duquel, pendue à une tringle de fer, se balançait en grinçant, une plaque de tôle dont le vent et la pluie avaient presque totalement écaillé et même effacé la peinture, qui probablement jadis avait dû représenter une couronne quelconque.

Maître Hans Puffendorff était un gros petit homme, à la mine réjouie, au teint apoplectique, aux jambes en cerceau, qui frisait la soixantaine. On eût dit une futaille, ceinte d'un tablier, coiffée d'un bonnet de coton et montée sur deux petits, mais énormes poteaux.

Ce digne hôtelier mettait deux choses au-dessus de tout : sa pipe et sa chope.

Dès qu'il se levait, il allumait son énorme pipe de porcelaine qui demeurait dès lors rivée à ses lèvres jusqu'au moment où le sommeil fermait ses paupières.

Il avait installé dans son comptoir, le long du mur, une petite tablette tout exprès pour y mettre son pot à tabac, sa chope et sa cruche de bière. La chope était toujours pleine, car aussitôt que maître Hans l'avait vidée, il avait soin de bien vite la remplir.

Le derrière de la maison était occupé par une écurie, une grange à fourrage, le fumier et la basse-cour. Au premier étage se trouvait la chambre à coucher de maître Hans et de sa digne épouse, dont nous ne parlerons pas, par la raison toute simple qu'elle était alors, depuis une quinzaine de jours, à Worms, chez une de ses parentes.

A côté de cette chambre s'en trouvaient plusieurs autres, destinées aux voyageurs de passage. Les garçons et servantes couchaient au grenier, dans les mansardes.

La chaise de poste s'arrêta devant maître Hans qui, debout sur le seuil de sa porte, les jambes écartées, les bras derrière le dos et la pipe aux lèvres, la regardait arriver avec un sourire de bonne humeur.

Le postillon mit pied à terre, ouvrit la portière et, après avoir salué l'unique voyageur que renfermait l'intérieur de la chaise :

— Honorable herr, dit-il, c'est ici que j'ai ordre de vous arrêter.

— Ainsi, nous n'allons pas plus loin ensemble ? répondit le voyageur.

— Non, honorable herr. Ici se termine mon voyage. Quant au vôtre, vous êtes parfaitement libre de le continuer comme il vous plaira.

— Fort bien, mais où sommes-nous, ici ?

— A Marnheim, mein herr, à quatre lieues de Worms, et à autant environ de Mannheim.

— Parfaitement. C'est tout ce que je voulais savoir. Maintenant réglons nos comptes.

— Quels comptes ? honorable herr. Vous ne me devez rien. J'ai été payé d'avance, et grassement.

— De mieux en mieux, fit en souriant l'étranger.

— Oh ! j'ai été payé jusqu'au dernier kreutzer. Aussi, loin de me plaindre, voudrais-je avoir tous les jours de pareilles aubaines.

— Je n'en dirai pas autant. Mais cela ne m'empêche pas de vous offrir ces dix thalers pour acheter une robe à votre fiancée.

— Que le bon Dieu vous bénisse ! honorable herr. Gredel va être joliment contente, s'écria joyeusement le postillon.

Le voyageur prit sa valise et entra dans l'auberge, dont maître Hans, le bonnet de coton à la main, s'apprêtait à lui faire les honneurs.

Le postillon enfourcha son porteur et s'éloigna au grand galop en chantant à tue-tête un lied montagnard.

Maître Hans, après avoir avancé un siége au voyageur que Dieu lui envoyait de si bonne heure, se tint respectueusement devant lui, prêt à exécuter ses ordres.

— Mon brave hôte, dit le voyageur, je désire trois choses.

— Lesquelles, mein herr ? demanda l'hôtelier.

— D'abord une chambre, car je tombe de sommeil.

— La chambre est toute prête. Votre seigneurie pourra se coucher dès qu'elle le voudra.

— Parfaitement. Ensuite, un copieux déjeuner pour midi. A propos, à quelle heure passe à Mannheim le train allant à Strasbourg ?

— Honorable herr, fit l'aubergiste en dé-

Et d'un geste gracieux Anna Sievers rejeta sur ses épaules le voile épais. (Page 29.)

crochant une pancarte pendue au mur et la lui présentant, voici les heures des départs.

Le voyageur la parcourut rapidement des yeux.

— Oh! dit-il, il y a deux trains jusqu'au soir, j'ai le temps. Avez-vous du bon vin ici?

— Honorable seigneur, oui, et de la bière excellente aussi.

— Je n'en doute pas, mon hôte; mais remarquez que nous sommes ici en Bavière, le pays à la fois du bon vin et de la bonne bière, et que cette dernière boisson qui convient parfaitement aux estomacs allemands, est tout ce qu'il y a de plus contraire à ma constitution.

— Comment, honorable seigneur, est-ce que vous n'êtes pas Allemand?

— Je n'ai pas cet honneur.

—Cependant vous parlez notre langue avec une telle perfection...

— Cela n'a rien de surprenant. Ma nourrice était Allemande et même Bavaroise. Je suis le comte Ladislas Stanbowitch, gentilhomme polonais, originaire de Praga. C'est ainsi que vous pouvez inscrire sur votre livre mes noms et qualités. Je vous avais déjà demandé quels vins vous aviez et les meilleurs.

— Herr comte, la cave de la Croix-de-Fer est renommée. J'ai du klingenberger, du rudesheim, du markgreefler, de l'excellent affenthaler...

— Arrêtez, arrêtez. Quel déluge! Les deux premiers me suffiront. Vous me servirez une bouteille de chacun d'eux. Seulement faites attention que je suis connaisseur.

— Oh! je ne crains pas de reproches, monseigneur.

— Nous disons donc : déjeuner copieux, à midi précis, avec deux bouteilles de klingenberger et de rudesheim. Ce deuxième point réglé, passons au troisième. Pouvez-vous me fournir un cheval ou une carriole pour me conduire à Mannheim?

— Rien de plus facile, herr comte. J'ai précisément, sous la remise, une voiture spécialement destinée aux voyageurs qui descendent chez moi.

— Alors, c'est convenu, pourvu que cette voiture soit prête à deux heures de l'après-midi; il ne me reste plus, mon cher hôte, qu'à vous prier de m'indiquer ma chambre; sur l'honneur, je dors debout.

— Qu'il soit fait selon votre désir, herr comte. Veuillez me suivre.

Et maître Hans, se chargeant de la valise du voyageur, et précédant celui-ci, quitta la grande salle de l'auberge par une porte de dégagement s'ouvrant près de la cheminée.

A peine la porte se fermait-elle, qu'une seconde voiture, en tout semblable à la première, et dont les chevaux paraissaient harassés de fatigue, s'arrêta devant l'auberge.

Une main mignonne et finement gantée passa par la vitre, ouvrit la portière, et une femme, si bien emmitouflée dans ses coiffes et ses dentelles qu'il était impossible non-seulement de voir sa taille, mais encore d'apercevoir son visage, sauta lestement sur la chaussée.

Mais, à la légèreté de ses mouvements, à la grâce de son allure, il était facile de deviner que cette mystérieuse inconnue était jeune et appartenait à un certain monde.

Sans prononcer une parole, elle mit deux ou trois pièces d'or dans la main du postillon, qui se tenait humblement devant elle, le chapeau à la main, fit, en portant un doigt à ses lèvres, un geste que le postillon parut comprendre, et, légère comme un oiseau, elle s'élança dans l'auberge.

— Attendons, murmura l'inconnue en se laissant tomber plutôt qu'elle ne s'assit sur la chaise précédemment occupée par le comte. Il ne peut plus m'échapper à présent. Il n'y a donc que patience à avoir.

Après avoir installé le comte dans une chambre qui, pour être une chambre d'auberge, n'était pas cependant dépourvue de ce confortable que l'on rencontre dans les vieilles hôtelleries allemandes, maître Hans salua respectueusement son voyageur et le laissa en se retirant, libre d'agir à son gré, c'est-à-dire de dormir ou de veiller, si bon lui semblait.

Le comte Ladislas Stanbowitch ou plutôt le baron Frédérick de Stanbow, car nous ne ferons pas à nos lecteurs l'injure de supposer un instant qu'ils n'ont pas reconnu notre personnage, dès qu'il fut seul, jeta d'un geste brusque son chapeau au hasard sur une table et se mit à marcher à grands pas à travers la chambre, soufflant et respirant à pleins poumons, comme un nageur qui, longtemps submergé, remonte du fond de l'eau et renaît à la vie, précisément au moment où l'asphyxie commençait son œuvre.

Depuis cinq jours qu'il avait été extrait de

la forteresse de Spandau et amené à Ems, depuis deux jours qu'il courait la poste d'Ems à Marnheim, le baron n'avait pas eu le temps encore de reprendre possession de lui-même.

Il avait été le jouet de tant d'événements extraordinaires; sa délivrance lui semblait tellement miraculeuse, après la façon dont il était traité dans la forteresse, et la surveillance qu'on y exerçait sur lui, qu'il avait peine à croire à la réalité de ce qui lui arrivait. Sa liberté lui semblait un rêve, son entretien avec le ministre un cauchemar; aussi avait-il prétexté le sommeil, non pas pour dormir, il n'y songeait même pas et n'en avait nulle envie, mais afin de rester seul pendant quelques heures en face de lui-même; afin de se donner le temps de remettre un peu d'ordre dans ses idées, complétement bouleversées, de s'assurer que tout ce qui se passait était bien réel, enfin pour arrêter la nouvelle ligne de conduite qu'il lui convenait d'adopter pour l'avenir.

Aussi, lorsqu'à midi sonnant maître Hans vint frapper discrètement à sa porte pour l'avertir que le déjeuner était servi, le digne hôtelier ne put-il retenir un cri d'étonnement en remarquant que le lit de son voyageur, qui se prétendait si accablé de sommeil, n'était même pas froissé.

— Je suis à vous, mon cher hôte, dit le baron. Je veux seulement vous faire une observation.

— Laquelle, herr comte?

— J'espère que vous n'avez pas dressé ma table dans la salle commune.

— Oh! monseigneur, je suis un trop vieil hôtelier pour ne pas savoir comment on doit traiter les personnes de qualité. Votre couvert est mis dans un salon où vous serez seul.

— C'est parfait. Allons, alors, je meurs de faim.

— Si vous avez faim comme vous aviez sommeil, herr comte, je crains bien que vous ne fassiez peu d'honneur aux mets que j'ai préparés tout exprès pour vous.

— Rassurez-vous, mon cher hôte, dit en riant le jeune homme. Le sommeil s'est envolé, mais l'appétit est venu. Vous allez me voir à l'œuvre.

Effectivement, dans un salon situé presque en face de la chambre occupée par le baron, un couvert avait été dressé avec un soin et une conscience qui témoignaient en faveur des connaissances gastronomiques de l'hôtelier.

Le jeune homme se mit à table et commença à attaquer vigoureusement les hors-d'œuvre.

— J'aurai l'honneur de vous servir moi-même, herr comte, dit l'hôtelier, en se retirant et fermant la porte derrière lui.

Quelques minutes plus tard, deux coups légers furent frappés à cette porte.

— Entrez, pardieu, dit le baron, sans même se retourner, et vidant à petits coups un verre de rudesheim dont il avait déjà apprécié la saveur et la qualité.

— Eh bien! entrez donc, répéta-t-il au bout d'un instant; que diable faites-vous, mon cher hôte?

— Ce n'est pas l'hôtelier, répondit une voix douce avec un accent légèrement railleur.

— Qui diable est-ce donc alors? répondit-il en se retournant. Der teufel, je connais cette voix.

Tandis que le baron de Stanbow était censé dormir dans sa chambre, il s'était passé dans la grande salle de l'auberge une scène dont nous devons informer le lecteur, car elle se rattache directement à l'histoire que nous avons entreprise de raconter.

Après avoir conduit le baron à sa chambre, maître Hans, avide comme tout bon Allemand doit l'être, et qui prévoyait que son voyageur ferait une assez grande dépense chez lui, redescendit en se frottant les mains et en calculant mentalement les bénéfices licites qu'il pourrait faire en grossissant sa note le plus possible.

En rentrant dans la grande salle et en aper-

cevant l'inconnue, la surprise du digne hôtelier fut telle qu'il faillit en laisser tomber sa
pipe.

— Allons, bon, s'écria-t-il ; cela commence
bien. Encore un voyageur. C'est-à-dire non,
c'est une voyageuse que j'aurais dû dire.

Et il s'avança vers l'étrangère en ôtant son
bonnet.

— Vous êtes l'hôtelier? demanda l'inconnue.

— Oui, madame ; j'ai l'honneur d'être
maître Hans Puffendorff, propriétaire de la
Croix-de-Fer et tout à votre service.

— C'est ainsi que je l'entends, maître Puffendorff. Vous aimez l'argent sans doute?

— Madame, je préfère l'or, répondit l'hôtelier avec cette naïveté caustique qui est un
des côtés saillants du caractère allemand.

— Soit. Nous ne discuterons pas à ce sujet.
Écoutez-moi.

— Madame, mes oreilles sont ouvertes.

— Et comme elles sont grandes ce sera de
votre faute si vous ne m'entendez pas, et surtout
si vous ne me comprenez pas. Il y a dix minutes, un quart d'heure à peine, une chaise de
poste s'est arrêtée devant votre hôtel venant
d'Ems. Cette chaise de poste renfermait un
seul voyageur.

— Oui, madame, répondit l'aubergiste avec
un geste affirmatif.

— Alors, je crois que nous ne tarderons
pas à nous entendre. Ce voyageur, dont je
n'ai pas besoin que vous me disiez le nom, est
un jeune homme de grandes manières, de
façons aristocratiques. Il est en ce moment
chez vous.

— Madame, fit l'hôtelier avec embarras...

— Ah! je comprends très-bien! J'avais
oublié un détail. Prenez ces dix florins, je
vous les donne comme solde de la conversation que j'ai avec vous, et des renseignements
que vous me donnerez. Il est bien entendu que
la dépense que je pourrai faire chez vous sera
comptée à part.

— Parlez, madame, je suis tout à votre
service.

— Vous me l'avez dit. Cette fois, j'y
compte. Que s'est-il passé entre ce voyageur
et vous?

— Rien d'extraordinaire, madame, il m'a
demandé trois choses : une chambre, car il
tombe de sommeil, son déjeuner à midi et
une voiture à deux heures ; il compte, m'a-
t-il dit, se rendre à Mannheim.

— C'est tout?

— Absolument tout, madame.

— Vous obéirez aux ordres que vous a
donnés cette personne. Seulement, vous aurez
soin que son couvert ne soit pas mis dans la
salle où nous nous trouvons, mais au contraire
dans une chambre particulière, près de celle
que je compte habiter moi-même. Quant à la
voiture, qu'elle soit prête à l'heure convenue.
Maintenant, souvenez-vous bien de ceci.
Quelque bruit que vous entendiez dans le salon où je compte avoir une explication avec
ce voyageur, quoi qu'il se passe enfin, vous
resterez complétement neutre. Je vous aver-
tis, tout d'abord, que cette conversation, qui
peut être orageuse, ne dépassera pas, dans
tous les cas, certaines bornes. Afin d'éviter
toute espèce de supposition de la part de vos
domestiques, le repas sera servi par vous, et
personne autre que vous ne pénétrera dans
le salon tant que cet étranger et moi l'occu-
perons. M'avez-vous bien compris?

— Parfaitement, madame.

— Et vous m'obéirez?

— Exactement, fit-il, en jetant un regard
sur le billet de dix florins qu'il tenait encore
à la main.

— Alors, voilà qui est entendu. Conduisez-
moi à la chambre que vous me destinez, et
surtout le secret le plus absolu. Une parole
inconsidérée pourrait vous coûter cher.

L'hôtelier s'inclina sans répondre, et conduisit l'inconnue dans une chambre où il la
laissa seule.

— Qu'est-ce que tout cela signifie? que

va-t-il se passer? murmura l'hôtelier en rallumant sa pipe, que pour la première fois peut-être il avait laissée s'éteindre. Après tout, que m'importe? J'ai facilement gagné dix florins, et dix florins c'est une somme qui n'est pas à dédaigner. Feu mon père, le digne homme, me disait toujours qu'il ne fallait pas laisser s'échapper les bonnes aubaines. Quoi qu'il arrive, je serais bien sot de ne pas profiter de celle-ci.

Sur cette réflexion, plus spécieuse peut-être que juste, maître Hans se mit à activer ses servantes et à s'occuper sérieusement du repas commandé par son noble voyageur.

Nous avons laissé le baron, en proie à la plus grande surprise, debout, tenant un verre d'une main, sa serviette de l'autre et ne sachant encore à qui il avait affaire.

— Eh! quoi, Frédérick! reprit l'inconnue d'une voix douce, suis-je donc déjà si loin de votre cœur, que le son même de ma voix vous soit devenu étranger? Regardez-moi bien, c'est moi, Anna Sievers!...

Et d'un geste gracieux elle rejeta sur ses épaules, le voile épais qui jusqu'à ce moment avait recouvert son visage.

Jamais peintre n'a réussi à dessiner des contours plus fins, plus parfaits et à la fois plus nobles et plus gracieux que ceux du visage de la délicieuse créature dont un voile jaloux avait jusqu'à ce moment dérobé les traits aux yeux du baron.

Anna Sievers était une femme, ou plutôt une jeune fille de vingt ans à peine, blonde comme toutes les Allemandes, mais dont, par une particularité singulière, et qui donnait un cachet d'étrangeté à sa physionomie à la fois rêveuse et mutine, les grands yeux, bien ouverts, étaient noirs, pleins de feu, bordés de longs cils de velours et couronnés de sourcils châtains dessinés comme avec un pinceau.

Jamais plus charmante fée n'avait courbé d'un pied plus mignon, des bruyères au clair de lune dans les légendes du Wahallah! L'impression que devait causer cette femme,

au premier regard que l'on jetait sur elle, devait être irrésistible. Le moral ressemblait-il au physique? C'est ce que nous ne saurions dire encore.

— Allons, mon cher Fritz, dit-elle avec un sourire triste, je vois que, bien décidément, vous ne me reconnaissez pas, et que vous m'avez oubliée, puisque, depuis que je suis là, debout devant vous, vous ne m'avez même pas encore adressé une seule parole de bienvenue.

— Oh! pardon, pardon, madame, s'écria le jeune homme en laissant tomber son verre et sa serviette et s'élançant vers elle.

Il prit sa main, qu'elle lui abandonna en lui jetant un regard rempli de molle langueur.

Et elle se laissa conduire par lui à un fauteuil, où elle s'assit.

Frédérick de Stanbow n'était pas une nature vulgaire. C'était, au contraire, une organisation puissante, un esprit élevé. Deux minutes lui avaient suffi pour se remettre du rude coup qu'il venait de recevoir et prendre une résolution.

— Je ne sais pas, ma chère Anna, dit-il, comment m'excuser auprès de vous d'une conduite qui a le droit de vous sembler plus que singulière; mais mon existence a tellement changé depuis quelques heures, j'ai été le jouet d'événements si extraordinaires qu'il n'y a rien d'étonnant à ce que je ne vous aie pas reconnue tout à l'heure, car je suis bien peu sûr de me reconnaître moi-même. J'étais, de plus, si loin de m'attendre à recevoir votre visite dans cette auberge, où je ne fais que passer, au milieu de ce village perdu dans les montagnes et si éloigné de Berlin, que j'en suis encore à me demander si c'est réellement vous qui êtes devant moi en ce moment!

— Oh! quant à cela, mon cher baron, vous pouvez vous rassurer complétement. Vous n'avez affaire ni à un elfe, ni à un sylphe; le corps assis à vos côtés est bien celui d'une simple mortelle, et, quant à la visite que vous recevez, rien n'est plus facile que de vous en donner en deux mots l'explication.

— Voilà qui me rassure complétement. Veuillez donc, sans façon, vous asseoir en face de moi, ma chère Anna, et, tout en partageant mon modeste déjeuner, me raconter comment il se fait que nous nous rencontrons assis à l'improviste en face l'un de l'autre, si loin de la petite maison de *Charlotten-Strass* à Berlin.

En ce moment la porte s'ouvrit, et maître Hans Puffendorff entra, chargé de plats qu'il déposa symétriquement sur la table.

Sur un geste du baron, il mit un second couvert, puis il se retira en saluant profondément, et sans prononcer une parole.

Les deux interlocuteurs demeurèrent seuls et le déjeuner commença.

Le baron, tout en mangeant de bon appétit, et tout en étant aux petits soins pour sa charmante partenaire, réfléchissait profondément.

Il n'était pas fâché de laisser la jeune femme tenir pendant un certain temps le dé de la conversation, parce que cela lui donnait le loisir de mûrir le projet qu'il avait conçu, et de bien prendre ses mesures pour ne pas commettre une maladresse et agir selon les circonstances. Il lui fallait aussi surtout éviter de se mettre dans l'embarras ; car il y avait une chose qu'il redoutait plus que tout, c'était de retomber dans les griffes de la police prussienne dont il était depuis si peu de temps délivré.

— Je vous écoute, ma chère Anna, dit-il d'une voix insinuante, je vous écoute avec la plus grande attention. Vous savez combien tout ce qui vous touche m'intéresse ; je vous assure que non-seulement j'étais très-inquiet de vous, mais encore je souffrais plus que je ne saurais l'exprimer de notre séparation.

— Je suis si convaincue de la vérité de vos paroles, répondit la jeune femme avec une voix railleuse, que je vais m'empresser de vous satisfaire. Je ne vous rappellerai pas

comment vous avez été arrêté au milieu de la nuit, au plus fort de votre sommeil, et enlevé malgré mes larmes et mes prières, de la petite maison que je devais à vos bontés et que depuis quelques mois déjà nous habitions ensemble. Mais, ce que vous ne pouvez savoir, c'est la douleur que j'éprouvai, l'isolement dans lequel me laissa votre départ. Pendant quelques jours je fus comme folle, et si Hélène, ma servante, ne m'avait pas soignée avec un dévouement véritablement maternel, je crois bien que je serais morte.

— Pauvre Anna, dit le baron en vidant un verre de rudesheim, avec une satisfaction évidente, vous avez bien dû souffrir !

— Oui, je souffrais de votre abandon d'abord, ensuite de l'inquiétude que j'avais du sort qui vous était réservé. Plus d'un mois s'écoula ainsi, sans qu'il me fût possible de sortir du lit où me clouait la maladie, et de tenter la moindre démarche pour savoir ce que vous étiez devenu. Mais, enfin, la jeunesse, la force de ma constitution triomphèrent, et j'entrai en convalescence. Vous dire ce que je fis alors, et comment je parvins à apprendre que vous aviez été condamné à une réclusion perpétuelle et que vous étiez enfermé dans la citadelle de Spandau, nous prendrait trop de temps et serait, je le crois, fort peu intéressant pour vous. Il vous suffira de savoir que mes recherches durèrent deux mois entiers et qu'au bout de ces deux mois, j'avais obtenu tous les renseignements nécessaires. Ma résolution fut prise immédiatement. Je fis argent de tout ce que je possédais, de tout ce que vous m'aviez donné, Frédérick ; maison, meubles, bijoux, je vendis tout, et lorsque j'eus ainsi réuni une somme assez considérable, sans avertir personne, sans même prendre congé de ma famille, je partis pour Spandau, accompagnée d'Hélène qui n'avait pas voulu se séparer de moi.

— Pauvre enfant ! que pouviez vous faire à Spandau, seule, isolée, et sans protection ?

— Rien pour vous, Frédéric, je le savais à

l'avance, mais j'étais près de vous, je respirais l'air que vous respiriez, reprit-elle avec tristesse ; j'avais l'espoir de vous voir peut-être ou de vous deviner derrière les grilles de votre prison. J'avais loué, dans une maison située en face de la forteresse, un modeste appartement, et, tous les jours, dès cinq heures du matin, je m'installais à une fenêtre et, tout en travaillant, mes regards demeuraient fixés sur les sombres murailles derrière lesquelles vous souffriez.

Je me trouvais presque heureuse de ce rapprochement ; je me forgeais des chimères. L'espoir est le dernier sentiment qui reste au fond du cœur ! Je me disais que peut-être je réussirais un jour, non pas à vous délivrer, cela m'était impossible, non pas à pénétrer jusqu'à vous, mais à vous faire savoir que j'étais là, tout près de vous, à quelques pas à peine, partageant vos douleurs et vous aimant toujours.

Je pensais que, lorsque vous sauriez que vous n'étiez pas abandonné de tous, et qu'il y avait encore un cœur qui vous était resté fidèle, cette pensée raviverait votre courage et ferait luire un rayon de soleil dans l'ombre de votre cachot.

— Anna, dit le baron avec émotion en lui tendant par-dessus la table sa main qu'elle serra, vous êtes une noble et courageuse créature. Je ne vous connaissais pas encore. Le sacrifice que vous m'avez fait me touche profondément. Grâce vous soit rendue, je ne l'oublierai point.

— Je retiens cette parole, Frédérick ; c'est la seule venant réellement du cœur que vous m'ayez dite depuis que je suis ici. Je continue. Toutes mes journées s'écoulaient donc ainsi dans l'attente d'un événement que je n'osais prévoir, d'un hasard que j'appelais de tous mes vœux. Pour être prête à tout ce qui pourrait arriver, et pensant que si vous réussissiez à sortir d'une façon quelconque de la redoutable forteresse, soit par la fuite, soit autrement, vous auriez besoin d'argent, j'étais parvenue, toujours grâce à Hélène, à me faire confier d'importants travaux de lingerie par une des premières maisons de Spandau. Ma vie matérielle était ainsi assurée. Non-seulement je n'entamais pas mes ressources pécuniaires, mais encore, grâce à de petites économies, je réussissais à les augmenter.

Hélène avait fait connaissance avec la femme du concierge de la prison et avait rencontré chez celle-ci quelques-uns de vos gardiens. Elle a réussi, comment ? je l'ignore, à intéresser à vous l'un de ces hommes. J'avais donc indirectement de vos nouvelles ; je savais la vie qui vous était faite, les dures privations que vous éprouviez, enfin, je pouvais presque compter une à une toutes vos souffrances. Une nuit, un grand bruit se fit entendre aux abords de la forteresse. Je veillais encore. Un pressentiment me disait que ce mouvement, ces allées et venues, se rapportaient à vous. J'envoyai Hélène aux renseignements. Je ne m'étais pas trompée. Un détachement de cavaliers sortit de la forteresse, escortant une chaise de poste. On vous transférait, disait-on, dans une autre résidence. Une heure plus tard, emportant tout ce que je possédais de précieux, je courais à votre suite dans une voiture louée à la hâte par Hélène. Je fis si grande diligence, je semai si bien l'or sur ma route que je rejoignis la chaise de poste qui vous emportait. J'arrivais à chaque relais un quart d'heure après vous. Ce fut ainsi que je traversai la Prusse. J'entrai à Ems quelques instants seulement après votre voiture. Je changeai de chevaux, je donnai au postillon l'ordre de m'attendre à un endroit que je lui désignai, et j'allai m'embusquer non loin de la maison où je vous avais vu entrer, ainsi que l'escorte qui vous accompagnait. Mon attente fut longue ; bien des heures s'écoulèrent sans que je vous visse reparaître. Mon inquiétude et mon anxiété augmentaient d'instant en instant. J'étais en proie à une terreur indicible, car je savais chez qui vous étiez, en présence de qui l'on vous avait amené, et je redoutais tout de la part de cet homme sinistre qui vous avait fait venir. Enfin, un peu après minuit, la chaise de poste ressortit seule, cette fois, et sans l'escorte qui l'avait entourée si longtemps. Mon cœur battait à briser ma poitrine.

Je tremblais qu'il vous fût arrivé malheur, je m'élançai, et, à la lueur des lanternes, je vous reconnus. Je poussai un cri étouffé : la commotion que je reçus fut tellement forte que je reculai en chancelant, et si la muraille ne se fût trouvée derrière moi, je crois que je serais tombée. Mais bientôt la réaction se fit; mes forces revinrent. Je rejoignis ma voiture je m'élançai dedans, et quelques minutes plus tard, j'entendis résonner sur l'empierrement de la route les fers des chevaux qui vous emportaient devant moi. Que vous dirai-je de plus, mon cher Frédérick ? pendant deux jours je courus ainsi derrière vous, n'osant vous approcher de crainte de vous compromettre. Ce matin, sachant que vous deviez relayer dans ce village, je fis arrêter ma voiture à quelques pas des premières maisons. Bientôt je vis revenir votre chaise de poste, elle était vide. Je compris que vous vous étiez arrêté à Marnheim, que vous étiez libre, que vous ne couriez aucun danger, qu'il m'était donc permis de venir, de me présenter à vous et de vous dire, comme je vous le dis : Frédérick, me voici. Je vous aime toujours, et je suis prête à partager votre bonne comme votre mauvaise fortune.

Il y eut un assez long silence. La jeune femme fixait un regard ardent sur le baron qui, depuis quelques minutes, demeurait immobile, le front pâle, les traits contractés la tête basse.

— Eh bien ! reprit-elle avec une légère teinte de tristesse dans sa voix douce, vous ne me répondez pas, Frédérick ? Seriez-vous donc fâché de m'avoir revue ? Ai-je eu tort de faire ce que j'ai fait pour vous rejoindre ?

Le baron releva brusquement la tête, passa la main sur son front moite de sueur, et, se penchant sur la jeune femme en essayant de sourire :

— Oh ! vous ne le croyez pas, Anna ! dit-il. Mais les grandes joies comme les grandes douleurs causent des émotions telles que l'on sent son cœur déborder, et que souvent malgré soi, les expressions manquent pour exprimer ce que l'on éprouve... Ah! je suis heureux ! bien heureux de vous revoir, Anna ! L'exil auquel je suis condamné me paraîtra moins cruel, dès lors qu'il me sera permis de le partager avec vous.

— Vous êtes donc exilé, Frédérick ? Je m'en doutais. Le bourreau ne saurait jamais faire grâce entière. C'est en France que vous vous rendez ?

— Hélas ! non. Anna ; la France est trop près. Le ministre veut mettre une plus grande distance entre la Prusse et moi. C'est en Amérique que j'ai l'ordre de me retirer, aux États-Unis du Nord. Je suis attaché comme secrétaire à la légation prussienne de Washington.

— Ah ! fit-elle avec une intonation étrange ; mais cet exil est honorable.

— Il le serait, si je n'étais pas condamné à voir s'écouler ma vie entière dans ce pays. Le ministre du roi a changé ma détention en transportation, voilà tout.

— Qu'importe? dit la jeune femme, ne serons-nous pas ensemble? et puis nous ne serons pas seuls, là-bas. Il y aura entre nous un lien qui nous rattachera l'un à l'autre et qui, s'il n'augmente pas notre amour, cimentera notre bonheur ; un lien bien cher...

— Que voulez-vous dire, Anna ? je ne vous comprends pas, de quoi parlez-vous ?

— C'est un secret que j'avais précieusement conservé dans mon cœur, une surprise que je vous ménageais, un rayon de soleil que je voulais faire luire au milieu de notre ciel sombre.

— Expliquez-vous, Anna, je vous supplie.

— Eh bien, sachez-le donc, mon ami, cette

Qui est cette femme? (Page 39.)

maladie dont je vous ai parlé, cette maladie… vous vous rappelez dans quel état vous m'avez quittée, n'est-ce pas? J'étais enceinte ; la douleur avança le terme de l'enfantement, et… vous avez un fils.

— Un fils, moi ! Et ce fils où est-il ? Parlez, mais parlez donc, Anna…

— Je ne pouvais emmener avec moi cette frêle créature, Frédérick. Votre fils est à Spandau avec Hélène. Lorsque nous aurons atteint le port où nous nous embarquerons, nous écrirons à Hélène de nous rejoindre, et alors vous verrez, vous embrasserez votre fils…

— Oui, c'est cela ; vous avez raison, tou-

jours, Anna. Oh ! comme il me tarde de voir ce cher enfant, de le serrer dans mes bras, de le couvrir de baisers ! Il vous ressemble, n'est-il pas vrai, Anna?

— Non, Fritz, à vous seul.

— Flatteuse, dit-il en souriant.

— Ainsi, cette nouvelle vous fait plaisir ?

— Elle me comble de joie. Comme vous l'avez dit, un lien bien cher nous rattache l'un à l'autre. pour toujours maintenant.

— Vous le voyez, mon cher Fritz, malgré l'éloignement, malgré la distance, quoique relégués sur une terre étrangère, nous serons heureux.

— Oh ! oui, bien heureux, murmura-t-il en soupirant, et en épongeant d'une main fébrile son front inondé de sueur.

IV

COMMENT UN NOBLE PRUSSIEN SE DÉBARRASSE
D'UNE MAITRESSE QUI LE GÈNE

La glace était définitivement rompue. Tous les nuages s'étaient dissipés, en apparence du moins, entre les deux convives, et le déjeuner continua dans les conditions les plus cordiales. Chacun d'eux faisait assaut de douces paroles et de charmants sourires.

Sur la prière de sa séduisante maîtresse, le baron avait raconté, avec une verve et un entrain qui avaient tenu littéralement la jeune femme suspendue à ses lèvres, les péripéties émouvantes de son entrevue avec le tout-puissant ministre du roi. Hâtons-nous de constater que ce récit, fort enjolivé, grâce à l'imagination du baron, n'était peut-être pas d'une exactitude irréprochable.

Le jeune homme, le lecteur le comprendra, s'était bien gardé de mentionner les conditions mises par le ministre à sa liberté. Il avait glissé avec une rapidité extrême sur cette partie assez scabreuse de son récit, et avait fait à celui-ci l'honneur d'une générosité et d'une grandeur d'âme qui n'avaient jamais été dans sa pensée.

Ces points laissés obscurs dans le récit du baron n'avaient point échappé à la perspicacité de la jeune femme, mais elle était trop fine pour en rien faire paraître ; peut-être avait-elle des motifs que nous ne sommes pas encore à même d'apprécier complétement, pour sembler ajouter la foi la plus entière à ce récit.

Du reste, quelle que fût la pensée secrète des deux interlocuteurs, cette pensée ne fut pas une seconde reflétée par leur visage, et pour un indifférent, ils auraient semblé deux amoureux se retrouvant après une longue séparation, plus épris que jamais et rien de plus.

Vers la fin du déjeuner, lorsque l'appétit calmé des jeunes gens leur permit de se livrer à une causerie intime, ils firent, comme cela arrive toujours en pareille circonstance, des projets d'avenir.

D'abord, ils devaient le jour même quitter l'auberge de la Croix-de-Fer, se rendre en compagnie à Mannheim, prendre leurs places pour la France qu'ils traverseraient dans toute sa largeur, puis aller ensemble s'embarquer au Havre.

Ce projet souriait doublement à la jeune femme. Elle avait hâte de quitter l'Allemagne; elle croyait, à tort ou à raison, que, tant que le baron demeurerait en Prusse, il n'y jouirait que d'une liberté précaire, et qu'à tout instant, il suffirait d'un caprice du ministre pour la lui ravir; qu'il fallait donc se hâter de franchir la frontière et d'entrer en France, ce sol classique de la liberté, ce refuge des proscrits du monde entier.

Anna Sievers n'avait pas congédié sa chaise de poste, ainsi que le lecteur s'en souvient. Le postillon, obéissant sans doute à des ordres précédemment donnés, avait été remiser sa voiture à l'extrémité du village et se tenait prêt à partir aux premiers ordres de la jeune femme. C'est pourquoi elle insista auprès du baron pour qu'il prît place dans sa voiture et partît avec elle.

Mais M. de Stanbow lui fit remarquer qu'il était arrivé seul à Mannheim, que leur rencontre fortuite à l'auberge, qui pouvait jusqu'à un point se justifier aux yeux de l'hôtelier par des relations antérieures, plus ou moins intimes, prendrait les proportions d'un scandale, s'ils quittaient le village en compagnie. On pourrait croire à un rendez-vous pris d'avance, à un enlèvement prémédité, faire enfin des suppositions, qui, dans la situation difficile où se trouvait le jeune homme, surveillé bien certainement par des agents occultes du ministre, pourraient lui nuire auprès de ce dernier, qu'il était de toute nécessité de ménager, et peut-être motiver son arrestation immédiate. En somme, il fallait tout prévoir, et ne pas compromettre par une imprudence, l'avenir de bonheur dont le séduisant tableau ravissait leurs pensées.

Ces raisons assez plausibles, déduites avec éloquence par le baron, convainquirent la jeune femme, et il fut convenu que rien ne serait changé aux dispositions prises par le baron à son arrivée dans l'auberge. Le baron partirait de son côté dans la carriole préparée pour lui; la jeune femme le suivrait, un quart d'heure plus tard, dans sa chaise de poste. Dès qu'ils seraient arrivés à Mannheim, ils retiendraient leurs places pour Strasbourg, et, à compter de ce moment, voyageraient sous un nom collectif, comme mari et femme.

Toutes ces conversations et explications avaient pris un temps considérable; aussi le baron fut-il très-étonné lorsque maître Hans pénétra dans le cabinet, et, son bonnet de coton à la main, lui annonça que la carriole était prête et que le conducteur attendait ses ordres.

Le baron se leva, paya toute la dépense, prit congé de la jeune femme comme d'une personne que l'on ne compte pas revoir, et cinq minutes plus tard, il était parti.

Dès qu'elle fut seule, Anna posa son coude sur la table, appuya sa tête sur la paume de sa main, et pendant quelques instants, elle sembla s'abîmer dans de profondes et sérieuses réflexions. Soudain elle se leva, et murmura à demi-voix :

— Nous verrons !

Puis, à son tour, elle sortit de la chambre.

Mannheim est une ville toute moderne, fort monotone, et qui n'offre rien de remarquable aux yeux des voyageurs et des touristes. Elle est bâtie en forme d'échiquier, se divise en grands carrés, et ses rues, qui ne portent aucun nom, sont désignées ainsi : carré A, carré B, etc.... Fondée en 1606, par l'électeur palatin Frédéric IV, elle servit longtemps de résidence à l'électeur Charles-Philippe. Le château, détruit à plusieurs reprises et plus particulièrement en 1795, renferme quelques monuments romains. Grâce aux chemins de fer, et à sa situation sur le Rhin qui lui fournit quelques relations commerciales, Mannheim voit son importance et sa population s'accroître tous les jours. Elle est appelée, dans un temps prochain, à devenir un des centres industriels les plus importants du grand-duché de Bade.

Voilà tout ce que nous dirons de cette ville, où les personnages de cette histoire ne font que passer durant quelques instants.

La chaise de poste de la jeune femme n'avait pas tardé à rejoindre la carriole du baron. Les deux voitures pénétrèrent ensemble dans la ville, et ensemble elles s'arrêtèrent devant la gare.

Cette gare, fort peu remarquable, était en ce moment assez encombrée. Un train venant de Coblentz s'y était arrêté, et y avait débarqué une grande quantité de voyageurs.

Tandis que la jeune femme, qui n'avait pas songé à le faire plus tôt, réglait le compte de son postillon, le baron avait pénétré, sa valise sous le bras, dans une vaste salle d'attente, où se trouvaient alors différents groupes, parmi lesquels plusieurs officiers prussiens en tenue.

Dès que le baron parut à la porte de cette salle, un officier, portant les insignes d'un grade élevé, se détacha de l'un de ces groupes au milieu duquel il était confondu, marcha droit au jeune homme, le salua courtoisement et lui dit du ton de la cordialité la plus franche :

— Le baron Frédérick de Stanbow, je crois ?

— En effet, monsieur, répondit aussi courtoisement le baron, mais je cherche vainement à me rappeler vos traits.

— Ne vous fatiguez pas davantage, répondit l'officier en souriant, je n'ai pas l'honneur d'être connu de vous. Je suis le colonel von Stadt, de la garde royale.

— Alors, je crois comprendre, fit le baron en s'inclinant.

— Que je remplis une mission. En effet, baron; mais que cela ne vous inquiète pas. Je ne suis ici que pour m'assurer de votre départ et vous offrir mon aide, si par hasard vous veniez à en avoir besoin.

Le jeune homme tressaillit. Il jeta autour de lui un regard anxieux, et s'étant bien assuré que Mᵐᵉ Sievers ne se trouvait pas encore dans la salle, il se pencha vivement vers l'officier, auquel il dit précipitamment et à voix basse :

— S'il en est ainsi, herr colonel, vous me pouvez rendre un énorme service.

— Parlez. De quoi s'agit-il ? Je suis tout à votre disposition.

— Excusez-moi, herr colonel, mais je crains ici les regards et surtout les oreilles indiscrètes.

— Qu'à cela ne tienne, baron, suivez-moi. Je vais vous conduire dans un endroit où nous pourrons causer tout à notre aise. D'ailleurs, rien ne presse ; il vous reste encore plus de vingt-cinq minutes avant le départ du train.

Le colonel passa alors avec le baron dans une salle particulière et qui dépendait de l'appartement du chef de gare.

— Mon cher baron, dit-il en lui désignant du geste un fauteuil, veuillez vous asseoir. Ici, nous pouvons causer tout à notre aise et sans crainte d'être dérangés. Qu'avez-vous à me dire ? Je suis tout oreilles, et prêt, je vous le répète, à vous être agréable si cela m'est possible. D'abord j'ai l'ordre exprès de le faire, et, n'aurais-je pas reçu cet ordre, la vive sympathie que j'éprouve pour vous m'y porterait naturellement.

— J'ai à vous entretenir, herr colonel, d'un sujet fort délicat.

— Que cela ne vous embarrasse pas. Je suis homme à tout entendre et à tout comprendre.

— Vous savez sans doute, colonel, dit le baron, qui sembla tout à coup prendre son parti, quel motif me conduit en France?

— Oui, à peu près, répondit l'officier avec un fin sourire.

— Or, il est important pour ce que je veux faire que je sois enveloppé du plus strict incognito ; en un mot, que personne ne puisse supposer...

— Que le baron de Stanbow est caché sous le comte Ladislas Stanbowitch, n'est-ce pas cela, baron ?

— C'est cela même : oui, colonel.

— Eh bien ? qu'y a-t-il ?

— Il y a que cet incognito, qui m'est indispensable, menace d'être dévoilé à la première station que j'atteindrai.

— Oh! oh! voilà qui est grave.

— N'est-ce pas ? Eh bien ! c'est pour éviter qu'il en soit ainsi que je vous demande en ce moment votre appui.

— Je vous répète que vous pouvez y compter. Expliquez-moi la chose.

— Mon Dieu! c'est bien simple, colonel. Puisque vous me connaissez si bien, vous savez sans doute que je menais la vie à grandes guides, à si grandes guides même, que je fus arrêté...

— Et conduit à Spandau, où vous seriez encore, si le premier ministre ne vous avait pas accordé généreusement votre liberté au moment où vous vous y attendiez le moins.

— C'est cela même, oui, colonel, fit-il avec amertume. Or, au moment où l'on m'arrêta, je puis vous avouer cela entre nous, j'étais fort épris d'une charmante grisette que j'avais rencontrée un soir *Under den Linden* (1). Cette jeune fille, qui ne devait

(1) « Sous les Tilleuls, » grande promenade de Berlin.

être pour moi qu'un de ces amours de passage, qui durent un mois, et ne sont même pas une date dans la vie d'un jeune homme, prit, paraît-il, dans l'esprit de ma sentimentale grisette des proportions colossales.

— Diable! mais c'est un roman que vous me contez là, baron.

— Oui, colonel, et des plus corsés, vous allez voir. Lorsque je fus arrêté, la pauvre enfant, toute à son affection pour moi, vendit ce qu'elle possédait, abandonna Berlin, sut, je ne sais comment, que j'étais détenu à Spandau, et vint s'installer dans une chambre tout en face de la prison que j'habitais bien à contre-cœur, ma foi.

— Mais c'est charmant, savez-vous : le diable m'emporte, c'est presque la Marguerite de Goëthe.

— Oui, reprit le baron avec un sourire sardonique. Il y a même plusieurs points de ressemblance entre elles.

— Ensuite, qu'arriva-t-il?

— Il arriva ce qui devait arriver, mon cher colonel. Mon Ariane demeura des journées entières les regards fixés sur la forteresse, où elle espérait me voir apparaître à quelque fenêtre grillée. Une nuit, on vint me prendre pour me conduire à Ems devant le ministre, avec qui j'eus l'entrevue que vous savez. La chaise de poste qui m'avait débarqué à Ems, me déposa ce matin à cinq heures dans un petit village de Bavière. Jugez de ma surprise lorsqu'au moment de me mettre à table pour déjeuner, je vis apparaître Anna Sievers.

— Elle se nomme Anna Sievers? Un joli nom. Je vous en fais compliment.

— N'est-ce pas? Alors, des explications commencèrent. Elle m'avait suivi, ne m'avait pas perdu de vue un instant. Enfin, sans que j'aie besoin de vous le dire, vous voyez la conclusion.

— Oui, oui, je comprends parfaitement : Vous avez conjugué le verbe aimer dans tous ses temps et ses modes, vous vous êtes juré

un amour éternel, vous vous êtes juré de ne plus vous quitter. Mais, maintenant que vous êtes de sang-froid et que vous avez eu le temps de réfléchir, vous envisagez la question sous son point de vue véritable; c'est-à-dire que toute liaison avec cette femme vous est interdite, à cause de la position où vous vous trouvez et des intérêts graves qui vous appellent en France. Enfin, vous avez été très-heureux de me rencontrer à la gare, pour me dire : Colonel von Stadt, il y a là près de moi une jeune femme charmante, que j'aime beaucoup, mais dont je vous serais obligé de me débarrasser le plus tôt possible. Est-ce cela?

— Textuellement, mon colonel.

— Eh bien! rassurez-vous, baron, c'est la chose la plus simple et surtout la plus facile du monde. Sortez par cette porte de dégagement, rejoignez votre maîtresse, ne laissez rien paraître; surtout feignez de ne pas me connaître et rapportez-vous-en à moi du soin de vous délivrer du délicieux démon qui vous obsède. Eh! que diable! on se doit aide et protection entre hommes. Quel grand ministre que le nôtre! Comme il songe à tout! Voyez, cependant, ce qui aurait pu arriver, si, par son ordre, je ne m'étais pas trouvé ici?

— En effet..... Ainsi donc?....

— Tout est convenu, mais hâtons-nous, le temps presse.

Sur ces derniers mots, les deux hommes se séparèrent.

Pendant que ceci se passait entre le colonel von Stadt et le baron de Stanbow, la jeune femme qui avait enfin réglé ses comptes avec son postillon à la grande satisfaction de celui-ci qu'elle avait généreusement payé, avait pénétré à son tour dans la salle d'attente dont elle avait d'un regard anxieux exploré tous les angles sans découvrir celui qu'elle cherchait.

Un soupçon avait, comme un éclair, traversé sa pensée, mais presque aussitôt, non pas l'injustice, mais l'impossibilité d'une trahison, en ce moment du moins, l'avait rassurée, et elle avait été toute radieuse et souriante s'asseoir dans un angle retiré de la salle.

A peine venait-elle de s'asseoir que la porte s'ouvrit et le baron parut.

L'anxiété peinte sur ses traits, son inquiétude visible avaient achevé de rassurer la jeune femme, qui ne put s'empêcher de sourire de ses soupçons.

— Où étiez-vous donc, ma chère Anna? lui dit le baron dès qu'il aperçut la jeune femme. Voilà un temps infini que je vous cherche, sans pouvoir vous rencontrer.

— Excusez-moi, Fritz. Ce postillon m'a retenue beaucoup plus longtemps que je ne le croyais; mais maintenant tout est fini, grâce à Dieu! et comme vous, je suis libre.

— Dieu veuille que nous le soyons longtemps, Anna! murmura-t-il avec un soupir.

— Que voulez-vous dire, Frédérick? vous m'inquiétez.

— Rien, ma chère Anna; mais j'ai cru voir rôder par là certaines figures d'officiers prussiens, et je vous avoue que, tant que je ne serai pas en wagon, je ne me croirai pas en sûreté.

— Mais nous n'avons rien à craindre, maintenant.

— Dieu le veuille! ma chère amie, mais, je vous le répète, je ne sais pourquoi, je ne suis pas tranquille.

Au moment où le baron prononçait ce dernier mot, la porte de la salle d'attente s'ouvrit brusquement et plusieurs officiers prussiens entrèrent.

Ces officiers jetèrent un regard investigateur dans la salle; puis, après avoir échangé entre eux quelques mots à voix basse, ils s'avancèrent vers l'endroit où se trouvaient assis à l'écart, le baron et la jeune femme.

— Qu'est-ce que cela signifie? murmura Anna Sievers, toute tremblante.

Le baron était devenu pâle. Le sentiment de la mauvaise action qu'il allait commettre, quelle que fût sa perversité naturelle, l'op-

pressait douloureusement et lui serrait le cœur.

Il comprenait enfin toute l'infamie de sa conduite et de quelle noire ingratitude il payait le dévouement si pur et si complet de la jeune femme. Mais il était trop tard maintenant pour ces réflexions. Le sort en était jeté. Il était entré dans une voie où tout regard en arrière lui devenait impossible. Il fit un effort sur lui-même et attendit impassible ce qui allait se passer.

Cependant les officiers s'étaient arrêtés devant les deux jeunes gens, et l'un d'eux, après avoir salué le baron avec cette roideur et cette morgue qu'ont tous les officiers allemands quel que soit leur grade, lui avait demandé d'une voix sèche, s'il était bien le baron Frédérick de Stanbow.

— Que vous importe, monsieur, répondit avec hauteur le jeune homme, que je sois ou non la personne dont vous parlez?

— Il m'importe plus que vous ne pouvez le supposer, monsieur, répondit l'officier. J'ai l'honneur d'être colonel dans la garde royale et je suis porteur d'un ordre du roi qui m'autorise à vous faire la question que je vous ai adressée.

— Prétendez-vous m'arrêter, monsieur?

— Peut-être; cela dépendra de vous. Veuillez donc me répondre: Êtes-vous, oui ou non, le baron Frédérick de Stanbow?

— Eh bien soit! monsieur. Oui, je suis le baron Frédérick de Stanbow.

— Alors j'ai l'ordre de vous conduire dans un compartiment réservé exprès pour vous, et dans lequel se trouvent deux officiers de police chargés de vous accompagner jusqu'à la frontière.

— D'où vient cette rigueur à mon égard, monsieur?

— Je n'ai rien à vous répondre, monsieur. Un officier ne discute pas les ordres qu'il reçoit, il les exécute.

— C'est juste, monsieur, que faut-il faire?

— Me suivre.

— Je suis prêt.

Anna Sievers, pâle, tremblante, se leva alors, et, sans prononcer une parole, se précipita dans les bras du baron.

— Qui est cette femme? demanda l'officier.

— Cette dame m'accompagne.

— C'est impossible, monsieur.

— Impossible! s'écrièrent les deux jeunes gens.

— L'ordre est précis, madame est trop jeune pour être votre mère, elle n'est pas votre sœur, puisque vous êtes fils unique. Elle n'est pas votre femme, vous n'êtes pas marié. Elle ne peut donc être que votre maîtresse.

— Monsieur!

— Ne discutons pas sur les mots, monsieur. Peu m'importe ce qu'elle est; je n'ai rien à y voir : la seule chose que je puisse vous dire, c'est que n'étant ni votre mère, ni votre sœur, ni votre épouse, il lui est interdit de vous accompagner.

— Monsieur, au nom du ciel!... s'écria la jeune femme les yeux pleins de larmes et les mains jointes.

— Madame, interrompit l'officier, en adoucissant le timbre de sa voix, ne me rendez pas, je vous en supplie, plus pénible la mission dont je suis chargé. Je vous répète, à mon grand regret, que l'ordre dont je suis porteur est précis, quel que soit d'ailleurs, mon sentiment personnel, cet ordre doit être exécuté et il le sera.

— Monsieur, dit le baron en intervenant, laissez-moi au moins quelques minutes pour faire mes adieux à madame.

— Je le voudrais, monsieur ; mais le train va partir et c'est par ce train qu'il m'est ordonné de vous faire quitter l'Allemagne.

— Puisqu'il en est ainsi, dit le jeune homme, je n'insiste pas.

Et se penchant vers la jeune femme sur le front de laquelle il déposa un baiser :

— Nous nous reverrons, Anna, lui dit-il

à voix basse. Je ne vous dis donc pas adieu, mais au revoir.

— Au revoir! balbutia-t-elle en tombant à demi évanouie sur le siége qu'elle venait de quitter un instant auparavant.

— Marchons, messieurs, dit alors le baron en se retournant vers les officiers prussiens.

Ceux-ci l'entourèrent aussitôt et sortirent avec lui de la salle d'attente.

Cette scène s'était passée pour ainsi dire inaperçue des voyageurs qui, tous assez occupés de leurs préparatifs de départ ou engagés dans des conversations particulières n'avaient fait aucune attention à ce qui se passait à l'extrémité de la salle.

La jeune femme, avons-nous dit, était demeurée froide, immobile et presque privée de mouvement.

Tout à coup un tressaillement nerveux agita tout son corps. Elle fit un mouvement brusque pour se lever.

Le sifflet de la locomotive s'était fait entendre.

Le train était parti.

Une main se posa sur le bras de la jeune femme et une personne placée derrière elle lui dit d'une voix douce :

— Restez, madame, il est trop tard !

— C'est vrai ! murmura-t-elle, mon Dieu ! il est trop tard !

— Prenez courage, reprit la voix qui déjà s'était fait entendre. Rappelez vos forces ; ne vous laissez pas abattre par la douleur.

Anna Sievers tourna lentement la tête vers la personne qui parlait ainsi.

Un homme d'une cinquantaine d'années, vêtu avec une certaine élégance, et dont les traits réguliers avaient un grand cachet de distinction, se tenait debout derrière elle et la considérait avec une expression de sympathie.

Cet inconnu, dont la tenue et les manières décelaient une personne appartenant à une classe élevée, portait à la boutonnière la rosette d'officier de la Légion d'honneur.

— Qui êtes-vous, monsieur? demanda la jeune femme, vous qui semblez vous intéresser à une femme malheureuse, auprès de laquelle le hasard vous a sans doute placé.

— Ce n'est pas le hasard, madame, répondit l'inconnu en la saluant respectueusement. Je savais ce qui allait se passer et je suis venu pour vous offrir mon aide si vous daignez l'accepter.

— Soyez mille fois béni, monsieur, pour ces paroles bienveillantes. Je suis étrangère dans cette ville, je n'y connais personne, et, vous l'avez vu, hélas! celui qui seul pouvait me protéger vient de m'être brutalement ravi.

— Êtes-vous bien certaine, madame, que les choses se soient passées ainsi?

— Que voulez-vous dire, monsieur? s'écriat-elle avec une surprise mêlée d'effroi, seraisje victime d'une odieuse comédie, d'une trahison?

— Peut-être, madame; mieux que moi vous êtes à même d'en juger; mais je me permettrai de vous faire observer que l'endroit où nous nous trouvons est mal choisi pour une conversation comme celle que sans doute vous désirez avoir avec moi. D'un instant à l'autre, les officiers qui ont enlevé la personne qui vous accompagnait peuvent revenir, et qui sait si vous ne seriez pas en butte à de nouvelles vexations de leur part.

— Vous avez raison, monsieur; mais que faire? Je ne connais personne. Où irai-je me réfugier?

— Rassurez-vous, madame; ne suis-je pas là? Je ne vous abandonnerai pas. Vous êtes femme; à ce titre, vous avez droit à la protection de tout homme d'honneur. Avant tout, afin de vous inspirer quelque confiance, permettez-moi de vous dire qui je suis. Je me nomme Pierre-Armand de Moustier. Je suis un des principaux directeurs de la Société des chemins de fer français de l'Est. Certaines affaires m'ont appelé ici; je compte en repartir dans une heure pour retourner à Paris.

— Je vous remercie, monsieur, des renseignements qu'il vous a plu de me donner sur vous. Je me fie à vous, guidez-moi, je suis prête à vous suivre.

— Veuillez accepter mon bras, madame.

Tous deux quittèrent alors la salle d'attente.

Au moment où la porte se refermait sur eux, le colonel von Stadt et les officiers qui l'accompagnaient, entraient dans la salle par une autre porte.

Ils demeurèrent fort décontenancés en voyant que la voyageuse qu'ils cherchaient avait disparu.

Ce fut en vain qu'ils se livrèrent aux plus actives recherches: les diverses personnes qu'ils interrogèrent ne purent donner aucun renseignement.

Anna Sievers demeura introuvable.

De guerre las, force fut au colonel de renoncer à la chercher davantage.

Cependant M. de Moustier avait, ainsi que nous l'avons dit, quitté la gare en compagnie de la jeune femme.

Un coupé attelé de deux chevaux attendait devant la gare.

M. de Moustier fit monter la jeune femme, se plaça près d'elle, et, se penchant vers un domestique qui se tenait respectueusement, chapeau à la main, à la portière:

— Jean, dit-il, ordonnez au cocher de toucher à la gare de Ludwigshafen et d'aller bon train; je suis pressé.

Ces paroles avaient été prononcées en français.

— Pourquoi allons-nous à Ludwigshafen? demanda la jeune femme.

— Ah! vous parlez français, madame, lui dit M. de Moustier en souriant. Tant mieux.

— Ma famille est d'origine française, monsieur, répondit-elle. Elle a émigré à la suite de l'Édit de Nantes et s'est établie en Bavière depuis cette époque.

— Oh! alors, nous sommes presque compatriotes, madame; je me félicite doublement

Le grand bal des Souverains de l'Hôtel de Ville (1867).
Quelques mois plus tard s'ouvrait l'Exposition universelle de Paris. (Page 44.)

d'avoir été assez heureux pour me trouver là si à propos et de vous offrir mon appui.

— Vous êtes trop bon, monsieur. Mais vous n'avez pas répondu à ma question.

— En effet, madame. J'ai donné ordre à mon cocher d'aller à Ludwigshafen, parce que là, soit que vous désiriez aller en France, soit que vous préfériez rentrer dans votre famille, cela vous sera plus facile sans attirer les soupçons.

— Mille grâces, monsieur. Et maintenant que vous m'avez dit qui vous êtes ; que vous êtes si généreusement intervenu pour me rendre un peu de courage, laissez-moi, en deux mots, vous dire qui je suis.

— Madame, je me suis senti attiré vers vous par un élan de sympathie irrésistible. Chercher à vous connaître, ce serait vouloir me faire payer le léger service que je serai peut-être assez heureux de vous rendre. Conservez donc, si vous le désirez, cet incognito qui vous protège contre ma curiosité, et soyez convaincue que je ne m'en plaindrai nullement.

— C'est trop de délicatesse, monsieur ; mais je tiens à être connue de vous. Je veux que vous sachiez que, si je suis malheureuse, du moins votre générosité ne s'est pas égarée et que je suis digne de la gracieuse protection que vous avez daigné m'accorder.

— Oh ! madame, vous allez trop loin. Croyez bien que jamais la pensée ne me serait venue de vous juger aussi sévèrement que vous semblez le craindre. Il suffit de vous voir une minute pour comprendre que vous avez droit au respect de tous.

— Je n'abuserai pas de votre patience, monsieur. Mon histoire sera courte. Elle ressemble à celle de bien des femmes et peut se résumer en quelques mots.

J'ai aimé de toutes les forces de mon âme un homme qui, je le crains aujourd'hui, était indigne d'un amour aussi vrai, aussi pur. Je me nomme Anna Sievers. Je suis fille unique d'un pasteur protestant de Munich. Un jour un jeune homme blessé fut amené dans notre maison par mon père qui l'avait rencontré lui-même mourant non loin de la ville.

Ce jeune homme, vous l'avez vu aujourd'hui. Il se nomme Frédérick de Stanbow et appartient à une des premières familles de la noblesse prussienne. J'ignorais tout cela alors. Son nom même m'était inconnu. Pendant deux mois il resta entre la vie et la mort. Je le soignai avec le dévouement et l'abnégation d'une sœur. Quand il revint à la vie, il me remercia d'une si douce voix, avec de si tendres paroles ; il protesta si énergiquement de son amour, son regard me disait si bien ce que sa voix ne faisait que murmurer, que je me laissai séduire. Habituée à vivre entre mon père et ma mère, ignorante de toutes les choses de la vie, je devais fatalement céder sans résistance à ce premier amour qui venait, comme un rayon de soleil, réchauffer mon âme, faire vibrer en moi toutes les fibres de mon cœur, et me révéler l'existence d'un sentiment divin qui, jusqu'alors, m'avait été complétement inconnu. Oh ! pourtant, dans ma faiblesse,

j'étais forte encore. Je luttai contre moi-même avec cette énergie que la pudeur donne aux âmes naïves. Je sentais instinctivement que je commettais une faute en cédant aux prières de mon bien-aimé et, si je consentis à lui appartenir, ce ne fut que lorsqu'il m'eût promis solennellement que je serais sa femme. Hélas ! la suite, vous la prévoyez, monsieur. Une nuit j'abandonnai la maison paternelle, et je suivis mon séducteur, laissant mon père et ma mère en proie à la plus grande douleur. Le châtiment de cette faute ne devait pas tarder. Il fut terrible. L'homme pour lequel j'avais tout quitté me négligea, et peut-être allait-il m'abandonner, quand une catastrophe terrible l'en empêcha. Il fut arrêté, conduit à Spandau et renfermé dans la forteresse. Je devins mère. J'aimais toujours l'homme qui m'avait si indignement trompée. Je vendis tout ce que je possédais et le suivis dans cette ville. Pendant les quatre longs mois que dura sa détention, je vécus, comme une folle, les yeux rivés sans cesse sur son cachot, et priant Dieu de lui rendre la liberté. Cette liberté lui a été rendue, il y a deux jours, à Ems, où on l'avait conduit, et où je le suivis. Ce matin, pour la première fois, depuis son arrestation, je l'ai revu. Il m'a dit que sa peine avait été commuée en exil ; qu'il devait se rendre en Amérique. Je n'hésitai pas, je résolus de le suivre, pour le consoler et prendre la moitié de ses ennuis. Je lui annonçai aussi qu'il était père. Cette nouvelle, en apparence, le combla de joie.

— C'était un lien nouveau, me dit-il et.... vous le voyez, je suis plus triste et plus désolée que jamais. Il m'a été enlevé encore une fois, et me voilà de nouveau seule, avec mon enfant, déshonorée aux yeux du monde et maudite par mon père.

— Pauvre enfant ! lui dit doucement M. de Moustier, en lui pressant affectueusement la main ; vous êtes plus malheureuse encore que vous ne le supposez. Pourquoi donc faut-il que j'ajoute à votre douleur déjà si grande ?

— Que voulez-vous dire, monsieur ? Déjà, au moment où se passait l'affreuse scène dont vous avez été témoin, un horrible pressentiment m'a serré le cœur. Mon Dieu ! si ce que je crains est vrai, il ne me reste plus qu'à mourir.

— Non, vous ne pouvez mourir. Vous devez vivre, au contraire, vivre pour votre enfant.

— Oui, vous avez raison, je n'ai plus le droit de mourir. Il faut que je vive pour cette chère créature qui, elle, est innocente et ne doit pas être responsable des fautes de sa mère. Parlez, monsieur, dites-moi tout ; j'ai besoin de tout savoir. Oh ! ne craignez rien, je suis forte.

— Puisque vous le désirez, madame, je vous obéirai, d'autant plus que je considère comme un devoir de vous instruire de ce qui s'est passé. L'action que cet homme a commise est infâme. Il vous a abandonnée lâchement, froidement, de parti pris.

— Je le savais, murmura-t-elle en fondant en larmes. Je le savais, mon cœur me l'avait dit, et je ne voulais pas y croire.

— J'écrivais dans un cabinet séparé seulement par une portière de celui du chef de gare, quand deux hommes entrèrent. L'un était un officier prussien. L'autre, vous le connaissez, était le baron de Stanbow. Dans le premier moment, je voulus me lever pour avertir ces personnes de ma présence et ne pas commettre l'indiscrétion d'écouter ce qu'ils disaient ; mais, aux premiers mots que ces deux hommes prononcèrent, je ne sais pourquoi, je changeai immédiatement d'idée, et je prêtai attentivement l'oreille. Voici, en deux mots, le résumé de leur conversation : le baron de Stanbow n'est pas exilé ; il ne se rend pas en Amérique, il va simplement en France, chargé par le gouvernement prussien d'une mission que j'ai tout lieu de supposer ténébreuse et peu honorable, car le baron de Stanbow est porteur d'un passe-port où il est inscrit sous le titre

de comte Ladislas Stanbowitch. Il doit prendre en France la qualité de réfugié polonais. C'est même afin de s'assurer, a-t-il dit, un strict incognito, qu'il a le plus grand intérêt à conserver, qu'il a insisté auprès du colonel afin que vous ne puissiez l'accompagner, que l'on vous en empêchât, même en vous arrêtant, si c'était nécessaire.

— Oh ! cela est infâme !

— Oui, bien infâme, madame. Vous avez été dupe de la plus affreuse comédie, et l'homme auquel vous avez tout sacrifié, vous a, je vous le répète, abandonnée lâchement et de parti pris.

— Mon Dieu ! mon Dieu ! fit-elle.

— Maintenant, madame, voyez ce qu'il vous convient de faire et disposez de moi.

— Monsieur, ma conduite est toute tracée. Cet homme va en France, c'est en France que je dois me rendre. Il me faut l'y retrouver, le contraindre à reconnaître son fils et à lui restituer dans la société la place à laquelle il a droit. Quant à moi, personnellement, que m'importe ce que le sort me réserve ? Depuis longtemps, déjà, je suis habituée à lutter contre la douleur. J'en ai l'espoir, elle ne me terrassera pas.

— Permettez-moi une simple question, madame. Je ne veux en rien désapprouver le projet que vous formez. Il ne m'appartient pas de vous tracer la conduite que vous devez tenir. Seule, vous êtes juge de ce qu'il vous convient de faire dans la situation terrible où vous vous trouvez ; seulement, laissez-moi vous demander si vous avez bien réfléchi à la résolution que vous prenez. La France, il est vrai, est hospitalière ; mais en France, comme partout, pour vivre, il faut avoir les moyens d'assurer son existence matérielle. Ces moyens, les avez-vous ?

— Le hasard, ou plutôt le projet bien arrêté de M. de Stanbow de se séparer de moi, m'a fourni aujourd'hui même ces moyens dont vous parlez. Quelques minutes avant de quitter l'auberge de Marnheim, il m'a forcée d'accepter une traite de cent mille thalers sur la maison Rothschild, de Paris. Je ne comprenais rien d'abord à l'insistance que cet homme mettait à me faire accepter cette somme. Maintenant, tout m'est expliqué. En outre, il me restait, de la vente de ma maison, mon mobilier, mes bijoux, etc., quarante mille thalers, je les ai sur moi, en billets... Vous le voyez, monsieur, ajouta-t-elle avec un sourire triste, je suis riche !

— En effet, madame ; aussi n'insisterai-je pas. Mais il est deux choses que je puis vous offrir et que, je l'espère, vous ne refuserez point : d'abord ma compagnie jusqu'à Strasbourg, compagnie qui vous sera une sauvegarde ; ensuite, pour vous éviter le voyage de Paris, le payement intégral de votre traite aussitôt que nous serons arrivés en France. Il faut que dans quarante-huit heures, au plus tard, je sois rendu à Paris ; mais cependant, si vous y consentez, je ne me séparerai pas de vous à Strasbourg sans vous avoir ouvert les portes d'une maison où, grâce à moi, vous serez reçue comme si vous faisiez partie de la famille. Mais, nous voici arrivés devant la gare, et avant quelques minutes, vous serez en route pour la France. Veuillez prendre cette carte, madame, et, si quelque jour vous avez besoin de moi, écrivez-moi à cette adresse : 227, rue de Rivoli, et peut-être pourrai-je vous prouver que je suis un de vos amis les plus dévoués.

— Pas de remerciments, ajouta-t-il avec un doux sourire. Je ne fais que ce que je dois faire. C'est à vous à me prouver par votre conduite que je ne me suis pas trompé.

Le soir même, Anna Sievers arrivait à Strasbourg et était présentée dans une maison où, ainsi que l'avait prévu M. de Moustier, elle était reçue à bras ouverts.

Deux heures plus tard, son protecteur prenait congé d'elle, comme un père l'aurait fait de sa fille, après lui avoir compté en monnaie française, le montant de sa traite sur la maison Rothschild.

. . . .

. . . .

. . . .

Quelques mois plus tard, s'ouvrait l'Exposition universelle de Paris.

L'empereur Napoléon III, alors au sommet de son incroyable fortune, devenait l'hôte de tous les souverains de la vieille Europe et échangeait avec le roi de Prusse et son tout-puissant ministre les témoignages d'une inaltérable amitié, d'une alliance que rien ne devait rompre. En un mot la paix du monde était à jamais assurée.

L'avenir devait donner à cette prophétie un douloureux démenti, avant même que fussent fanées les fleurs qui avaient servi à embellir de si brillantes fêtes.

FIN DU PROLOGUE

PREMIÈRE PARTIE

UNE POIGNÉE DE COQUINS

I

Le dimanche 3 juillet 1870, jour de saint Anatole, la longue et belle avenue de platanes et de charmes qui, de la porte des Pêcheurs, à Strasbourg, conduit au charmant village de Robertsau, était depuis le matin littéralement encombrée de voitures, de cavaliers et de piétons qui allaient au village ou revenaient vers la ville en riant, chantant, et généralement composés de groupes de jeunes gens des deux sexes dont les visages épanouis respiraient la joie et le plaisir.

A l'époque dont nous parlons, Strasbourg possédait, dans un réseau de trois lieues autour de son enceinte, une foule de villages charmants, coquettement disséminés dans la plaine, enfouis dans les massifs de verdure et qui, chaque dimanche, servaient de refuge à la jeunesse de la ville qui allait là boire de la bière, dîner sous les tonnelles, danser dans les guinguettes ; et de but de promenade à la partie plus sérieuse de la population qui, parfois, se laissant elle aussi entraîner par l'exemple et l'attrait du plaisir, dînait en plein air et assistait en souriant aux ébats de la jeunesse.

En est-il encore ainsi aujourd'hui ? Nous l'ignorons.

Au nombre de ces villages, il en est un dont le nom est cher à tout bon Strasbourgeois. Nous voulons parler de la Robertsau, véritable nid d'amoureux, bâti dans une île formée par l'Ill et le Rhin.

Rien ne saurait exprimer l'aspect enchanteur et la fraîcheur printanière de cette délicieuse oasis dont, pendant les beaux jours, les échos ne répètent que de gais éclats de rire et de joyeux refrains.

Le jour dont nous parlons, plusieurs jeunes gens des deux sexes, assis sous une tonnelle devant une auberge située non loin de l'obélisque élevé par le patriotisme des Strasbourgeois à leur compatriote Kléber, discutaient vivement entre eux le menu d'un dîner qu'ils étaient convenus depuis le matin de prendre en commun.

Les hommes étaient au nombre de quatre. C'étaient des jeunes gens dont l'âge variait entre dix-huit et vingt-deux ans.

Au débraillé sans façon de leurs costumes et à leur tournure il était facile de les reconnaître pour des étudiants.

Les femmes, en nombre égal à celui des cavaliers, étaient de charmantes grisettes blondes et rieuses, dont la plus jeune avait dix-huit à peine et l'aînée n'atteignait pas vingt ans.

Celui des jeunes gens qui, en ce moment, tenait le dé de la conversation avait tout au plus vingt-deux ans. Sa taille était haute, bien prise ; ses manières élégantes ; ses cheveux blonds, ses yeux bleus, son front large, son nez légèrement recourbé, aux narines mobiles ; sa bouche un peu grande, aux lèvres charnues, laissant en s'entr'ouvrant apercevoir une denture magnifique ; son menton un peu carré lui formaient une physionomie des plus sympathiques, respirant à la fois la franchise, la fermeté et la bonne humeur.

Ses mains et ses pieds, d'une petitesse extrême, décelaient la race.

Il semblait jouir d'une certaine influence sur ses compagnons qui l'écoutaient non-seulement avec attention mais avec déférence.

— Messieurs, disait-il au moment où nous le mettons en scène, il ne s'agit pas aujourd'hui pour nous de faire un de ces repas d'étudiants comme nous en faisons tous les dimanches. Je compte sur la présence de deux convives, dont l'un vous est connu déjà, et dont l'autre, j'en suis sûr, sera cordialement accepté par vous.

— Voyons, Lucien, dit un de ses compagnons en l'interrompant avec un léger accent de terroir, tu n'es ici ni au tribunal, ni à la tribune, mon cher. N'enfile donc pas les unes au bout des autres des phrases à perte de vue.

— A l'ordre ! à l'ordre ! s'écrièrent en chœur les autres jeunes gens, en frappant joyeusement sur la table.

— Messieurs, dit une des jeunes filles d'une voix flûtée, je trouve pour ma part que l'orateur parlait très-bien et qu'il disait des choses fort sensées ; je demande en conséquence que son interrupteur, Pétrus Weber, soit condamné à deux moos de bière à boire séance tenante.

— Appuyé ! appuyé !

— Je proteste.

— Mon cher Pétrus, répondit celui auquel on avait donné le nom de Lucien, proteste, c'est ton droit, mais tu es condamné à deux moos, et nous allons les boire.

— C'est cela ! c'est cela ! les deux moos.

Le cabaretier, qui, sans doute, se tenait aux aguets, apparut presque aussitôt et posa triomphalement sur la table, sur laquelle s'en trouvaient déjà bon nombre d'autres entièrement vides, deux moos couronnés d'une mousse blanche des plus appétissantes.

— Eh bien, soit, dit Pétrus, puisque la bière est tirée, il faut la boire. Allons, tendez vos chopes, et surtout ne laissez pas s'évaporer ce glorieux faux-col qui est, à mon avis, la crème de la bière.

— A la santé de Pétrus ! s'écrièrent d'une seule voix tous les convives, en choquant gaiement leurs chopes les unes contre les autres.

— Messieurs, dit Lucien, je reprends mon discours au point où vous m'avez interrompu. Mais, tout d'abord, laissez-moi remercier notre ami Pétrus, que je soupçonne violemment de s'être fait condamner exprès afin de trouver ainsi un moyen détourné d'humecter nos gosiers qui, vous en conviendrez, commençaient à être diablement secs.

Pétrus retira de sa bouche l'énorme pipe qui semblait vissée à ses lèvres, et salua l'assemblée avec une gravité comique.

— Allons, continue, bavard, dit-il.

— Je te ferai observer, cher ami, qu'en ce moment tu pilles indignement un célèbre acteur que j'ai vu jouer à Paris, à je ne sais plus quel théâtre. Tu m'interromps pour me dire de continuer.

— A la question ! à la question ! s'écrièrent

brusquement les jeunes gens et les jeunes filles.

— M'y voici, mesdames et messieurs. Je propose donc que pour cette fois, par extraordinaire, notre gastmahl, au lieu d'être comme de coutume de trois francs par tête, atteigne aujourd'hui les proportions colossales de six francs.

Une rumeur de mauvais augure interrompit l'orateur.

— C'est de la folie !

— Le comble de l'aberration mentale !

— Un tel Balthazar dépasse toutes proportions.

— Un instant, messieurs, de grâce, laissez-moi terminer, vous serez libres ensuite d'accepter ou de refuser ma proposition.

— Silence ! glapit Pétrus d'une voix nasillarde et avec un sang-froid imperturbable.

Le calme se rétablit.

— Je vous ai annoncé que nous aurions deux convives de plus ; comme il ne serait pas juste que, moi, les invitant, vous payiez pour eux, je m'engage à donner pour ma part la somme exorbitante de vingt francs qui serviront à solder les vins généreux dont nous abreuverons ce repas délectable.

— Messieurs, je demande la parole, dit un jeune homme de dix-neuf ans environ, à la mine éveillée, au sourire railleur, et qui avait, ainsi qu'on le dit vulgairement, le nez tourné à la friandise.

— Parle, Adolphe, et surtout sois bref, s'écrièrent ses compagnons.

— Eh bien, messieurs, dit le nouvel orateur, il est évident pour moi que l'on nous trompe. La proposition insensée faite par l'honorable orateur qui me précède à cette tribune, cache évidemment un piége. On ne gaspille pas aussi facilement une pièce d'or semblable à celle que notre ami se colle en ce moment sur l'œil, si l'on n'est pas animé de projets subversifs.

— La cause est entendue, s'écrièrent les jeunes gens. Voilà les vingt francs. Nous les avons vus.

— Cet homme est riche ! cet homme veut nous acheter ! Laissons-nous vendre.

— Quoi ! reprit violemment celui qu'on appelait Adolphe, quoi ! pour une misérable pièce de ce vil métal ? S'il en avait deux encore !

— Qu'à cela ne tienne, messeigneurs, dit majestueusement Lucien en s'intercalant une seconde pièce semblable à la première dans l'orbite de l'œil gauche.

— Bravo ! bravo ! s'écrièrent-ils tous.

— Messieurs, je suis vaincu, reprit Adolphe. Cet homme n'est pas un homme, c'est un galion. Nous succombons sous la force de l'or. Il est évident, pour moi, que nous allons dîner avec des diplomates étrangers.

— Des banquiers israélites, dit un autre.

— Des ambassadeurs cochinchinois, fit un troisième.

— A moins que ce ne soit avec des ministres, ponctua Pétrus d'une voix caverneuse.

— Mesdames et messieurs, vous vous trompez tous.

— Voyons, Lucien, dit Pétrus, sois bon enfant. Dis-moi si je pourrai conserver ma pipe.

— Parbleu ! on fumera, je l'espère bien.

— Ces nobles étrangers supportent la fumée du tabac ! Alors ce ne sont ni des ambassadeurs, ni des diplomates.

— Prends garde, Lucien, ajouta gravement Pétrus ; j'espère pour toi et pour nous, que ces convives mystérieux ne sont pas Prussiens.

— Vous êtes fous, messieurs ! Pour vous mettre d'accord, sachez que le premier n'est rien moins que mon frère...

— Ce lieutenant de zouaves ? s'écrièrent-ils tous.

— Oui, vous le connaissez déjà.

— Bravo ! bravo ! Ah ! la bonne surprise.

— Lucien, tu as mon estime, fit Pétrus.

— Ah ! voilà une pensée charmante, Luce,

dit la fillette qui avait déjà parlé, en montrant par un charmant sourire les trente-deux perles qui lui servaient de dents.

— Oui, mais, reprit Pétrus d'une voix grave, *in codu venenum*, comme on dit à l'école.

— Ce qui veut dire ? demandèrent curieusement les jeunes filles.

— Que, reprit Pétrus de plus en plus lugubre, que Lucien nous a jeté en pâture le nom de son frère pour nous tromper et nous amener subrepticement un second convive que je déclare devoir être un millionnaire.

— Eh ! fit une des jeunes filles avec une moue charmante, ce ne serait pas si désagréable. Qu'en penses-tu, Maria ?

— Ce Pétrus est sinistre, ma chère, dit-elle ; il a des idées de l'autre monde qui vous donnent froid dans le dos.

— Pauvre petite chatte ! fit Pétrus d'une voix caverneuse.

— Messieurs, fit Lucien, le second convive que j'aurai l'honneur de vous présenter est, non-seulement le meilleur ami de mon frère, mais encore celui de toute ma famille et le mien en particulier. Michel lui doit la vie. C'est un brave soldat, sergent-major dans la même compagnie que mon frère et, comme lui, décoré de la Légion d'honneur. Vous le recevrez donc parmi vous, je me plais à le croire, avec cette cordialité qui vous distingue quand vous voulez vous en donner la peine.

— Messieurs, dit le quatrième des jeunes gens qui, jusqu'alors, s'était contenté de fumer silencieusement sa pipe en vidant chope sur chope, je vote des remercîments à notre ami Lucien pour la confiance qu'il a en nous, et, comme toute bonne action porte avec elle sa récompense, je propose d'accepter : non-seulement que le gastmahl soit porté à six francs par tête, mais encore les deux louis qu'il a si magistralement posés sur ses yeux, et qui serviront à solder les vins généreux destinés à embellir cette petite fête de famille.

— Mon cher Georges, je n'avais parlé que d'un louis.

— Mais tu en as montré deux.

— Et, l'intention étant réputée pour le fait, appuya Pétrus de plus en plus sombre, si ces deux louis ne sont pas faux...

— Oh ! s'écria Lucien, jamais !

— Alors, ils nous appartiennent, conclut Pétrus. Passe-moi le tabac, Adolphe, ma pipe s'est éteinte.

— Déjà ! fit celui-ci en riant, il n'y a pourtant qu'une heure que tu l'as allumée.

— C'est vrai ; mais la vive émotion que j'ai ressentie durant cette discussion m'a entraîné à fumer plus vite que je ne l'aurais voulu.

Et il se mit à lancer dans l'air de formidables bouffées de fumée.

— J'ai encore une demande à vous adresser, messieurs, reprit Lucien.

— Cet homme est insatiable, grommela Pétrus en hochant la tête, il veut donc nous dépouiller ?

— Je suis loin d'avoir ces prétentions. Je demande seulement que vous me laissiez le soin de commander le menu du dîner.

— Oh ! oui, oui ! fit Maria en battant des mains. Luce a été à Paris ; il connaît les bonnes choses, laissons-le faire.

— Maria, mon enfant, dit sentencieusement Pétrus entre deux bouffées de fumée, la gourmandise a perdu votre grand'mère Ève, et vous me faites l'effet de furieusement marcher sur ses traces.

— Laissez-moi tranquille, vilain hibou ! Il ne sait dire que des choses désagréables.

— Je constate un fait, ma fille, voilà tout. Cela vous déplaît. Soit, n'en parlons plus. Chers amis, ajouta-t-il en élevant la voix, j'appuie la motion de Lucien. Il a la gueule fine, comme dit si élégamment Rabelais, et s'il se charge du menu, nous allons faire certainement un excellent dîner. Mais, en attendant, ne trouvez-vous pas comme moi, continua-t-il sur un ton lamentable, que

Je m'engage à donner pour ma part la somme exorbitante de vingt francs... (Page 47.)

cette table a un faux air du radeau de la Méduse?

— En effet, appuya Adolphe, il fait très-soif.

— Des moos! des moos! crièrent-ils tous en chœur.

En un clin d'œil tous les moos vides disparurent pour être remplacés par d'autres pleins.

— A la bonne heure! dit Pétrus, voici un coup d'œil qui ragaillardit l'âme.

On trinqua et on but.

La conversation fit un crochet; les jeunes filles commencèrent à chanter, et bientôt ce fut un brouhaha qui représentait assez bien en petit ce que devait être la tour de Babel au moment de la confusion des langues.

Lucien, profitant de ce que l'attention s'était détournée de lui, se leva, et après avoir été conférer quelques instants avec l'aubergiste, il s'éloigna inaperçu et disparut bientôt au milieu des arbres.

Lucien appartenait à l'une des plus riches et des plus anciennes familles bourgeoises de

Strasbourg. Son père, Philippe Hartmann, était à la tête d'une des plus importantes fabriques d'orfévrerie du département du Bas-Rhin, et, comme la plupart des négociants, ses confrères, il avait ses magasins à Strasbourg.

Dans sa fabrique, située à Altenheim, à deux lieues au plus de la ville, il occupait environ deux cent cinquante ouvriers, qu'il logeait avec leurs familles dans des maisons construites spécialement à cet effet autour de la fabrique. Ses ouvriers, la plupart depuis fort longtemps chez lui, l'aimaient comme un père.

Philippe Hartmann avait trois enfants : deux fils et une fille. L'aîné de ses fils, Michel, était âgé d'environ vingt-huit ans. Sa ressemblance avec Lucien, son puîné, était frappante, avec cette différence toutefois qui existe entre l'homme fait et le jeune homme. Il était grand, bien découplé, portant toute sa barbe qui tombait en éventail sur sa large poitrine, sur laquelle était attachée la croix de la Légion d'honneur. Ses traits brunis, son regard ferme et perçant, ses gestes un peu brusques, l'auraient fait au premier coup d'œil reconnaître pour un soldat, quand même il n'aurait pas été revêtu de l'uniforme de lieutenant de zouaves, costume qu'il portait avec une désinvolture pleine d'élégance.

Le troisième enfant de M. Hartmann, était, ainsi que nous l'avons dit, une fille, charmante enfant âgée de dix-huit ans à peine, blonde comme les Alsaciens de pure race et dont nous aurons fait le portrait en deux mots en constatant qu'elle était ravissante et que jamais plus douce et plus suave expression ne s'était rencontrée dans un regard de femme. Elle se nommait Mélanie, mais par diminutif, dans sa famille, on l'appelait Lania.

Le jour dont nous parlons, M. Hartmann avait projeté une promenade à la Robertsau avec sa famille.

A cet effet, la calèche avait été sortie de sa remise, attelée de deux chevaux et vers trois heures, M. Hartmann, dont les cheveux blancs donnaient à sa physionomie quelque chose de doux et de respectable à la fois, avait pris place dans la voiture où déjà s'étaient assises madame Hartmann, sa fille et la grand'mère de celle-ci, vénérable et digne femme de près de quatre-vingts ans, mais verte encore et dont les traits reposés conservaient toute la régularité de leurs grandes lignes et avaient une rigidité presque marmoréenne.

Madame Hartmann, la mère, vivait avec ses enfants dont elle ne s'était jamais séparée.

La voiture quitta Strasbourg au grand trot, par la porte des Juifs, contourna la belle promenade de Contades pour de là gagner l'allée des sapins qui conduit à la Robertsau, escortée par deux cavaliers montés sur des chevaux fringants qu'ils maniaient avec une dextérité extrême et dont l'un, Michel Hartmann, nous est déjà connu.

Quant à l'autre, appelé à jouer un rôle assez important dans cette histoire, nous allons en quelques lignes tracer son portrait.

C'était un jeune homme de vingt-sept ans, au plus, que l'on reconnaissait au premier coup d'œil pour être un Breton bretonnant des plus caractérisés. Il l'était en effet, et se nommait Yvon Kerdrel.

Il était né à Quimper, où sa famille tenait, comme richesse et ancienneté, l'un des premiers rangs dans la haute bourgeoisie.

Sa taille, au-dessus de la moyenne, ne manquait pas d'une certaine élégance native. Sa tête ronde, un peu petite, posée d'aplomb sur un cou court, mais musculeux, ses épaules larges, sa poitrine développée, ses membres aux attaches solides, dénotaient une vigueur peu commune. Ses cheveux bruns, coupés ras, son front un peu bas, ses yeux petits, mais vifs et aux regards magnétiques, son nez droit, sa bouche aux lèvres charnues, ombragée par une moustache soyeuse, et le bas de son visage recouvert d'une barbe noire épaisse, lui complétaient une physionomie essentiellement martiale.

En un mot, c'était un de ces hommes qui, sans être doués de cette beauté de convention qui plaît à certaines natures aux goûts dépravés, charment, attachent et intéressent au premier abord. Il portait l'uniforme de sergent-major dans le même régiment que Michel Hartmann, et, comme celui-ci, il avait sur la poitrine la croix de la Légion d'honneur.

Malgré leur qualité de fantassins, les deux jeunes gens, ainsi que nous l'avons dit, maniaient leurs chevaux avec une connaissance si approfondie de l'équitation, que c'était plaisir de les voir caracoler autour de la voiture.

A la tête du pont de fil de fer qui relie l'île de la Robertsau à la chaussée, la voiture fit halte devant un jeune homme qui s'approcha de la portière, son chapeau à la main.

Ce jeune homme était Lucien, qui, après avoir réglé le menu du dîner avec l'aubergiste, s'était éloigné dans l'intention d'aller au devant de ses convives.

— Bonjour père, dit en souriant le jeune homme. — Bonjour grand'maman, bonjour mère, bonjour petite Lania, et en même temps, il échangeait une poignée de main avec Michel et Yvon.

— Ah! ah! te voilà mauvais sujet, dit M. Hartmann en souriant à son fils; j'étais sûr de te rencontrer par ici.

— Il aurait été extraordinaire que je ne m'y trouvasse pas, père. Vous savez que notre ami Yvon part demain matin à cinq heures, pour rejoindre son régiment où il est rappelé et que, devant vous, je l'ai invité à dîner ainsi que Michel, avec quelques étudiants de mes amis qui nous attendent ici tout près.

— Bon! je me souviens. Pas de folie surtout, Lucien.

— Oh! père, comment pouvez-vous craindre cela, vous qui connaissez ma sagesse?...

— Eh! c'est précisément parce que je la connais ta sagesse, que je parle ainsi. Mais aujourd'hui, je ferai trêve en faveur des motifs qui te guident, à des observations qui sans doute seraient mal reçues. Amusez-vous, mes enfants, c'est de votre âge. Je ne veux pas, par de tristes prévisions, attrister le plaisir que vous vous promettez : allez, messieurs, je ne vous retiens plus, vous êtes libres. Donnez vos chevaux à tenir à Frantz et divertissez-vous bien. Approche ici, Lucien, ajouta-t-il en faisant un signe à son fils, tandis que les deux cavaliers mettaient pied à terre. Tiens, prends ce qu'il y a dans ce porte-monnaie; quand on invite quelqu'un à dîner, il faut bien faire les choses, et ta bourse d'étudiant ne doit pas être lourde.

— Mon père, vous êtes toujours bon comme d'habitude; je ne sais comment vous remercier. Il me reste deux ou trois louis qui dorment dans mon gousset. Je crois qu'ils me suffiront.

— Prends toujours, garçon, on ne sait pas ce qui peut arriver, et je ne veux point que, le cas échéant, tu te trouves dans l'embarras. Mais surtout, sois sage. A quelle auberge comptez-vous dîner?

— Au grand roi Cambrinus, père.

— Je m'en étais douté; c'est le rendez-vous ordinaire des étudiants. J'ai fait mettre dans la caisse de la voiture une douzaine de bouteilles choisies dans ma cave : Château-Margaux, Corton et Champagne, qui vous feront, je le crois, avantageusement oublier le petit vin blanc qui composera votre ordinaire, et les breuvages plus ou moins authentiques qui vous seront servis par votre aubergiste, sous des noms pompeux mais peu justifiés.

— Ah! père, voilà une délicieuse surprise. Il faut que je vous embrasse.

Et avant que M. Hartmann eût pu l'en empêcher, le jeune homme escalada la voiture, se jeta dans ses bras et du même coup l'embrassa, ainsi que sa mère, sa grand'mère et sa sœur.

Puis il sauta sur la route, et tout cela si rapidement que les quatre personnes toutes chiffonnées eurent à peine le temps de se reconnaître.

— Allons, adieu, fou que tu es, et conduis-toi bien, lui cria son père.

Michel et Yvon prirent congé de la famille, et les trois jeunes gens s'éloignèrent, bras dessus, bras dessous, laissant la voiture continuer sa promenade à sa guise.

Lorsqu'ils arrivèrent à l'auberge, ils furent reçus par une triple salve d'applaudissements.

Les convives savaient déjà l'arrivée de la caisse de vins déposée à leur intention par M. Hartmann, lorsque sa voiture avait passé devant le grand roi Cambrinus.

Lucien présenta Yvon Kerdrel à ses amis, qui firent le plus charmant accueil au jeune sous-officier.

Dix minutes plus tard, la glace était rompue et on aurait dit que les deux zouaves se trouvaient au milieu d'amis de dix ans.

Le repas fut ce qu'il devait être, au point de vue culinaire, c'est-à-dire plantureux et bon ; nous ne parlerons que pour mémoire de l'immense friture du Rhin, du civet de lièvre au fumet odorant et des *wurst* traditionnelles, ces plats fondamentaux de tout bon dîner à la Robertsau, autour desquels d'ailleurs Lucien avait groupé d'autres petites friandises essentiellement parisiennes.

Le tout fut humecté d'un petit vin blanc rosé, sentant la pierre à fusil. A la fin, l'on vida joyeusement les douze bouteilles, cadeau du père de Lucien.

Nous constaterons même qu'au moment le plus brillant de la fête, la santé de M. Hartmann fut portée par Pétrus Weber d'une voix lugubre. La petite Maria en fut tellement troublée que sans savoir ce qu'elle faisait, après avoir bu son verre de champagne, elle engloutit celui de Pétrus, qui demeura tout penaud lorsqu'il voulut boire.

Il n'y a pas de bonne fête à la Robertsau sans un peu de danse.

Aux premiers accords de la musique passa-blement enragée de l'endroit, les jeunes filles se sentirent subitement des fourmis dans les jambes, et commencèrent à s'agiter si bien sur leurs chaises que les étudiants, qui étaient enchantés du reste de faire un peu d'exercice, après être si longtemps restés assis, accédèrent à leurs prières, et tous les convives s'en allèrent bras dessus, bras dessous, à la danse, en riant et en chantant, car le bon vin leur avait donné cette pointe de gaieté sans laquelle toute partie de campagne est triste.

Yvon Kerdrel, malgré tous les efforts qu'il avait faits, n'avait pris qu'une part assez effacée à la joie commune. Parfois lorsqu'il s'oubliait, ou qu'il croyait qu'on ne faisait pas attention à lui, ses sourcils se fronçaient et une expression de malaise, presque de tristesse venait assombrir son visage. Mais il avait près de lui deux vigilants amis : Lucien d'un côté, Michel de l'autre, ne le perdaient pas de vue un instant, et aussitôt qu'ils voyaient ses traits se contracter, ils se hâtaient de réveiller pour ainsi dire leur convive et surtout leur ami. Disons-le tout de suite, les deux frères avaient l'un pour l'autre une amitié sans bornes, un peu filiale peut-être, du côté de Lucien, un peu paternelle, de celui de Michel, et tous deux aimaient Yvon Kerdrel, comme s'il eût été pour eux un troisième frère.

Lucien avait entraîné en avant la bande joyeuse, laissant avec intention Michel et Yvon en arrière avant que ceux-ci pussent causer pendant quelques instants en toute liberté.

Les jeunes et charmantes grisettes s'étaient aperçues avec déplaisir de l'absence momentanée des deux militaires. Marie, la séduisante espiègle, en avait fait même l'observation, mais Pétrus lui avait répondu d'un ton lamentable qu'il trouvait sa conduite presque inconvenante, et la jeune fille n'avait pas osé insister.

Michel et Yvon marchaient donc lentement

à une centaine de pas en arrière de leurs joyeux compagnons.

— Ah ça! dit brusquement Michel, pour entamer l'entretien, qu'as-tu donc, cher ami, toi si gai d'ordinaire ? Tu es devenu tellement sérieux depuis quelques jours, que je ne te reconnais plus.

— C'est vrai, Michel, je suis triste en effet, triste, plus que je ne saurais le dire.

— Mais pourquoi?

— Je ne sais. Je me sens le cœur serré; je m'étais fait une douce habitude de vivre ici, près de toi, dans ta famille si bonne pour moi. Cet ordre de rejoindre le régiment est venu me surprendre à l'improviste au moment où j'allais commencer les démarches nécessaires pour obtenir mon congé.

— Ton congé, toi, Yvon?

— Oui, pourquoi pas? Ma famille est riche, tu le sais ; mes parents désirent depuis longtemps me revoir près d'eux.

— Mauvaise raison que tout cela, mon ami. Il y a autre chose que tu ne veux pas me dire. Lorsque, comme toi, on est jeune, riche, considéré par tout le monde, chevalier de la Légion d'honneur et sur le point de passer officier, on ne brise pas sa carrière pour les motifs futiles que tu mets en avant. Je te le répète, il y a autre chose.

— Mais je t'assure, mon ami...

— Il y a autre chose, te dis-je. Tu ne veux pas avoir confiance en moi. Tu t'obstines à ne me rien dire. Soit ! A ton aise ! je n'insisrai pas ; mais ce secret que tu ne veux pas me confier...

— Un secret?

— Eh oui ! pardieu, un secret ! Me prends-tu pour un enfant, Yvon? Ne sais-tu pas combien je t'aime ? Eh bien ! ce secret que tu crois si bien caché au fond de ton cœur, je l'ai deviné, moi ; veux-tu que je te le dise ?

— Oh! pas un mot, je t'en supplie, s'écria le jeune homme, en serrant avec force le bras de son ami.

— Tu le vois bien, fou que tu es ! Pardieu !

ce serait à en mourir de rire, si cela ne désespérait pas de la part d'un ami. Ils sont tous les mêmes, ces amoureux !

— Amoureux, moi ?

— Oui, toi. Ne fais donc pas le bon apôtre ! Tu es amoureux et amoureux fou encore ; ose me soutenir le contraire?

— Oh ! mon ami, mon ami...

— Tu le vois bien, tu n'oses pas. Tête bretonne, va ! On dit que nous autres Alsaciens, nous sommes entêtés. Ah! pardieu ? si nous le sommes, vous autres Bretons, vous l'êtes bien davantage. Comment ! enfant que tu es, tu es aimé, chéri par mon père et ma mère ; il n'y a pas jusqu'à grand'maman qui ne te fasse bon visage. Les domestiques de la maison te considèrent comme si tu étais de la famille ; Lucien et moi nous t'aimons comme un frère...

— Oui, mais il y a une autre personne, murmura-t-il à voix basse.

— Oui, en effet, il y a une autre personne, et celle-là...

— Elle ne m'aime pas, elle !

— Qu'en sais-tu ? Le lui as-tu demandé, par hasard?

— Oh ! je serais mort plutôt que d'oser lui adresser une telle question.

— Eh bien ! alors, tu n'en sais rien,

— Mais, au moins, lui suis-je indifférent.

— Qu'en sais-tu encore ? Est-ce à elle à parler?

— Oh! non.

— C'est donc à toi ; pourquoi ne le fais-tu pas ?

— Mais si elle me répondait non ?

— Ma sœur est trop bien élevée, mon cher Yvon, répondit le jeune homme en riant.

— Allons, voilà que tu te moques de moi, maintenant.

— Pas le moins du monde. Seulement, je voudrais te faire comprendre qu'une femme est une citadelle qu'il faut savoir attaquer. Est-ce la crainte de me déplaire qui te retient? Tu aurais tort. Je puis t'assurer à l'avance que, Lucien et moi, verrions cette union avec le plus grand plaisir, elle comblerait tous nos vœux.

— Oh! merci, merci, Michel, mais il y a ton père et ta mère.

— Sont-ils donc si sévères? Les crois-tu si redoutables? Écoute, franchement, la main sur le cœur, réponds à la question que je vais t'adresser.

— Tu le veux?

— J'exige ta parole de soldat.

— Eh! parle, je te répondrai.

— Aimes-tu ma sœur?

— Oui, répondit-il faiblement, en laissant retomber sa tête sur sa poitrine.

— T'engages-tu à lui demander sa main avant ton départ?

— Oh! quant à cela, non, mille fois non; dussé-je en mourir de désespoir.

— Eh bien! soit, ce que tu n'oseras pas faire, je le ferai, moi. Je demanderai pour toi la main de ma sœur.

— Ah! mon ami, s'écria-t-il en se jetant son cou, tu me sauves la vie.

— Tu espères donc une bonne réponse, hypocrite que tu es?

Le jeune homme baissa la tête sans répondre.

— Allons, reprends ta gaieté. Tu as ma parole et, qui sait, si les bruits de guerre se confirment, peut-être irai-je moi-même te porter la réponse que tu attends. Espère, ami; pars tranquille; quoi qu'il arrive, je ne te laisserai pas languir. Mais on nous appelle, je crois, rejoignons nos compagnons et ne songeons plus qu'à nous divertir avec eux.

— Merci, Michel; si tu réussis, je te devrai plus que la vie, je te devrai le bonheur.

— Ne parlons plus de cela, Yvon.

La fête était à son apogée. Étudiants, étudiantes valsaient et sautaient avec un entraînement vraiment diabolique. La bière coulait à flots. On n'entendait que cris, chants et rires se mêlant aux accords de plus en plus aigres de l'orchestre.

Michel et Yvon se mêlèrent gaiement à la danse et bientôt ils se trouvèrent montés au diapason général.

Michel avait exigé de son ami ce dernier sacrifice.

Celui-ci, dont le cœur débordait d'espoir, n'avait résisté que faiblement à ses instances.

Vers onze heures du soir, les joyeux hôtes de la Robertsau reprenaient allègrement et pédestrement le chemin de Strasbourg.

Le lendemain, à cinq heures du matin, Lucien et Michel accompagnaient Yvon Kerdrel à la gare.

— Je compte sur ta parole, dit Yvon, en embrassant Michel.

— Sois tranquille, répondit celui-ci.

Il fallut se séparer. Le sifflet de la locomotive se fit entendre, le train s'ébranla et bientôt il disparut aux regards des deux frères qui, le visage attristé par cette séparation, regagnèrent lentement leur demeure.

Lorsque Michel atteignit la maison de son père, il trouva, l'attendant à la porte, un planton du général commandant la division.

Le jeune homme prit la lettre que lui présentait le soldat, et la lut rapidement des yeux. Puis il la passa à son frère sans dire un mot.

Cette lettre, émanée du ministère de la guerre, ordonnait à Michel, alors en congé de convalescence, de rejoindre son régiment.

Il devait être rendu à son corps le 20 juillet.

On était au 4. C'étaient donc trois jours au plus qu'il lui était encore permis de rester dans sa famille.

— Allons, murmura-t-il en repliant la lettre que Lucien lui avait rendue, je porterai à Yvon, plus tôt que je ne le pensais moi-même, la réponse que je lui ai promise.

— Quelle réponse? demanda Lucien.

— Tu le sauras bientôt, frère.

Et ils entrèrent dans la maison.

II

COMMENT MICHEL HARTMANN APPRIT LE LANGAGE
DES FLEURS.

M. Philippe Hartmann jouissait d'une grande considération à Strasbourg.

La haute position qu'il occupait, position acquise par de longs labeurs ; la fondation de sa maison remontait aux premières années du xviie siècle, et depuis lors n'était jamais sorti de la famille. Son intégrité sévère, la pureté de ses mœurs, la largeur de ses idées et la vaste capacité de son intelligence en faisaient à juste titre un des citoyens les plus honorables et les plus honorés de la ville.

Il était président de la chambre de commerce, conseiller municipal, et s'était fait, pour ainsi dire, le père de tous les pauvres de la ville, auxquels chaque année, non-seulement sans ostentation, mais presque en secret, il distribuait ou faisait distribuer par Mme Hartmann d'abondantes aumônes.

Sa maison était du petit nombre de celles qui avaient résisté à la démoralisation systématique du régime impérial. Elle avait conservé les anciennes coutumes et les mœurs sévères du vieux temps.

Les serviteurs se succédaient de père en fils chez M. Hartmann. Ils se considéraient comme faisant partie de la famille.

Ils avaient vu naître les enfants, les avaient élevés. On pouvait compter de leur part sur un dévouement à toute épreuve, chose bien rare, hélas ! à l'époque où nous vivons.

Il en était de même des employés et ouvriers dans la fabrique et dans la maison.

M. Hartmann avait fait construire à ses frais un hospice où les ouvriers blessés ou malades étaient soignés avec le plus grand soin par le médecin spécialement attaché à la famille et par plusieurs sœurs bleues qui rivalisaient de dévouement au lit des malades, qu'ils fussent catholiques ou protestants.

Ainsi l'avait voulu M. Hartmann, bien qu'il appartînt à la religion catholique.

De plus, une maison de retraite avait été fondée pour les ouvriers de la fabrique que leur âge ou leurs infirmités rendaient incapables de travailler.

Leurs enfants étaient instruits gratuitement dans une école dont Mme Hartmann s'était réservé le patronage.

Nous n'avons donc rien avancé de trop en affirmant que tous ceux qui dépendaient de cet homme généreux l'aimaient et le respectaient comme un père.

La nouvelle du départ prochain du lieutenant Hartmann avait répandu une profonde tristesse dans la maison. Chacun se sentait le cœur serré de sombres pressentiments.

En effet, la situation politique se tendait de plus en plus.

Chacun comprenait à Strasbourg, et M. Hartmann, grâce à la position qu'il occupait, voyait mieux que personne que l'horizon s'assombrissait chaque jour davantage.

Le gouvernement impérial, contraint malgré lui de donner aux populations des libertés insuffisantes, avait eu recours pour retremper sa popularité de mauvais aloi au moyen toujours dangereux du plébiscite.

Ce plébiscite, bien qu'en apparence il eût donné une immense majorité dans les campagnes au gouvernement, grâce aux moyens de répression et surtout de corruption dont il disposait, avait misérablement échoué à Paris et dans toutes les grandes villes où les populations, plus éclairées, commençaient à apercevoir le gouffre creusé sous leurs pas par le scandaleux régime de l'empire, gouffre dans lequel la France était menacée de voir s'engloutir à la fois et sa fortune et sa prépondérance en Europe.

Tous les esprits sensés, et ils sont toujours nombreux en France, comprenaient qu'il ne restait plus à l'empereur pour assurer sur le trône sa dynastie, qu'une guerre heureuse contre une grande puissance.

Mis en goût par les effroyables boucheries de la guerre de Crimée et les succès de celle si impolitique d'Italie, le successeur de l'homme de Brumaire sur lequel il se modelait en tout, était fermement résolu d'en appeler aux armes.

Dans cet esprit étroit, dans cette intelligence atrophiée et ramollie, l'entêtement et l'orgueil étaient seuls restés debout. En un mot, l'empereur Napoléon voulait la guerre, il la voulait à tout prix. Il ne lui manquait qu'un prétexte. Ce prétexte, la Prusse se chargea de le lui fournir.

Depuis les guerres du premier empire et l'échec terrible qu'elle avait subi à Iéna, cette nation nourrit contre la France une haine inextinguible et travaille dans le plus grand secret à une vengeance éclatante.

Se sentant trop faible pour attaquer bravement son ennemi en face, elle a toujours soigneusement, avec une patience féline, caché sa haine, sans cesser un instant ses menées souterraines, ses machinations ténébreuses.

Chaque jour elle a travaillé dans l'ombre à accroître sa puissance, englobant un à un les petits États ; démembrant le Danemark pour se donner des ports et se créer une marine ; caressant l'Autriche pour mieux l'étrangler, réussissant, grâce à l'impéritie notoire de notre diplomatie ; volant le Hanovre ; brisant la Confédération germanique, et se créant ainsi, au nom de l'unité allemande dont elle ne se soucie guère, en vérité, la puissance féodale la plus colossale qu'ait vue le XIX° siècle. N'attendant plus, avec une anxiété à peine déguisée, qu'une dernière faute de l'imbécile couronné qui tenait en mains les destinées de notre pays, pour attaquer enfin la France corps à corps, détruire son unité, et élever sur ses ruines un empire germanique éphémère que tout rend impossible, et qui ne

tardera pas à crouler à son tour dans la boue et le sang, aux applaudissements du monde entier, délivré à jamais de cette horde d'écorcheurs.

L'Espagne, depuis un an, demandait un souverain à l'Europe, qui faisait la sourde oreille.

La Prusse offrit un Hohenzollern quelconque.

C'est avec intention que nous mettons ce mot, car beaucoup de personnes ignorent encore que le Hohenzollern en question n'appartient ni de près ni de loin à la famille régnante de Prusse et qu'il est au contraire très-proche parent de la famille Bonaparte.

Ces considérations de famille, qui ne sont pas sans importance au point de vue dynastique de ceux qui se présentent comme maîtres souverains des empires, auraient dû toucher l'empereur Napoléon ; mais il n'en fut pas ainsi, parce que, nous le répétons, il voulait la guerre, et tout prétexte lui était bon pour la faire.

La Prusse qui avait fort adroitement tendu le piège, sut habilement profiter de la sottise du prétendu César.

Elle manœuvra si habilement que, bien qu'ayant poussé à la guerre de toutes ses forces, et cela depuis nombre d'années, elle parvint à contraindre son adversaire à la lui déclarer, et réussit ainsi à rendre toute l'Europe sympathique à sa cause et à isoler complétement la France.

L'Alsace et la Lorraine, les premières exposées aux coups de l'ennemi si, ainsi qu'il était facile de le prévoir, la guerre éclatait entre les deux grandes nations, étaient en proie à une agitation extrême, agitation non exempte d'inquiétude, car la foi en l'empire était complétement éteinte ; le temps était loin déjà où un seul mot tombé des lèvres de l'homme qui tenait entre ses mains les destinées de notre pays, suffisait pour lui rallier toutes les opinions et faire éclater l'enthousiasme.

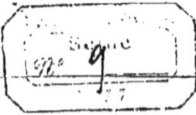

Soyez les bienvenus, mes enfants, leur dit M. Hartmann. (Page 59.)

C'est qu'il y a un abîme entre 1859 et 1870.

La France avait ouvert les yeux : elle jugeait froidement la situation et en était épouvantée ; elle se sentait impuissante, par le fait même de celui qui avait juré de la rendre grande et prospère et qui avait si indignement menti à toutes ses promesses.

Cependant cette généreuse Alsace, cette gardienne fidèle des Thermopyles de la France, comme si elle eût pressenti déjà l'indigne trahison qui devait la livrer bientôt à l'ennemi, sentait un frémissement d'héroïque patriotisme courir dans les fibres de sa vaillante population. Si, du moins, elle tombait, elle voulait tomber comme les victimes antiques le sourire sur les lèvres et après avoir fait son devoir jusqu'au bout.

Dans les brasseries, sur les places, dans les maisons, partout, on discutait et on commentait les nouvelles politiques. Partout on se serrait les mains et l'on se disait :

— Si la guerre est déclarée, nous mourrons à notre poste. Ne sommes-nous pas les sentinelles avancées de la patrie française ?

Mais à cette fièvre générale se joignaient déjà bien des douleurs particulières.

Bon nombre de familles venaient d'être frappées dans plusieurs de leurs membres.

Tous les soldats maintenus jusqu'alors dans leurs foyers, soit par congé temporaire, soit comme faisant partie de la réserve, avaient été brusquement rappelés au service et dirigés vers les corps auxquels ils appartenaient.

Dans les villes, dans les bourgs, dans les villages, jusque dans les plus petits hameaux, le bruit courait que les gardes mobiles allaient être appelés et enrégimentés comme l'étaient déjà, disait-on, ceux du département de la Seine.

Aussi la douleur était-elle partout.

Fait singulier et qui ne s'est présenté que cette fois en France, la guerre, ce mot magique qui, d'ordinaire, a un si grand retentissement dans le cœur de la population belliqueuse de notre pays, ce mot qui excite toujours l'enthousiasme, cette fois glaçait d'épouvante les citoyens et les soldats. Les plus braves répugnaient à cette guerre, dont ils ne comprenaient ni la nécessité ni le bénéfice, dans la situation actuelle du pays qui n'avait rien à y gagner, mais tout à y perdre.

La famille Hartmann était douloureusement affectée.

Le frère de M. Philippe Hartmann commandait une brigade de la garde impériale. Les deux fils de ce général servaient sous ses ordres, en qualité d'officiers d'ordonnance.

Le fils aîné de M. Hartmann, Michel, venait de recevoir l'ordre, ainsi que nous l'avons dit, de rejoindre son corps au plus vite.

Il ne restait que Lucien, mais Lucien, par son âge, faisait partie de la garde mobile, et lui aussi peut-être serait bientôt contraint de prendre un fusil.

Le calme, la tranquillité, le bonheur qui, jusqu'à ce moment, avaient été les hôtes assidus de cette famille si patriarcalement unie, l'avaient abandonnée pour faire place au découragement et à une douleur cuisante augmentée encore par de sombres et sinistres pressentiments.

Les deux ou trois jours qui précédèrent le départ de Michel furent des journées de larmes.

M. Hartmann, malgré son courage et sa patriotique résignation, sentait à chaque minute son cœur trop plein prêt à déborder, et, pour ne pas s'attendrir devant la douleur si grande de ceux qui lui étaient chers, il essayait, mais vainement, de se donner le change à lui-même, en passant ses journées presque entières à la mairie où le corps municipal s'était réuni en permanence, afin de tout préparer pour que la cité ne fût pas prise à l'improviste et qu'au moment de la déclaration de guerre, les citoyens fussent prêts à opposer une vigoureuse résistance.

Lucien ne quittait plus son frère. L'indifférence habituelle du jeune homme avait fait place à une vive anxiété.

Ce n'était plus l'insouciant garçon que nous avons présenté à nos lecteurs, tout au plaisir, à la joie et ne voyant rien au-dessus des parties fines de Robertsau. Le chagrin remplissait ce jeune cœur. La tristesse de la famille se reflétait en lui. Il se surprenait, lui, jusqu'alors gai et paisible étudiant, à rêver de combats et de batailles.

C'est que, sur cette noble terre d'Alsace, aucun cœur ne reste indifférent à l'appel de la patrie, et déjà les étudiants s'agitaient sourdement et discutaient entre eux comment, dans la crise menaçante qui se préparait, ils pourraient prendre leur part de dangers ou plutôt de gloire.

Car il y avait deux courants bien distincts et bien prononcés à Strasbourg ; celui des hommes sensés, qui jugeaient froidement la situation et prévoyaient la défaite, et celui des jeunes gens, qui, ne sachant rien, croyaient à la victoire, et répondaient aux cris de douleur des vieillards par des cris d'enthousiasme et des chants d'allégresse. Ce parti, composé de toute la jeunesse strasbourgeoise, appelait de tous ses vœux le commencement d'une lutte dont le résultat, à son avis, ne pouvait être que glorieux pour nous.

Lucien était triste, parce qu'il voyait souffrir autour de lui ceux qu'il aimait, sa mère, sa sœur, son père, sa grand'mère ; mais à peine mettait-il le pied hors de la maison, que mêlé à ses camarades des Écoles de droit et de médecine, il formait avec eux des plans de campagne et s'associait joyeusement aux hurras et aux malédictions que ses amis poussaient à pleins poumons contre l'ambition de la Prusse et ses prétentions envahissantes. Michel souriait à l'enthousiasme juvénile de son frère. Il savait à quoi s'en tenir, lui, sur la situation, mais il ne disait rien, pour ne pas augmenter encore la tristesse toujours croissante de son père, et celle, plus poignante parce qu'elle était muette et concentrée, de sa mère et de sa sœur.

En somme, et pour nous résumer, l'Alsace, sans se faire complétement illusion sur les résultats probables de la guerre, l'acceptait, non pas avec enthousiasme, mais avec cette froide résolution d'hommes qui, depuis longtemps fatigués des hâbleries impudentes et de la morgue dédaigneuse et blessante d'un peuple avec lequel ils étaient continuellement en contact à cause des intérêts communs créés par un si proche voisinage, voyaient enfin, avec un secret sentiment de plaisir, approcher l'heure où il serait permis de châtier les fanfarons et hargneux voisins, dont depuis trop longtemps ils supportaient l'insolence.

Le moment du départ approchait. Michel devait quitter Strasbourg le lendemain par le train de cinq heures du matin.

M. Hartmann avait réuni pour le dîner d'adieu ses parents et ses amis les plus intimes, ainsi que quelques camarades de Lucien et de Michel.

Vingt-huit personnes étaient assises autour d'une table chargée de ces mets copieux et à l'ordonnance pantagruélique, dont l'Alsace seule semble avoir conservé le secret.

Les Alsaciens sont grands mangeurs, grands buveurs, comme toutes les natures fortes et primes-sautières et, nous devons constater à leur louange que, s'ils boivent beaucoup, ils vont rarement jusqu'à l'ivresse.

M. Hartmann faisait les honneurs du festin avec cette grâce touchante et réellement hospitalière dont il avait gardé la tradition ; mais ses efforts n'obtenaient que de médiocres résultats. Les convives ne faisaient que peu d'honneur aux mets disposés devant eux. La situation était trop grave, le motif de la réunion trop sérieux pour que chacun ne fût pas tristement affecté.

Les serviteurs eux-mêmes n'accomplissaient leurs devoirs qu'avec cette obéissance passive et machinale que rien ne pouvait leur faire oublier, mais qui laissait deviner combien ils s'associaient intérieurement au sentiment général.

Le dessert venait d'être placé sur la table, lorsque la plus âgée des servantes, celle qui avait été la nourrice de M. Hartmann lui-même, que son âge dispensait des travaux les plus pénibles, et qui n'exerçait qu'une espèce de surintendance sur les autres domestiques, s'approcha de M. Hartmann, et lui dit quelques mots à voix basse.

— Qu'ils entrent, répondit tout haut M. Hartmann, avec un sourire qu'il essaya de rendre gai.

La porte de la salle à manger s'ouvrit et cinq hommes parurent.

Ces cinq hommes, revêtus de costumes simples, mais d'une propreté rigoureuse, étaient âgés de trente-cinq à quarante-cinq ans. Ils avaient les traits durs, énergiques. C'étaient des ouvriers de la fabrique.

— Soyez les bienvenus, mes enfants, leur dit le maître de la maison en leur tendant la main ; Dorothée, donnez des siéges à ces braves gens. Asseyez-vous là près de moi. Vous ne refuserez pas de boire avec nous un verre de vieux vin de France.

— Ce sera de bon cœur, monsieur, répondit le plus âgé des ouvriers, qui était depuis dix ans contre-maître de la fabrique.

— Vous ne me surprenez pas, je m'attendais à vous voir aujourd'hui.

— Nous nous en sommes doutés, monsieur. Dame ! vous comprenez bien que nous ne pouvions pas laisser partir ainsi le fils aîné de la famille sans lui souhaiter bon voyage. N'est-ce pas, monsieur Michel, que vous saviez bien que vous nous verriez ce soir ?

— Oui, mon brave Ludwig ; non-seulement j'y comptais, mais je vous attendais ; j'aurais été bien triste s'il m'avait fallu me séparer de vous sans vous serrer la main.

— Oh ! vous nous connaissez, monsieur Michel, et ce n'est pas d'aujourd'hui ; aussi nous voilà, reprit le contre-maître. Pour lors, continua-t-il en s'adressant à M. Hartmann, sauf votre permission, monsieur, je vous dirai que nous sommes bien tristes à la fabrique à cause du départ de M. Michel. Hier, après le travail, nous nous sommes tous réunis ; il a été convenu que cinq d'entre nous viendraient aujourd'hui à Strasbourg vous dire adieu au nom de tous et vous faire part des vœux que nous formons pour que vous soyez heureux pendant la campagne et que nous vous revoyions bientôt avec de grosses épaulettes. Nous cinq, nous avons été choisis par tous nos camarades pour être délégués de la fabrique auprès de vous. A trois heures nous avons été trouver M. Poblesko, le commis principal qui remplace votre père quand il est absent. Nous lui avons demandé la permission de venir, et nous voilà.

— Merci, Ludwig, merci, mon brave, répondit Michel. Dites bien de ma part à vos camarades combien je suis sensible à la démarche que vous faites près de moi en votre nom et au leur. Lorsque je suis contraint de quitter pour un temps ceux que j'aime, je ne puis qu'être reconnaissant des sentiments que vous me témoignez. Je suis convaincu que vos vœux me porteront bonheur, que bientôt vous me reverrez, non pas peut-être tel que vous désirez, mais heureux de me retrouver parmi vous.

— Sans vous commander, monsieur Michel, si la guerre se déclare, comme on le dit, n'oubliez pas de donner une brossée à ces gueux de Prussiens. Ils ne l'auront pas volée.

— Je ferai mon possible pour cela, dit Michel en riant.

— Oh ! je m'en rapporte à vous. Laissez faire, allez ; s'ils viennent par ici, ils trouveront à qui parler, ces gros schwaubes, et nous les ferons asseoir sur leurs casques à pointes.

Cette boutade, un peu risquée, du vieux contre-maître, avait réussi à dérider tous les visages. Le repas, si tristement commencé, se termina au milieu des rires, des plaisanteries et de copieuses libations dont le contre-maître et ses compagnons prirent une large part avant de retourner à la fabrique où ils arrivèrent en formant de légers crochets et en détonnant joyeusement de vieux refrains bachiques.

Vers dix heures du soir, les convives se séparèrent. Michel, qui, ainsi que nous l'avons dit, devait partir le lendemain matin à cinq heures, prit congé de son père et de sa mère, puis, après avoir dit quelques mots à sa sœur, il sortit accompagné de Lucien pour faire un tour par la ville.

M. et Mme Hartmann qui, en présence de leur fils bien-aimé, avaient eu le courage de maîtriser leur émotion, se retirèrent immédiatement ; et alors, sans que personne fût témoin de cette apparente faiblesse, ils purent en toute liberté donner cours aux larmes qui les étouffaient.

Les deux jeunes gens ne firent qu'une courte promenade. Le lendemain, ils devaient se lever de bonne heure pour le départ. Bientôt ils rentrèrent et se souhaitèrent le bonsoir. Michel abrégea les adieux, sous prétexte de terminer sa valise, et Lucien rentra dans sa chambre, se mit au lit et ne tarda pas à s'endormir, avec cette insouciance particulière à la jeunesse, qu'aucun événement, si grave qu'il soit, ne saurait troubler.

Lorsque Michel se fut assuré que tout le monde reposait dans la maison, il sortit de sa chambre, un bougeoir à la main, s'engagea dans le corridor, et, arrivé devant une porte contiguë à l'appartement de sa mère et de son père, il s'arrêta et frappa deux coups légers.

La porte s'ouvrit aussitôt et sa sœur parut sur le seuil.

— Sois le bienvenu, Michel, lui dit-elle. Je t'attendais avec impatience.

Le jeune homme entra, ferma la porte derrière lui, souffla sa bougie qui lui devenait inutile, et s'assit sur un fauteuil placé près de celui où sa sœur avait déjà pris place.

— Je te remercie, Michel, d'avoir réservé pour moi ta dernière visite et tes derniers adieux. Tu ne saurais t'imaginer combien je te suis reconnaissante d'une telle préférence.

— Est-ce bien là le fond de ta pensée, petite sœur? répondit en souriant le jeune homme.

— Quelle autre pensée pourrais-je avoir, mon frère?

— Mon Dieu! je ne sais. Qui peut se flatter de connaître ce qui se passe dans le cœur des jeunes filles! La plus pure et la plus naïve a des secrets qu'elle cache souvent aux profanes et que quelquefois même elle s'efforce de se cacher à elle-même.

— Que veux-tu dire, mon frère?

— Rien; ce que je dis, pas autre chose.

— Je t'avoue que je ne te comprends pas.

— Peut-être? voyons, sois franche, Lania. Est-ce que ta curiosité ne s'est pas éveillée, lorsque ce soir, après le dîner, je t'ai dit que j'avais à causer avec toi de choses importantes, que nous deux seuls devions savoir?

— Mon frère....

— Pas de détours. Réponds-moi franchement, petite sœur.

— Dame! je ne serais pas femme, si je n'étais pas curieuse.

— C'est-à-dire que ton esprit a immédiatement travaillé et que tu as creusé ta charmante tête pour tâcher de deviner ce que j'avais à te dire.

— Pourquoi le cacherais-je, Michel? Ce que tu dis là est la vérité.

— Et, qui sait, peut-être l'as-tu deviné, fit-il en la regardant avec malice.

— Oh! pour cela, non, s'écria-t-elle vivement, en devenant rouge comme une pivoine, je te le jure, mon frère.

Michel sourit.

— Prends garde, petite Lania! dit-il en la menaçant du doigt.

— Pourquoi me tourmenter ainsi? fit-elle avec un geste de dépit.

— Allons bon, voilà que je te tourmente à présent: je ne t'ai encore rien dit.

— Eh bien! c'est vrai, là, tu ne m'as rien dit, voilà ce qui me tourmente. Apprends-moi vite pourquoi tu es venu?

— Sérieusement, tu ne devines pas?

— Non, non, mille fois non, reprit-elle en rougissant davantage.

— Eh bien! puisqu'il en est ainsi, je vais tout avouer: je suis venu...

Elle se pencha curieusement vers lui.

— Cela t'intéresse déjà?

— Oh! tu es insupportable, mon frère. Je ne sais pas ce que tu as ce soir, fit-elle en se rejetant brusquement en arrière avec une moue charmante.

— Écoute donc, Lania, si tu crois que c'est facile! Si tu m'aidais un peu encore...

— Mais comment veux-tu que je t'aide, méchant que tu es, puisque je ne sais rien?

— Eh bien! vois un peu comme la situation est singulière entre nous. Tu ne sais rien, ni moi non plus, et tous les deux nous voudrions savoir.

— Oh! murmura-t-elle, en mordant ses ongles roses avec dépit.

— C'est singulier, fit-il, comme s'il se parlait à lui-même, c'est justement ce que me disait ce pauvre Yvon, en m'embrassant, au moment de me quitter.

— Hein ! que parles-tu de M. Yvon ?

— Bon ! voilà que tu appelles Yvon, monsieur, maintenant.

— Définitivement, tu es insupportable ce soir, Michel.

— Voyons, voyons, calme-toi, petite sœur, ne te mets pas en colère. Tu sais combien je t'aime. Si cela te chagrine que je te parle d'Yvon, je ne t'en dirai plus un mot, quoique cela me coûtera, je te l'assure. C'est mon meilleur ami, presque un frère pour moi.

— Mais je n'ai pas dit cela, Michel, au contraire. Tu as prononcé le nom d'Yvon et je t'ai demandé pourquoi tu en parlais.

— Alors, excuse-moi. J'aurai mal compris.

— Et que te disait-il ?

— Eh bien ! il me disait qu'il ne savait pas ; qu'il voudrait bien savoir.

— Mais savoir quoi ?

— Voilà justement la situation. Je ne le sais pas non plus. Voici pourquoi je suis venu te voir, pensant que peut-être...

— Peut-être quoi ? fit-elle en baissant les yeux.

— Dâme ! vois, réfléchis ; et, lui prenant doucement la main qu'il tint serrée entre les deux siennes, cherche, petite Lania. Peut-être au fond de ta pensée trouveras-tu cette réponse que nous cherchons. Tu as dix-huit ans, ma sœur, tu es pure comme aux premiers jours de ton enfance, tu es belle, très-belle même, bien des hommes qui s'approchent de toi en tremblant, s'en éloignent avec un soupir de regret. As-tu interrogé ton cœur ?

— Mon frère, je t'en prie !

— Lania, pardonne-moi d'insister. Les circonstances sont tellement graves, ma sœur, que je ne veux pas me séparer de toi, sans que nous nous soyons bien entendus. Qui peut prévoir l'avenir ? Qui sait ce que le sort nous réserve ?

— Oh ! ne prononce pas ces affreuses paroles, mon frère.

— Hélas ! chère bien-aimée, l'horizon est gros de tempêtes. Je pars. Reviendrai-je ? Si je te manquais ?

— Oh ! s'écria-t-elle avec effroi.

— Tout est possible, Lania. Eh bien, je ne voudrais pas me séparer de toi, ma sœur que je chéris, sans avoir lu, ou plutôt sans t'avoir aidé à lire toi-même au fond de ton cœur, ce que tu n'aurais jamais le courage de faire seule. Sois donc franche avec moi, ton frère, le seul homme au monde, même avant ton père, auquel tu puisses tout dire, sans avoir à rougir de lui avoir laissé lire au fond de ta pensée un secret que peut-être tu ignores toi-même, je le répète. Parmi les jeunes gens que depuis quelque temps tu as été à même de voir, soit ici dans notre maison, soit chez les amis de notre famille, n'en est-il pas un auquel, malgré toi, sans t'en douter, tu te sois intéressée plus qu'aux autres ?

La jeune fille baissa les yeux, demeura un instant pensive, et, tout à coup, jetant les bras au cou de son frère, elle cacha son visage sur son épaule en murmurant d'une voix tremblante :

— Tu as donc deviné que je l'aime ? Il y a un instant, je ne le savais pas moi-même.

— Pourquoi trembler ainsi, Lania ? Ce que tu me confies n'a rien de si terrible.

— Oh ! je ne voudrais pas pour tout au monde...

— Qu'il sache qu'il est aimé. Pourquoi donc cela ? Voyons, relevez la tête, mademoiselle, souriez-moi ; si celui dont nous parlons se trouvait ici, au lieu d'être si loin déjà, le mot que vous avez laissé échapper l'aurait rendu le plus heureux des hommes.

— Mon frère, crois-tu qu'il se doute ? C'est que s'il le savait, je mourrais de honte...

— Lui et toi, petite sœur, vous êtes, sur ma parole, aussi fous l'un que l'autre. Lui t'aime sans espoir. Il est parti, résolu à mourir, plutôt que de te laisser deviner son secret. Toi, tu es absolument la même chose. Voyons, veux-tu que je vous serve d'intermédiaire ? Je crois qu'il te serait difficile d'en trouver un plus dévoué et surtout plus désintéressé, car, moi, avant tout, c'est ton bonheur que je veux.

— Tu ne désapprouves donc pas ce sentiment auquel je n'ai pu résister ?

— Moi, le désapprouver ! quand il comble le plus cher de mes vœux. Oh ! Lania, tu ne penses pas à ce que tu dis. Mais entendons-nous bien, ajouta-t-il malicieusement, il ne faut pas qu'il y ait malentendu entre nous. Aucun nom n'a été prononcé encore, et à ma connaissance, il y a de par le monde un beau jeune homme au front rêveur, au regard languissant, qui me fait bien l'effet, ou je me trompe fort, d'être un amoureux de ma petite sœur.

— Oh ! je sais de qui tu veux parler, dit-elle avec un rire espiègle. Ce beau monsieur, malgré ses airs penchés, n'a réussi auprès de moi qu'à une chose : se rendre insupportable.

— Pauvre Ladislas ! fit-il d'une voix railleuse, comment, c'est à ce point-là ?

— Oui, tu ne te figures pas, Michel, que j'éprouve pour cet homme une véritable antipathie. Il me semble qu'il y a en lui quelque chose du serpent et de la vipère. Son regard n'est pas franc. Jamais il ne se fixe. Sa parole est doucereuse. Sa voix prend parfois des intonations étranges, et si ce n'était qu'il est malheureux, privé de ses biens, condamné à mort dans son pays, et réfugié en France comme tant d'autres de ses compatriotes, je crois que j'aurais insisté auprès de mon père pour qu'il l'obligeât à quitter la maison.

— Et pourtant, toi personnellement, tu n'as rien à lui reprocher.

— Pas la moindre des choses. C'est un homme du meilleur monde, d'un politesse exquise ; il est aux petits soins auprès de maman et de moi. Mon père est fort satisfait de lui. Il s'acquitte, dit-il, de sa besogne avec une intelligence et une activité remarquables. Eh bien, malgré cela, je te le répète, je ne sais pourquoi, mais il me semble... un pressentiment m'avertit que malgré moi, il entrera dans mon existence et qu'il me sera fatal.

— Allons, allons, Lania, tu es folle. Tu vas trop loin. Cet homme ne peut rien contre toi, et jamais il ne pourra rien, rassure-toi. D'ailleurs, je suis là, moi, et à mon défaut, tu as notre père, tu as Lucien, qui ne te laisseraient pas insulter impunément. Mais assez sur ce sujet et excuse-moi de t'avoir parlé de cet homme. Revenons à ce qui t'intéresse davantage. Demain, je pars. Dans quelques jours j'aurai rejoint mon pauvre camarade. Que lui dirai-je ?

— Rien.

— C'est bien peu. Comment, tu exiges que je sois muet, quand, par un mot, je peux lui rendre, sinon la joie, du moins un peu d'espoir.

Rien, te dis-je. Mais, ajouta-t-elle en se levant, je ne t'empêche pas de lui rendre compte de ce que tu auras vu. Regarde...

Elle ouvrit un tiroir de sa commode, en retira un paroissien soigneusement caché sous des flots de dentelles, l'ouvrit, et montrant entre les pages une magnifique rose pompon et une pensée desséchées toutes deux :

— Tu te rappelles, dit-elle en appuyant le bras sur l'épaule de son frère et approchant son charmant visage du sien, que deux jours avant le départ de ton ami nous avons célébré mon jour de naissance ?

— J'y suis, s'écria-t-il joyeusement en lui pressant la tête à deux mains et lui donnant trois ou quatre gros baisers sur le front, cette pensée et cette rose pompon sont les deux fleurs qui t'ont été offertes par Yvon et que tu as précieusement conservées.

— C'est toi qui l'as dit, répondit-elle en riant, mais en détournant la tête pour ne pas laisser voir sa rougeur.

— Bon, cela me suffit... espiègle... Quelle parole vaudrait un tel souvenir ?

Le jeune homme se leva ; alla prendre son bougeoir qu'il ralluma, et se rapprochant de sa sœur :

— Bonne nuit, Lania, lui dit-il. Je te laisse avec ton bon ange qui te donnera des rêves d'or. Je ne veux pas te tenir plus longtemps éveillée. Bonne nuit et adieu, petite sœur, car demain tu dormiras encore lorsque je serai en route.

La jeune fille sourit finement, sans répondre, et tendit son front à son frère qui y déposa un baiser.

Puis ils se séparèrent et Michel rentra chez lui.

A quatre heures du matin toute la maison était éveillée. Les servantes allaient et venaient dans les corridors. Lucien et Michel, dont la valise fort gonflée et parfaitement bouclée était posée sur une chaise, mangeaient un morceau à la hâte.

Michel, avec cette prévoyance du soldat qui sait combien d'événements peuvent surgir en voyage, avait voulu déjeuner avant de se mettre en route. Les deux jeunes gens buvaient leur dernier verre de vin, lorsque M. et Mme Hartmann entrèrent.

— Mon bon Michel, dit M. Hartmann en lui tendant les bras, je ne me suis pas senti le courage de te laisser partir sans t'embrasser encore une fois.

— Mon père ! ma mère ! quel bonheur pour moi de vous embrasser avant mon départ.

Ces adieux touchants durèrent quelques minutes, puis M. Hartmann se redressa, son visage devint sévère et tendant la main à son fils :

— Sois homme et fais ton devoir, lui dit-il. Adieu Michel.

— Au revoir, mon fils, s'écria Mme Hartmann d'une voix étouffée par les sanglots.

Puis le père et la mère sortirent appuyés sur le bras l'un de l'autre.

— Pauvre père ! pauvre mère ! murmura le jeune homme en essuyant une larme que malgré lui il n'avait pu retenir.

— Voyons, sommes-nous prêts? dit Lucien. Il ne nous reste plus qu'une demi-heure.

— Ma foi, répondit Michel en jetant un regard circulaire autour de lui, je crois que oui et que nous n'avons rien oublié.

— Voyez-vous cela, monsieur l'ingrat, fit une voix mutine, et Lania apparut sur le seuil de la porte.

— Lania! s'écrièrent les deux jeunes gens avec surprise.

— Pourquoi pas ? reprit-elle en faisant cette moue qui la rendait si ravissante. Sachez, messieurs mes grands frères, que je me suis levée en même temps que vous, que j'ai été faire un tour dans mon jardin, visiter mes serres, et que maintenant je viens, moi aussi, vous faire mes adieux.

— Voilà une charmante intention et dont je te suis bien reconnaissant, ma chère Lania, répondit vivement Michel.

Et la prenant doucement par la taille, il l'embrassa à plusieurs reprises.

— Oh ! mais, dit-il, sans lui rendre sa liberté, tu as là un charmant bouquet, petite sœur.

— Tu trouves! c'est à ton intention que je l'ai cueilli, Michel. Mais attends.

Elle retira deux fleurs du bouquet qu'elle présenta ensuite à son frère.

— Tiens, prends; je te le donne dit-elle.

— Merci, Lania, merci. Mais pourquoi conserves-tu ces deux fleurs-là? une pensée, une rose pompon : qu'est-ce que cela signifie ?

La jeune fille sans répondre, approcha les deux fleurs de ses lèvres, mit un baiser sur chacune d'elles en se détournant, puis elle les présenta à son frère en murmurant à son oreille d'une voix faible comme un souffle :

— Pour lui.

Et avant que le jeune homme fût revenu de sa surprise, elle se dégagea de ses bras,

Le père Meyer! l'ami des pauvres! le bon patriote! (Page 74.)

s'enfuit légère comme un oiseau et disparut avec un éclat de rire cristallin.

— Oh! oh! qu'est-ce que tout cela veut dire? fit Lucien d'une voix goguenarde.

— Cela veut dire, cher ami, répondit Michel en enfermant soigneusement les deux fleurs dans son portefeuille qu'il plaça sur sa poitrine, qu'il est cinq heures moins le quart, et que nous avons juste le temps de nous rendre au chemin de fer.

— Bon, dit le jeune homme en riant, tu ne

veux pas me répondre. Je le demanderai à Lania. Je suis bien sûr qu'elle me répondra, elle.

— Peut-être! fit Michel en riant.

Sur ce dernier mot, ils quittèrent la maison accompagnés par tous les domestiques qui accablaient littéralement leur jeune maître de bénédictions et de souhaits de bon voyage.

Au moment où, arrivés au bout de la rue de la Nuée-Bleue, où se trouvait leur maison, ils allaient tourner sur le quai Kellermann, un homme marchant fort vite, se jeta presque sur eux ; mais, les ayant reconnus sans doute, et ne voulant pas que les jeunes gens sussent qui il était, il s'enveloppa soigneusement dans les plis d'un manteau qu'il portait malgré la saison, rabattit sur ses yeux les larges ailes de son chapeau, fit un brusque crochet et s'éloigna rapidement dans la direction du faubourg de Pierres, en grommelant entre ses dents quelques mots que les jeunes gens ne purent comprendre.

— Au diable l'amoureux, s'écria Michel ; il a failli me renverser.

— Amoureux, je ne le crois guère, fit Lucien en haussant les épaules. Il m'échappe cette fois encore, mais qu'il prenne garde à la prochaine, et, s'il est bien celui que je soupçonne, nous aurons une explication qui ne sera pas agréable pour lui.

— Que veux-tu dire? demanda Michel.

— Rien ! rien, répondit Lucien en riant ; cette affaire me regarde seul. Tu as tes secrets, n'est-ce pas? Eh bien, moi, j'ai les miens.

— A ton aise, mauvaise tête. Mais souviens-toi que le jour où tes secrets te sembleront trop pesants, j'en demande ma part.

— Oh ! quant à cela, sois tranquille ; je ne me ferai pas tirer l'oreille pour te les confier.

Quelques minutes plus tard, ils atteignaient la gare sans autre incident.

III

PROFILS D'ESPIONS DU GRAND MONDE PRUSSIEN

Pour bien faire comprendre au lecteur la portée de l'exclamation poussée par Lucien Hartmann, lorsque l'inconnu était venu se jeter si étourdiment dans ses jambes à l'angle de la rue de la Nuée-Bleue et du quai Kellermann ; il nous faut faire quelques pas en arrière et revenir à la soirée précédente, pendant laquelle il s'était passé dans une maison de la place du Broglie, une scène dont il est important d'instruire le lecteur pour la complète intelligence des faits composant cette histoire beaucoup plus vraie qu'au premier abord on pourrait le supposer.

Au moment où minuit sonnait à la cathédrale, deux individus, marchant dans un sens opposé et venant chacun d'une extrémité de la place du Broglie, s'arrêtèrent presque ensemble devant une des plus belles maisons de cette place et se saluèrent par un geste silencieux.

Celui qui, le premier, avait atteint la maison, tira le bouton de la sonnette.

Aussitôt la porte s'ouvrit et les deux hommes entrèrent.

Ils se trouvèrent alors dans un vestibule parfaitement éclairé et dans lequel se tenaient immobiles, au bas d'un large escalier à marches de marbre, deux domestiques en grande livrée.

A la vue de ces inconnus, l'un des domestiques quitta son poste, gravit l'escalier en ayant soin de laisser entre lui et les silencieux visiteurs un espace de trois marches au moins.

Arrivé au premier étage, le valet de pied souleva une lourde portière, traversa sans s'arrêter un salon d'attente richement meublé et brillamment éclairé, et, ouvrant à deux battants une porte latérale, il s'effaça et annonça :

— M. le comte Ladislas Poblesko ; M. Ulric Meyer.

Les deux étrangers rentrèrent.

Le valet de pied se retira, laissa tomber la portière et ferma la porte.

Les deux hommes se trouvèrent dans un cabinet de travail meublé avec tout le genre bric-à-brac de l'époque et avec cette richesse, plus fastueuse et apparente que réellement de bon goût, qui d'ordinaire distingue les grands industriels ou les grands financiers.

Ceux-ci, plus aptes à aligner des chiffres qu'à faire preuve d'un goût véritable, ne cherchent, selon une expression vulgaire mais pleine de force et de vérité, qu'à jeter de la poudre aux yeux, ce à quoi, nous devons le constater, ils réussissent presque toujours tant les imbéciles sont en majorité.

Dans ce cabinet, assis derrière une table ou plutôt un immense bureau encombré de casiers et de registres, se tenait un homme qui, à l'annonce des visiteurs, recula vivement son fauteuil, se leva et s'avança vers eux, le sourire sur les lèvres.

Ce personnage, alors bien connu à Strasbourg, était tout simplement un des premiers banquiers de la ville. Sa fortune passait pour être colossale, et ses relations s'étendaient dans les régions les plus éloignées des deux hémisphères.

Nous n'ajouterons que pour mémoire qu'il jouissait de la considération que donnent en général les sacs d'or.

C'était un homme entre deux âges, aux traits un peu heurtés. Son nez gros, sa bouche épaisse et lippue, son front qui commençait à se dégarnir aux tempes, ses yeux gris, petits, enfoncés sous l'orbite mais pleins de finesse, ses favoris d'un blond fade, taillés en côtelette, lui donnaient une physionomie où la fausse bonhomie de l'industriel luttait perpétuellement avec la duplicité rapace de l'homme d'affaires.

Bien qu'il se donnât pour Lorrain, des gens qui se prétendaient bien informés soutenaient que c'était tout simplement un juif allemand du duché de Posen.

Quoi qu'il en soit de cette assertion, il jouissait d'une immense influence sur la place, où sa signature était en grande faveur.

En ce moment, il était correctement vêtu de noir, cravaté de blanc comme un notaire, et portait à la boutonnière de son habit une rosette constellée de toutes les couleurs de l'arc-en-ciel.

Cet estimable banquier répondait au nom de Timoléon Jeyer.

— Soyez les bienvenus, messieurs ; je vous attendais avec impatience, dit-il, en pressant les mains que lui tendaient le comte Poblesko et M. Meyer. Asseyez-vous et causons.

Lorsque les deux visiteurs eurent pris chacun un fauteuil il leur tendit des cigares et continua.

— Eh bien ! que savez-vous de nouveau, messieurs ?

— Mais, répondit le comte, il me semble, cher monsieur, que nul mieux que vous ne saurait être informé de ce qui se passe.

— Pour les affaires financières, reprit-il avec nonchalance, mais au point de vue politique...

— Ma foi, moi je ne sais rien, dit M. Meyer, et vous, comte ?

— Ni moi non plus.

— Comment, on ne dit rien en ville ?

— Ma foi non, firent-ils tous les deux ensemble.

— Voilà qui est singulier ! Cependant les circonstances sont graves. Vous, monsieur le comte, placé par la confiance de M. Hartmann à la tête de sa fabrique, vous devez entendre causer les ouvriers, connaître leurs intentions ; et vous, monsieur Meyer, vous êtes un maquignon beaucoup trop actif pour ne pas avoir recueilli bien des nouvelles dans les villages que vous traversez continuellement.

— Ah ! très-bien ! dit le comte en souriant, je vois où voulez en venir ; cher monsieur Jeyer, vous nous demandez quel est l'envers de la situation ?

— Le dessous des cartes enfin ? appuya le maquignon avec un gros rire.

— Juste, messieurs, vous savez aussi bien que moi que toute situation, quelle qu'elle soit, a deux faces ; celle dans laquelle nous nous trouvons doit en avoir au moins quatre ou cinq. Ce sont ces faces que j'ai besoin de connaître. Voyons, vous, monsieur Meyer, depuis quand êtes-vous à Strasbourg ?

— Depuis deux heures, cher monsieur. Je viens de parcourir pendant quatre mois toute l'Alsace et toute la Lorraine, m'arrêtant partout, dans toutes les villes, tous les villages, même dans les bourgs les plus retirés.

— Eh bien ! vous avez dû remarquer bien des choses, entendre bien des conversations.

— Oui, et de toutes les couleurs.

— En résumant tout cela, après y avoir mûrement réfléchi, quelle opinion vous êtes-vous faite sur la situation des esprits dans ces deux provinces?

— Voici mon appréciation exacte. Ces populations voient la guerre avec joie. Elles haïssent profondément les Prussiens. En Alsace surtout, ce sentiment de haine est poussé à un point qui dépasse toute croyance. Je ne parle pas ici des habitants des villes ; je parle des populations rurales, des montagnards; chez eux, cette exécration est telle que le seul nom de Prussien les horripile et est considéré comme une insulte. Les Lorrains sont plus calmes, ou mieux, ils ne se livrent pas autant. Vous qui êtes Lorrain, cher monsieur Jeyer, ajouta-t-il avec le sourire moitié figue et moitié raisin qui lui était particulier, vous savez combien vos compatriotes sont madrés et combien il est difficile de savoir réellement ce qu'ils pensent. Cependant, je dois ajouter, pour rendre hommage à la vérité, qu'il pourrait y avoir quelque chose d'inquiétant, au point de vue français bien entendu, dans l'attitude d'une certaine partie de cette population que j'ai observée, si ce gouvernement n'y prend pas garde.

— Eh ! eh ! ceci commence à devenir intéressant. Qu'entendez-vous par là?

— Vous savez, reprit le maquignon, que les guerres de religion ont eu très-peu de durée en France, mais que, si courtes qu'elles aient été, dans aucune contrée de l'Europe on ne déploya plus d'acharnement et de cruauté.

— Oh ! fit M. Meyer en hochant la tête, en

France aujourd'hui l'indifférence en matière de religion est telle que le gouvernement n'a pas à se préoccuper de ce que pourraient tenter quelques cerveaux exaltés.

— Oui, voilà ce qu'on pense généralement. Eh bien ! mon cher monsieur, à mon avis le gouvernement s'abuse étrangement ; si la guerre éclate, ainsi que cela est probable, il pourra très-bien s'en apercevoir à ses dépens.

— Expliquez-vous plus clairement.

— Je ne demande pas mieux. Vous savez qu'en Alsace deux dogmes sont en présence ou plutôt deux religions sont en face l'une de l'autre : la religion catholique et la religion protestante. Eh bien ! je ne crains pas de vous affirmer que, si la France déclare la guerre à la Prusse, cette dernière puissance pourra trouver dans ce pays, et cela même sans trop de peine, des appuis cachés, c'est vrai, mais tout dévoués et prêts aux plus grands sacrifices.

— Dans les rangs des catholiques?

— Non pas. Les catholiques, cher monsieur, n'ont qu'un but : la suprématie de leur Église, le pouvoir remis entre leurs mains, l'influence sur ceux qu'ils sont chargés de diriger. Tout catholique pur, ceci n'en déplaise aux casuistes, est un partisan avoué du despotisme. Or, le plus ferme partisan du despotisme en Europe, en ce moment, c'est l'empereur Napoléon. Les concessions qu'il a faites au clergé sont immenses. Il lui en fait tous les jours de nouvelles ; le clergé catholique est donc pour lui, et le soutiendra de toutes ses forces.

— C'est des protestants alors que vous voulez parler?

— Précisément, des protestants, mais entendons-nous bien, de la minorité, de l'infime minorité protestante. Dans toutes les religions, il y a des enfants perdus, des cerveaux brûlés, des têtes exaltées, qui mettent leurs idées bonnes ou mauvaises au-dessus de tout et qui, pour le triomphe de ces idées, sacrifient tout, eux-mêmes les premiers. Or, en Alsace, principalement dans les montagnes, il reste encore quelques familles puritaines ; remarquez bien que je ne dis pas protestantes, je dis puritaines afin de bien établir la nuance qui sépare ces deux sectes ; il reste, dis-je, quelques familles puritaines qui, sans relations au dehors, vivent continuellement entre elles, dans la pratique exagérée de leur culte, considérant comme ennemis tous ceux qui ne pensent pas comme elles ; des Épiménides enfin, qui semblent avoir dormi depuis le XVIe siècle et qui aujourd'hui sont animés de ce fanatisme farouche, je dirais presque féroce, qui exaltait les soldats de Cromwell, et qui animait leurs ancêtres quand ils défendaient contre les catholiques Montauban et La Rochelle. Ces familles, par leur isolement, n'ont pas de nationalité bien définie. Les questions politiques les occupent médiocrement, absorbées qu'elles sont par les questions religieuses. Aussi, partout, dans les villes, dans les villages, dans la plaine comme dans la montagne, ces familles s'isolent, forment une caste à part, et, à moins d'absolue nécessité, ne se mêlent jamais aux catholiques et encore moins aux protestants modérés qu'ils considèrent comme des renégats. C'est donc dans cette minorité infime de *piétistes*, c'est un des noms qu'on leur donne, que la Prusse pourra trouver des auxiliaires très-utiles à un certain moment. Il y en a une assez grande quantité qui vivent dans la forêt de Haguenau. La frontière, surtout depuis Seltz, Lauterbourg, Wissembourg jusqu'à Niederbronn, en possède beaucoup. Ces fanatiques semblent être d'ailleurs plutôt en communion d'idées avec les Allemands qu'avec les Français, dont ils trouvent les mœurs un peu trop relâchées ; et ce qui le prouve, c'est qu'ils trafiquent de préférence avec les étrangers qu'avec leurs compatriotes. En somme, je crois que peu de chose suffirait pour nous les gagner.

— Bon ! le cas échéant, un accord se fera entre eux et les autres protestants, fit M. Jeyer en se frottant les mains.

— Ne croyez pas cela, vous commettriez une erreur excessivement dangereuse. La majorité protestante est animée du patriotisme le plus grand. Elle aime la France et combattra pour elle avec le plus complet dévouement. Elle n'hésitera pas, soyez-en convaincu, je ne dis pas seulement à se mêler aux catholiques, car déjà vous savez qu'ici les catholiques et les protestants ne font qu'un, mais à faire si entièrement cause commune avec eux, à marcher tellement d'accord, que rien ne pourra les contraindre à rester neutres. Ils surveillent d'ailleurs attentivement les *piétistes* déjà, et malheur à ceux-ci s'ils osent essayer de trahir la cause française, ils trouveront dans les protestants leurs plus cruels ennemis.

— Savez-vous, cher monsieur Meyer, que tout ce que vous me dites là m'inquiète fort ? J'avais espéré, d'après vos paroles, que les protestants pourraient devenir, à un moment donné, sinon des alliés, du moins des amis tacites, et je vois que nous n'avons aucun espoir d'obtenir un tel résultat. Croyez-vous, là, bien sincèrement, que ces *piétistes*, comme vous les appelez, aient si peu d'influence ?

— Vous ne m'avez pas compris, monsieur. Il faut que vous sachiez la vérité tout entière. La Prusse a contre elle tous les catholiques, tous les protestants, qui, à aucun prix, ne voudront pactiser avec l'ennemi de leur pays, et encore dans cette minorité infime que j'ai appelé les *piétistes*, la Prusse n'en trouvera-t-elle que très-peu qui consentiront à l'aider en secret. Les autres s'abstiendront. Ils resteront neutres.

— Alors, c'est désolant. Cependant, quoique la part du mal soit très-grande, il y a du bon dans ce que vous m'avez dit, monsieur Meyer, et ce bon, je me hâterai de le signaler à qui de droit, afin qu'on puisse agir sans retard. Et vous, monsieur le comte, vos renseignements sont-ils aussi mauvais que ceux de M. Meyer ?

— C'est selon comment vous les apprécierez, cher monsieur. Quant à la classe ouvrière, en Alsace, n'y comptez pas plus que sur le reste de la population. Je l'ai étudiée avec soin. Excepté les provinces du nord, la France n'a peut-être pas de provinces plus patriotes que l'Alsace et la Lorraine. Ce que vous a dit M. Meyer des *piétistes* est d'une exactitude rigoureuse. Nous en avons ici même à Strasbourg. Ils sont bien tels que M. Meyer les a dépeints. Mais une chose m'étonne dans le rapport si lucide et si étendu qu'il vous a fait, c'est qu'il a négligé, ou plutôt oublié une classe d'individus que l'on trouve partout dans les deux provinces, qui, à pied dans tous les villages, dans toutes les villes, se faufilent dans les plus petites bourgades, pénètrent dans les palais comme dans les chaumières ; une classe de gens qui se font les plus petits possible pour demeurer inaperçus et dont, si l'on sait s'en servir, le rôle pourra à un moment donné devenir également d'une grande importance pour la Prusse.

— De quels gens voulez-vous parler ? demanda M. Jeyer.

— Je ne vois pas où vous voulez en venir, ajouta le maquignon.

— Écoutez-moi, messieurs. Je ne vous demande que quelques minutes de patience, et bientôt, je le crois, vous reconnaîtrez que j'ai raison, et qu'en ce moment surtout il faut à tout prix s'attacher ces individus, ou du moins les plus influents d'entre eux.

— Mais quels individus ?

— Voici près de quatre ans que je suis en Alsace. Les besoins de la fabrique que je dirige m'ont contraint à faire de fréquents voyages dans les sept départements et jusque dans le Luxembourg. Dans ces voyages, j'ai été à même d'étudier avec une surprise mêlée d'intérêt les mœurs singulières des gens dont je veux parler. Ces gens ne sont autres que des juifs. Mais, entendons-nous bien, messieurs, ces juifs ne ressemblent en rien à tous ceux que vous avez pu voir en n'importe quelle contrée. Je leur donne le nom de juifs faute de meilleure acception, et parce qu'en apparence du moins ils professent la religion juive ; mais en réalité, et autant qu'il m'a été permis de m'en assurer après de sérieuses études et de grandes recherches sur leur compte, je crois qu'ils ne sont pas plus juifs que chrétiens, et qu'ils ne se rattachent, ni de près ni de loin, à aucune des races qui peuplent notre vieille Europe.

— Allons donc ! vous plaisantez ! s'écria le banquier.

— Laissez dire, laissez dire, fit le maquignon, qui prêtait attentivement l'oreille, je crois au contraire que M. Poblesko parle très-bien et très-sérieusement. Continuez, comte.

— Ces gens qui sont nombreux en Alsace, ainsi que je vous le disais, reprit ce dernier, se divisent en deux catégories bien distinctes : les nomades, c'est-à-dire ceux qui sont continuellement par monts et par vaux, qui font les métiers de chaudronniers ambulants, de maquignons, de colporteurs, de gagne-petit, que sais-je encore, et ceux qui ont adopté la vie sédentaire. Ceux-là sont groupés çà et là par hameaux, bourgades et grands villages, établis en grande partie sur la frontière française, de façon qu'ils ont à la fois un pied en France et l'autre à l'étranger. Ces villages sont exclusivement habités par les gens dont je vous parle ; ils se livrent à toute espèce de métiers interlopes. La contrebande est un de leurs principaux moyens d'existence. Ils croupissent dans l'ignorance la plus abjecte et la saleté la plus repoussante, parlent un patois compris d'eux seuls, se régissent par des coutumes particulières, et en réalité n'ont accepté aucune nationalité. Leur type est plutôt asiatique qu'européen. On croirait, à les voir, quand on les visite chez eux, se trouver au milieu de ces bandes nomades qui apparurent au moyen âge en Europe, sur laquelle elles s'abattirent comme une nuée de sauterelles sans que l'on sût ni d'où elles venaient ni où elles allaient; qui traversèrent tous les pays sans accepter les coutumes d'aucun, et disparurent enfin en laissant derrière elles et comme des épaves abandonnées, quelques familles qui ne se mêlèrent jamais au mouvement général de la civilisation qui les entourait. Une particularité singulière à noter dans l'existence de ces juifs, puisque c'est ainsi que nous les nommons faute de mieux, c'est que les Alsaciens, si tolérants et si hospitaliers par caractère, n'ont jamais voulu frayer avec eux; qu'ils les ont en horreur et les tiennent pour ainsi dire parqués et relégués dans les villages qu'ils ont établis et autour desquels le mépris public semble avoir élevé un cordon sanitaire. Et, remarquez bien ceci, messieurs, c'est que quand je dis les Alsaciens, car c'est plutôt là qu'en Lorraine qu'on rencontre ces parias de la civilisation, j'entends la population tout entière sans acception de religion : les catholiques, les protestants et même, fait bien plus extraordinaire, les israélites alsaciens, ceux qui ont reconnu la loi française, se sont mêlés à la population ; qui professent toujours, il est vrai, leur religion, mais dont le type s'est considérablement perdu dans les croisements de race. Voilà pourquoi, lorsque tout à l'heure je vous disais que je donnais à ces gens le nom de juifs, c'était faute de pouvoir les désigner autrement; car, pour moi comme pour tout le monde dans ce pays, ce sont des gens qui n'appartiennent à aucune secte, qui au fond sont païens et comme leurs ancêtres du moyen âge ne vivent que de vols et de rapines.

— C'est bien cela, appuya le maquignon. Monsieur le comte a raison sur tous les points, il a comblé une lacune très-importante. Je ne sais comment j'avais laissé échapper des renseignements aussi précieux.

— Ainsi, vous croyez, comte, reprit le banquier, qu'au besoin on pourrait utiliser ces gens?

— C'est ma conviction, monsieur, et principalement ceux de la frontière. Je vous le répète, ils ne reconnaissent aucune nationalité; par la vie qu'ils mènent, vie essentiellement errante, il n'est pas de sentier de chèvre, dans les bois, qu'ils ne connaissent. Leur seule passion est l'or. Pour acquérir ce précieux métal dont ils font leur dieu, il n'est pas de trahison, d'infamie dont ils hésitent à se rendre coupables. Le sens moral est d'ailleurs tellement oblitéré chez eux, qu'ils n'ont pour ainsi dire pas conscience de leurs actes et qu'ils ne font pas de différence entre le crime et la vertu, n'ayant le sentiment ni de l'un ni de l'autre et trouvant au contraire bien et bon, tout acte, quel qu'il soit, qui leur rapporte un bénéfice métallique.

— A la bonne heure! s'écria le banquier, en se frottant les mains, voilà d'honnêtes gens avec lesquels il sera facile de s'entendre et qui, à l'occasion, deviendront de précieux auxiliaires.

— J'ai pris par écrit, continua le comte en présentant un papier au banquier, les noms des hommes les plus influents de ces singulières tribus, ainsi que les villages qu'ils habitent et la situation géographique de ces villages.

— Parfait, dit le banquier. Et vous, monsieur Meyer, n'avez-vous pas quelques notes à me donner?

— Pardonnez-moi, monsieur. J'ai pris les noms de certains *piétistes*, exaltés bien entendu, et de quelques anabaptistes qui pourront devenir utiles à la cause que nous servons... Comme monsieur le comte, j'ai pris soin de mettre en regard de leurs noms ceux des lieux qu'ils habitent.

— Fort bien! messieurs. Toutes ces notes seront transmises au ministre dans le plus bref délai. Maintenant que ce sujet est épuisé, passons au rapport. Voyons l'Alsace d'abord.

— Monsieur, reprit le comte, je vous avais promis dans notre dernière entrevue de vous remettre le plus tôt possible la dernière partie de la carte commencée il y a dix ans par les agents envoyés dans ce pays par le ministre. Cette carte, dressée avec un soin extrême, où pas un buisson, pas un monticule, pas un ruisseau n'ont été oubliés, est enfin terminée. J'ai eu l'honneur, en plusieurs fois déjà, de vous en remettre quarante feuillets. Voici les dix derniers, ce qui forme un total de cinquante. Avec cette carte il est impossible de ne pas aller à coup sûr et sans s'égarer dans n'importe quelle bourgade d'Alsace, si ignorée qu'elle soit. Je doute que le gouvernement français en possède une aussi détaillée et aussi scrupuleusement exacte. Voici de plus le cahier qui avait été demandé avec insistance par le ministre. Vous y trouverez pour chaque ville, village, bourg, hameau, le chiffre exact de la population, les noms des maires, adjoints, receveurs, notaires, enfin de tous les hommes influents à quelque titre que ce soit, avec le chiffre exact de leur fortune, puis le rôle des contributions, le nombre des chevaux, ânes, mulets, bestiaux de toutes sortes, des voitures et jusque des charrettes. Enfin tous les renseignements les plus complets qu'il soit possible de se procurer.

— Très-bien !

— Voici maintenant, monsieur, les rapports détaillés qui m'ont été fournis par les officiers du génie, d'artillerie, etc., qui ont consenti par patriotisme à servir comme domestiques, intendants, cuisiniers, les généraux, les intendants et jusqu'au maréchal qui commande en chef. Ces rapports que j'ai fait contrôler avec soin, ne contiennent que des chiffres minutieusement exacts en hommes, armes, munitions de toutes sortes, etc. Vous y verrez aussi les plans détaillés des villes fortes de la haute et basse Alsace et de la Lorraine. Ce travail excessivement difficile a exigé cinq ans de soins et de recherches. Aujourd'hui, grâce à Dieu, il est complet.

— Je vous remercie, monsieur le comte. Je suis convaincu que Son Excellence le minis-

tre saura reconnaître vos généreux efforts comme ils le méritent. Déjà, à plusieurs reprises, il vous a fait parvenir par mon entremise l'expression de sa satisfaction. J'espère que vous en aurez cette fois des preuves plus grandes encore. A votre tour, M. Meyer,

— Moi, monsieur, à part la carte dont je n'avais pas à m'occuper, j'ai, comme monsieur le comte, fait pour la Lorraine ce qu'il a fait pour l'Alsace. Ce cahier, très-peu volumineux, parce qu'il est écrit en chiffres, renferme tous les renseignements qui ont été demandés. J'ai recueilli et condensé tous les rapports de nos agents. Comme monsieur le comte, je les ai fait contrôler avec soin, et leur exactitude ayant été reconnue, je vous les apporte.

— Grâce au moyen adopté par Son Excellence le ministre, dit M. Meyer avec un sourire, tout en laissant tomber la main sur les documents qu'on lui avait remis, ces précieux renseignements sont condensés dans un si petit espace qu'un homme seul va pouvoir s'en charger, sans éveiller l'attention ni les soupçons. Demain le colonel von Stadt, qui se trouve à Kehl, les emportera à Berlin. J'irai moi-même les lui remettre. Justement je dois me rendre demain à Kehl, en compagnie de l'intendant militaire, pour visiter une maison dont j'ai fait il y a quelques jours l'acquisition. Vous voyez que l'occasion est toute trouvée.

— En effet, dit le comte, la plaisanterie est excellente.

— Que voulez-vous, messieurs, on se tire d'affaire comme on peut. Maintenant, je dois vous informer, messieurs, et cela sous le sceau du secret, que la guerre est parfaitement résolue en principe. La Prusse la veut. L'empereur Napoléon, qui sent son trône lui échapper, la veut encore davantage, espérant avoir aussi bon marché de la Prusse qu'il l'a eu de l'Autriche et réussir, grâce à une guerre heureuse, à raffermir son trône et à assurer sa dynastie. Une seule chose arrête encore la

Lorsqu'un pas léger fit craquer le sable d'une allée voisine, et une jeune fille parut. (Page 78.)

guerre : une question de forme. La Prusse, tout en y poussant autant que cela est possible, veut éviter un *casus belli*, afin de laisser à l'empereur tout l'odieux de la déclaration et lui aliéner ainsi les sympathies de l'Europe ; en un mot, le roi veut que ce soit la France qui lui déclare la guerre. Réussira-t-il ? Tout me porte à le croire. En ce moment, les débats sont excesssivement vifs à la Chambre des députés à Paris. La gauche de la Chambre a flairé le piége. Elle sait que la France ne veut pas la guerre, que le gouvernement n'est pas prêt à la faire ; MM. Thiers, Jules Favre, Gambetta ont parlé avec force contre elle ; mais, vous le savez, ajouta-t-il avec un sourire sardonique, la Prusse a des amis partout. Les hommes qui sont au pouvoir en France en ce moment sont généralement au-dessus des préjugés. Ils sont sensibles à certains procédés touchants, et surtout sonnants, et je crois être en mesure de vous assurer que, quoi que fasse la gauche, elle prêchera dans le désert. La guerre sera déclarée malgré elle, et, avant un mois, les deux armées mesureront leurs forces. L'empereur Napoléon et le roi de Prusse jouent leurs couronnes dans cette lutte de géants. Quand la France verra l'abîme où son souverain l'aura conduite, elle l'abandonnera ; sans doute la République sera proclamée. C'est alors seulement que la lutte deviendra sérieuse. Il faut donc nous tenir sur nos gardes, être prêts à tous les événements et à tous les hasards. Que comptez-vous faire, messieurs, lorsque la lutte sera engagée ? Je suis chargé par le ministre de vous interroger à cet égard.

— Messieurs, mon rôle est tout tracé, dit le comte. Je suis un gentilhomme polonais, réfugié en France. Je hais la Prusse, la Russie et l'Autriche, qui se sont partagé les lambeaux de ma malheureuse patrie. La France m'accorde une généreuse hospitalité ; je ne l'abandonnerai pas dans le péril où elle va se trouver. Je la servirai de tout mon pouvoir, de mes conseils et de mon bras, s'il le faut. C'est ainsi que je payerai la dette contractée envers elle par la Pologne. Depuis longtemps, j'ai tout préparé autour de moi au cas où se présenterait l'éventualité qui nous occupe en ce moment. Je me suis fait des amis parmi les hommes des partis avancés. Mes opinions républicaines sont bien connues et, quand sonnera l'heure d'agir, je serai chaudement appuyé par ceux qui me connaissent.

— Allons, allons, dit en riant M. Jeyer, le ministre avait raison de me vanter votre capacité et votre intelligence hors ligne. Je vois que, de même que ce roi de France qu'on nommait, je crois, Charles IX, vous saurez parfaitement, lorsqu'il le faudra, jouer votre petit *rôlet*. Et vous, herr Meyer, qui êtes là tout songeur et tout pensif, à quoi diable rêvez-vous ?

— Mon cher monsieur Jeyer, répondit le maquignon avec sa bonhomie railleuse, vous le savez, je ne suis pas un homme politique. Je n'entends rien aux affaires gouvernementales. Ah ! parlez-moi de chevaux. Voilà ce que je connais ; il faut que les pauvres gens gagnent leur vie. Et puis, moi, je suis Luxembourgeois, Hollandais, greffé de Français. J'aime la France à cause de ses institutions libérales et je déteste cordialement la Prusse. Je le fais bien voir chaque fois que je passe dans les villages, à la moindre occasion qui se présente. Aussi, n'ayez pas peur, je suis connu partout. Le père Meyer ! l'ami des pauvres ! le bon patriote ! l'ennemi implacable des Prussiens ! Je ne vous le cache pas, herr Jeyer, j'ai quelques économies. Eh bien ! si la guerre est déclarée, je me mettrai fournisseur. Je vendrai des chevaux au gouvernement français. Enfin je le servirai par tous les moyens.

— Voilà qui est entendu. Je suis convaincu, cher monsieur Meyer, que vous serez aussi utile à la France que M. de Poblesko.

— Oui, j'en ai le pressentiment, reprit en riant le maquignon. D'ailleurs, je ne vous cache pas que depuis que je parcours les villages, je travaille en ce sens. Seulement, une chose m'embarrasse.

— Laquelle ? cher monsieur Meyer.

— Dame ! vous savez, on a ses petites habitudes. Ainsi, par exemple, je viens vous faire visite de temps en temps ; nous causons de choses et d'autres. Il y a d'autres personnes comme vous que je visite aussi dans mes tournées ; eh bien, si la guerre se déclare, il faudra rompre ces douces habitudes, car sans doute ces personnes-là quitteront le pays. Et vous-même, monsieur Jeyer, est-ce que vous resterez ici ?

— Hum ! vous me demandez là une chose que j'ignore moi-même. Tout ce que je puis vous affirmer, quant à présent, c'est que je demeurerai à Strasbourg autant que cela me sera possible. J'ai de trop grands intérêts financiers qui me retiennent ici pour que je m'éloigne. Il faudrait des circonstances exceptionnelles pour que je consente à partir. Et encore n'irai-je pas bien loin. Je me tiendrai toujours sous la protection de l'armée française...

— Bon, bon, je vois que vous avez aussi pris vos mesures. Un homme prudent doit être préparé à tout événement. Je ne sais si je me trompe, mais je crois que nous sommes appelés avant peu à en voir surgir de très-graves.

— *Amen !* firent en riant les deux hommes.

— Un dernier mot avant de nous séparer, messieurs, c'est à vous particulièrement que je m'adresse, monsieur le comte.

— Je vous écoute, monsieur Joyer.

— C'est un simple avertissement que je veux vous donner, avertissement dont M. Meyer pourra prendre sa part. Car, bien qu'il ne connaisse pas la personne dont je veux parler, il peut se présenter telle circonstance imprévue qui le mette en rapport avec elle, et il est bon qu'il sache à quoi s'en tenir sur son compte.

— Voici un préambule qui présage des choses fort graves, dit le comte.

— Graves, jusqu'à un certain point, monsieur; pour vous peut-être, qui êtes jeune, et qui, si vous n'étiez pas prévenu, pourriez vous laisser entraîner plus loin sans doute que vous ne le voudriez.

— Dans tous les cas, monsieur, et quoi que vous ayez à me dire, veuillez vous expliquer; je vous avoue que je n'ai aucun talent pour deviner les énigmes.

— Soyez tranquille, je serai clair.

— Je vous écoute, monsieur.

— M'y voici. Il y a environ dix-huit mois, une jeune femme, fort belle, ma foi, fort riche et se disant veuve de je ne sais plus quel général français mort il y a deux ans en Afrique, vint s'établir à Strasbourg. Cette dame, qui se fait appeler la comtesse de Valréal, acheta une des plus jolies maisons de la rue de la Toussaint, fit venir de Paris des meubles magnifiques et ouvrit ses salons avec un luxe et un faste remarquables. Cette dame est une brune magnifique, d'une coquet-terie qui prend parfois des proportions et des raffinements étranges. Son regard clair et perçant a quelque chose de magnétique, qui blesse et qui séduit tout à la fois. Est-elle comtesse et s'appelle-t-elle de Valréal? J'en doute fort; ceci me paraît être un nom et un titre de comédie; mais ce qui pour moi est certain, c'est que cette femme, quelle qu'elle soit du reste, est la sirène la plus dangereuse qu'un jeune homme puisse rencontrer sur sa route. Tout individu pris dans les filets de cette aimable créature est irrémissiblement perdu. Aussi, est-ce avec douleur, presque avec épouvante, que je vous vois fréquenter les salons de cette dangereuse enchanteresse. Vous me répondrez peut-être que vous ne jouissez d'aucune privauté dans la maison; que vous entrez dans ses salons lorsque la foule est le plus compacte; que souvent vous y demeurez inaperçu, que lorsque vous vous retirez, vers une ou deux heures du matin, personne ne vous a remarqué. Vous êtes dans l'erreur. Cette femme, qui ne vous adresse pas quatre fois la parole dans une semaine, si ce n'est pour échanger avec vous quelques banals compliments, cette femme a un regard qui parle un langage irrésistible. Osez me soutenir que vous n'êtes pas sous le charme général? que vous avez résisté aux avances de cette Armide qui s'est fait un peuple d'adorateurs?

— Monsieur, permettez-moi de vous faire observer que vous entrez dans un ordre d'idées qui n'a rien de commun avec la mission dont le ministre a daigné me charger et que je remplis, je le crois, avec tout le dévouement dont je suis capable.

— Monsieur le comte, croyez bien que je n'ai en aucune façon l'intention de vous blesser. L'intérêt seul que je vous porte m'engage à vous parler ainsi que je le fais, tout en vous laissant libre de ne pas suivre mes conseils s'ils vous déplaisent. Seulement, je vous ferai observer, monsieur le comte, que nous jouons une partie excessivement sérieuse.

Il y va de notre tête si nous sommes découverts. Les Français ne comprennent pas l'honneur comme nous le comprenons. Ils ont des
raffinements et des susceptibilités ridicules.
Pour eux, le patriotisme a des bornes qu'il
ne peut franchir. Chez nous il n'en est pas
ainsi. Tous les moyens nous sont bons quand
il s'agit de servir notre patrie. Si nous sommes découverts, nous serons traités d'espions
et nous subirons la mort des traîtres. Absous
par notre conscience, honorés par nos compatriotes, nous serons déshonorés et flétris ici.
Voilà ce qu'il ne faut pas. Ne nous perdons pas
dans de grands mots et de grandes phrases ;
pour le succès même de cette mission dont
vous êtes chargé et dont nous, vos associés,
nous avons comme vous accepté toutes les
charges, il importe, avant tout, qu'aucun
soupçon, si faible qu'il soit, ne puisse nous
atteindre. Je ne sais pas si vous aimez cette
femme, je ne veux pas le savoir, cela ne me
regarde pas ; mais, je vous le répète, c'est
une enchanteresse. Ceux qui l'ont vue une
fois sont à jamais sous le charme ; ils doivent
subir sans espoir le joug de fer qu'elle leur
impose. Je n'ai pas plus que les autres
échappé à cette puissance qui annihile toutes
les volontés. Malgré moi, je me suis senti
attiré vers elle ; mais j'ai résisté, car il y a
chez cette femme je ne sais quoi de sombre,
de mystérieux qui m'épouvante. Rien ne me
prouve que ce n'est pas une aventurière. Eh !
mon Dieu, nous le savons mieux que personne
nous autres ! qui vous dit que cette femme
n'est pas venue s'établir ici, à Strasbourg,
sur la frontière même de France, afin de
surveiller les ennemis de son pays ? Qui vous
dit qu'elle n'est pas chargée d'une mission
secrète de son gouvernement ? Est-ce que la
Prusse n'a pas envoyé en France plusieurs
dames du plus grand monde, dont la mission
est de surveiller ses intérêts ?

— C'est vrai, monsieur, je reconnais la
justesse de tout ce que vous me dites. Ces
observations que vous me faites, je me les

suis faites à moi-même bien des fois déjà.
Vous croyez que j'aime cette femme ? Il n'en
est rien. Rassurez-vous. Ce que j'éprouve
pour elle ressemble plutôt à de la haine qu'à
de l'amour. Le mystère qui l'enveloppe et qui
perce malgré elle dans sa conduite est précisément ce qui m'attire sur ses pas.

— Je ne vous comprends pas du tout, mon
cher comte.

— C'est bien simple, pourtant. Comme vous,
j'ai cru deviner en elle une ennemie de la
Prusse, mais non pas une ennemie comme
vous l'entendez. Cette femme, croyez-le
bien, travaille pour son propre compte. Bien
qu'elle se dise Française, parfois, lorsqu'elle
ne s'observe pas, elle laisse sentir un accent
bavarois très-prononcé dans ses paroles. Je
vais plus loin. Quoique je ne puisse donner
aucune preuve de ce que j'avance, j'affirme
que cette femme est mon ennemie particulière ;
si vous me voyez aussi assidu à ses réunions,
c'est que je poursuis la découverte de ce
mystère qui vous intrigue si fort.

— Prenez garde ! mon cher comte, la tâche
que vous vous imposez est rude. Votre
ennemie est bien fine. Souvenez-vous que de
la haine à l'amour il n'y a qu'un pas, qui est
bientôt franchi. Du reste, vous voilà averti.
Vous en ferez ce que vous voudrez. Si vous
pouvez échapper aux filets de madame de
Valréal, j'en serai ravi ; si vous vous y laissez
tomber, tâchez au moins qu'elle ignore toujours qui vous êtes et les raisons qui exigent
votre présence ici.

— Voilà précisément où la question devient
sérieuse, cher monsieur Jeyer. C'est que, si
cette femme est ce que je la soupçonne d'être,
elle me connaît. Elle sait qui je suis, elle
connaît tous les détails de la mission qui m'a
été donnée. Comment a-t-elle obtenu ces
renseignements ? je l'ignore, mais il est évident pour moi qu'elle sait parfaitement à
quoi s'en tenir sur mon compte.

— Vous m'effrayez, monsieur.

— Puisque nous sommes en train de nous

faire nos confidences, je préfère vous parler nettement. J'ai eu une maîtresse que j'ai beaucoup aimée. Lorsque j'ai rompu avec elle, je dois l'avouer ici, tous les torts ont été de mon côté. En un mot, je me suis mal conduit envers elle, car cette femme m'aimait de l'amour le plus dévoué; elle m'en avait donné des preuves.

— Et vous supposez...

— Je ne sais à quoi m'en tenir encore. Parfois, je crois être certain que c'est elle, puis un instant après j'ai la conviction contraire.

— Madame de Valréal ressemble donc bien à votre ancienne maîtresse?

— Si elle lui ressemble! reprit le comte, c'est sa voix, son geste, sa taille, ses traits même; et si, au lieu d'être brune, elle était blonde, je vous dirais que c'est elle. Tenez, il y a deux jours, elle causait avec quelques personnes dans son salon. Je me plaçai derrière elle sans qu'elle m'aperçût et, caché au milieu des personnes qui l'entouraient, je murmurai à voix basse son nom à son oreille : « Anna Sievers. » Madame de Valréal demeura immobile; elle n'eut aucun tressaillement; elle ne détourna pas la tête et continua à causer comme si elle n'avait pas entendu. Et pourtant, fut-ce une illusion, je ne sais; mais, dans une glace placée en face d'elle et qui reflétait ses traits, je vis son visage se couvrir subitement d'une pâleur mortelle et devenir presque aussitôt d'un rouge foncé; mais cela n'eut que la durée d'un éclair, et ne fut remarqué de personne.

— Ceci est grave, fort grave, monsieur le comte; qu'en pensez-vous, herr Meyer?

— Je pense, répondit nettement le maquignon, que M. le comte a eu tort de tenter cette expérience qui, à mon avis, est concluante. Cette femme ne lui pardonnera pas de l'avoir démasquée. Il est évident pour moi que, renonçant à la vengeance que sans doute elle avait rêvée, elle en choisira une autre plus expéditive. Dans tous les cas, il faut la

prévenir. N'oubliez pas, messieurs, ce qui a été dit il y a un instant. Nous jouons un jeu terrible où nos têtes sont engagées.

— Et vous concluez?

— Que cette femme doit disparaître.

— Il faut qu'elle meure! dit le comte.

Il y eut un instant de silence.

— C'est bien, messieurs, reprit le banquier, d'une voix brève; je me charge de cette affaire. Retirez-vous et soyez sans inquiétude. Cette femme mourra.

IV

OU LE PROVERBE : ALLER CHERCHER DE LA LAINE ET REVENIR TONDU, TROUVE SON APPLICATION.

La rue de la Toussaint est une des plus tranquilles et des mieux habitées de Strasbourg. Pour ceux de nos lecteurs qui ne connaissent pas cette ville, nous dirons qu'elle commence rue de la Gare ou de Sébastopol, et qu'elle finit au faubourg de Pierres.

Cette rue renferme plusieurs couvents, une maison de retraite assez semblable aux béguinages de Flandres et dans laquelle se retirent les personnes auxquelles leur âge, la misanthropie ou le malheur font un besoin de l'isolement. Dans cette maison, placée sous la protection de sainte Barbe, les pensionnaires, âgés pour la plupart, reçoivent moyennant une pension assez élevée, les soins les plus intelligents et les plus assidus.

Quelques personnes riches se sont fait construire aussi dans la rue de la Toussaint de charmantes maisons, s'élevant entre cour et jardin, ce qui fait ressembler cette rue à ces anciennes voies du faubourg Saint-Germain à Paris, que l'industrie boutiquière n'a pas encore envahies.

C'est dans une de ces maisons que nous introduirons le lecteur, quelques jours après la conversation rapportée dans notre précédent chapitre.

Il était environ deux heures de l'après-midi. Il faisait une chaleur qui aurait été étouffante si une brise assez forte, courant dans les branches des arbres, dont elle faisait doucement frissonner les feuilles, n'avait pas rafraîchi l'atmosphère.

Au fond d'un bosquet fort touffu, et qui ne laissait passer qu'après les avoir tamisés, les rayons du soleil, une jeune femme, assise sur un banc de gazon et tenant un livre ouvert sur ses genoux, faisait prendre une leçon de lecture à un charmant bambin de cinq à six ans au plus, dont la chevelure blonde et bouclée mêlait parfois ses mèches soyeuses aux boucles brunes de sa charmante institutrice.

Cette dame était la comtesse de Valréal. Nous ne ferons pas son portrait, mais nous nous contenterons de constater qu'en ce moment, une grande pâleur était répandue sur son visage, dont l'expression ordinaire semblait être la mélancolie; que parfois ses yeux se remplissaient de larmes; que ces larmes tremblaient comme des perles au bout de ses longs cils, et coulaient lentement le long de ses joues, sans qu'elle songeât à les essuyer.

L'enfant suivait attentivement sur le livre le doigt mignon de sa mère et épelait, en riant et en chantonnant, les syllabes qui s'offraient tour à tour à sa vue.

Rien n'était gracieux et triste à la fois comme ce tableau, auquel le bosquet servait de cadre et que les rayons du soleil caressaient en le nuançant de teintes dorées.

La leçon de lecture, ou plutôt le jeu de la mère et de son enfant duraient depuis près d'une demi-heure déjà, lorsqu'un pas léger fit craquer le sable d'une allée voisine, et une jeune fille parut.

Nous disons une jeune fille, parce que la personne qui arrivait paraissait avoir vingt ans à peine. Elle était grande, bien faite, et offrait dans toute sa personne le type parfait de ces élégantes soubrettes du dix-huitième siècle, dont la race semble aujourd'hui perdue.

Cette jeune fille se nommait Hélène; elle était la servante ou plutôt l'amie dévouée de la comtesse, qui n'avait pas de secret pour elle.

Hélène, de quelques années plus jeune que sa maîtresse, avait grandi à ses côtés, ayant été, pour ainsi dire, élevée par la mère de madame de Valréal; la comtesse ne l'avait jamais perdue de vue; aussi Hélène était-elle, nous le répétons, car il est important que nous appuyions sur ce point, plutôt l'amie que la servante de sa maîtresse, pour laquelle elle professait un respect profond et un dévouement à toute épreuve.

En entendant le bruit des pas qui s'approchaient, la comtesse s'était vivement redressée, avait secoué la tête comme pour chasser les idées tristes dont elle était assaillie, et, par un mouvement furtif, elle avait essuyé ses larmes, mais trop tard, car ce geste n'avait pas échappé à la jeune fille.

— J'en étais sûre, dit-elle d'une voix mutine avec un accent de reproche, vous pleuriez encore.

— Hélas! murmura la comtesse en couvrant son fils de baisers convulsifs, cela t'étonne-t-il, Hélène? Ne sais-tu pas que je pleure toujours?

— Eh! c'est précisément cela que je vous reproche, je voudrais vous voir forte contre la douleur.

— De quoi te plains-tu? répondit-elle avec un mélancolique sourire, je ne pleure que lorsque je suis seule; que nul ne peut me voir, surprendre mes larmes. Ne suis-je pas forte, ainsi que tu viens de le dire, lorsque je suis au milieu de la foule qui encombre mes salons? N'ai-je pas des paroles pour chacun, des sourires gracieux, de vives reparties? Ma chère enfant, crois-le bien, le masque dont j'ai couvert mon visage est bien attaché. Nul, si ce n'est toi à qui je n'ai rien à cacher, ne surprendra en moi un moment de faiblesse. J'ai trop longtemps étudié mon rôle pour ne pas le savoir. Je suis comme ces artistes aimés du public qui, devant la salle qui les acclame, semblent être tout à la joie, au bonheur; mais lorsque le rideau est tombé, qu'ils rentrent dans la coulisse, payent souvent bien cher ces courts moments d'enivrement dont leur orgueil est saturé. Alors, comme moi, la tristesse les envahit, et ils pleurent! Je suis dans la coulisse en ce moment. Ne me reproche pas ma tristesse; laisse couler mes larmes en liberté. Elles me font du bien, si je les retenais, elles me retomberaient sur le cœur.

— Vous feignez de ne pas me comprendre, madame, dit la jeune fille en s'asseyant près de sa maîtresse dont elle prit tendrement la main, tandis que l'enfant auquel sa mère avait rendu la liberté se roulait sur le gazon avec un magnifique chien de Terre-Neuve qui était accouru en bondissant sur les pas de la jeune fille.

— Que veux-tu dire? reprit nonchalamment la comtesse, le regard fixé sur l'enfant dont elle suivait les ébats avec cette sollicitude maternelle qui ne s'endort jamais.

— Je veux dire, madame, que vous me croyez aveugle.

— Je ne te comprends pas, Hélène?

— Au contraire, vous me comprenez trop, et voilà pourquoi vous ne voulez pas me répondre. Pourquoi avez-vous quitté Paris où nous passions une vie si douce, si calme, si tranquille? Pourquoi êtes-vous revenue ici?

— Pourquoi? s'écria-t-elle, et un éclair traversa son regard.

— Je vais vous le dire : parce que cet homme est ici, et que vous l'aimez encore.

— Oh! non. Cela n'est pas. Cela ne saurait être, murmura-t-elle d'une voix frémissante. Je suis venue parce qu'il est ici, c'est vrai, mais non pas parce que je l'aime.

— Pour quelle raison, alors?

— Parce que l'heure de ma vengeance approche.

La jeune fille secoua sa tête mutine, et un sourire railleur plissa ses lèvres de corail.

— La vengeance? Hélas! madame, vous cherchez à vous donner le change à vous-même. Vous ne parlez que de votre vengeance, et intérieurement, vous ne songez qu'à votre amour.

— Tu te trompes, Hélène, je te le jure.

— Eh! mon Dieu; ce n'est pas moi qui me trompe, c'est vous qui ne voyez pas clair dans votre cœur. Heureusement que je suis là, moi; pendant que vous vous endormez, que vous vous bercez de douces illusions, je veille sur vous.

— Que veux-tu dire?

— Faut-il vous avouer tout ce que je sais. Vous ne vous en ferez pas une arme contre moi?

— Oh! peux-tu supposer...

— Eh bien! madame, sachez ceci : vous vous croyez bien changée, n'est-ce pas, bien méconnaissable?

— Mais il me semble...

— Vous êtes dans l'erreur, ma bonne maîtresse. L'homme pour lequel vous êtes revenue à Strasbourg, que vous avez réussi à attirer dans vos salons, cet homme, s'il ne vous a pas reconnue, vous a devinée, sachez-le bien; si complet que soit le déguisement que l'on adopte, il est une chose que l'on ne saurait changer en soi, c'est le regard, et cet homme a si bien saisi votre regard qu'à la dernière soirée à laquelle il a assisté, il a osé vous appeler par votre nom. C'est vous-même qui me l'avez répété.

— Que faire? murmura-t-elle. Comment lui donner le change maintenant.

— C'est à quoi je songe depuis que vous m'avez fait cette confidence. Mais cela n'est rien encore; il y a quelque chose de beaucoup plus sérieux.

— Quoi encore?

— Savez-vous comment cet homme répond à votre amour ? En méditant votre mort.

— Ma mort ! lui ? s'écria-t-elle avec une surprise mêlée d'épouvante. Oh ! tu es folle, Hélène, cela ne peux pas être.

— Cela est, reprit la jeune fille avec insistance. Je le sais, j'en suis sûre, j'en ai la preuve.

— Non ! c'est impossible.

— Eh bien ! écoutez-moi donc, puisqu'il faut tout dire. Lorsque nous sommes arrivées ici, le hasard m'a fait rencontrer un homme dont vous connaissez le père, car il était presque notre voisin à Munich. Cet homme est aujourd'hui le valet de chambre, l'homme de confiance de M. Jeyer, le riche banquier chez lequel, entre parenthèses, une partie de vos capitaux est déposée, dépôt que, si vous m'en croyez, vous lui reprendrez aujourd'hui même.

— Passons, passons, fit-elle avec impatience.

— Ce garçon, qui se nomme Carl Brunner.....

— Comment, le fils du vieux Brunner, le menuisier ?

Celui-là même, oui, madame. Donc il a toujours eu du goût pour moi. Lorsque je l'ai rencontré, il m'a exprimé tout le plaisir qu'il avait à me revoir. Enfin, il a ajouté, mais je n'en crois pas un mot, que, désespéré de ce que j'avais quitté Munich et ne sachant où me rencontrer, il avait abandonné sa ville natale qui lui était devenue insupportable. En me revoyant, ce pauvre Carl m'a fait une déclaration dans toute les règles, déclaration à laquelle, bien entendu, je n'ai répondu que par un éclat de rire. Il ma juré un amour éternel, un dévouement absolu, etc., etc. Je lui ai répondu que j'étais au service de la comtesse de Valréal, qui était très-bonne pour moi, et que j'aimais beaucoup ; puis, comme l'entretien menaçait de se prolonger indéfiniment, je l'ai planté là et m'en suis allée.

— En quoi tes amours avec ce garçon me regardent-elles, chère enfant ?

— Attendez ! attendez ! elles vous regardent beaucoup plus que vous ne le supposez, madame.

— Alors achève.

— Ce n'est pas moi qui m'arrête, c'est vous qui m'interrompez, je vous réponds. Mais ne vous impatientez pas, je reprends : Il y a quatre jours je reçois un billet signé « Carl Brunner. » Comprenez-vous, madame, qu'il avait l'audace de me demander un rendez-vous sous prétexte, disait-il, qu'il avait des choses importantes à me révéler. Je les connais, ces choses importantes ; je suis une honnête fille et je ne donne pas comme ça des rendez-vous aux garçons. Il va sans dire que je ne lui répondis pas. Je croyais en être débarrassée, lorsqu'il y a une heure le concierge me fit prévenir par un valet de pied qu'il y avait dans sa loge une personne qui désirait me parler un instant pour affaires graves. Je me rendis sans défiance dans la loge du père Fritz, et qu'est-ce que j'aperçois en entrant ? M. Carl Brunner étalé sans façon dans le grand fauteuil de cuir du père Fritz, qui était assez bête pour se tenir droit devant lui. J'allais éclater en reproches et tancer vertement mon présomptueux adorateur, mais celui-ci ne m'en donna pas le temps. Il posa un doigt sur ses lèvres en me regardant, et, se tournant vers le concierge, il le pria tranquillement de nous laisser seuls pendant cinq minutes, ce que le père Fritz fit docilement en fermant la porte derrière lui. Comprenez-vous ça, madame ?

— Ma chère, petite, je comprends que tu bavardes, tu bavardes, et que ton histoire n'a pas le sens commun.

— Bon ! vous allez voir, fit-elle, d'un air mutin. Aussitôt que le père Fritz eut disparu, Carl se leva et sans me permettre de lui dire un mot, il s'empara de la conversation. — Mademoiselle, me dit-il, je vous aime comme un fou ; je vous aimerai toute ma vie ; je sais

Oh! madame, madame! s'écria le banquier en tombant à genoux et se cachant la tête dans sa main. (Page 87.)

que je vous suis indifférent, ce qui me plonge dans un désespoir qui abrégera mes jours, mais ce n'est pas de cela qu'il s'agit en ce moment. — De quoi s'agit-il alors, lui répondis-je ? — Vous le sauriez déjà, si vous étiez venue au rendez-vous que je vous ai donné. — Monsieur, je n'accepte pas de rendez-vous des jeunes gens. — Hélas ! je le sais, mademoiselle, j'en ai la preuve. — Voyons, que me voulez-vous ? finissons-en. — Vous dire deux mots au sujet de votre maîtresse. — De ma maîtresse ? m'écriai-je en ouvrant l'oreille. — Oui, de votre maîtresse, écoutez-moi. Et alors voici ce qu'il me raconta : — Il y a plusieurs jours, un soir, vers minuit, Carl se trouvait dans la chambre à coucher de son maître où, ainsi qu'il le fait chaque soir, il mettait tout en ordre pour le coucher, lorsqu'il entendit son maître prononcer à voix haute, dans son cabinet, où depuis une heure environ il était enfermé avec plusieurs personnes : — Madame de Valréal ressemble donc à votre ancienne maîtresse ! La conversation continua à voix basse, et Carl, que ce nom avait mis en éveil

parce qu'il sait que je suis à votre service,
ne put rien comprendre. M. Jeyer et ses amis
semblaient discuter avec une certaine animation. Tout à coup le banquier s'écria très-
haut : — Vous concluez ? — Que cette femme
doit disparaître, répondit une voix inconnue.
— Il faut qu'elle meure, ajouta une autre
personne. — C'est bien, messieurs, cette
femme mourra. Il y eut un bruit assez fort
de meubles dans le cabinet. Les visiteurs sans
doute se retiraient. Carl, craignant d'être
surpris dans la chambre à coucher, la quitta
précipitamment et n'y revint que lorsqu'il y
fut appelé par la sonnette de son maître. Et
maintenant à mon tour, je vous dirai : madame que concluez-vous ?

— Je conclus que tu es folle, répondit la
comtesse, en haussant les épaules avec un
sourire de pitié. Ton Carl Brunner est un
mauvais plaisant qui, ne sachant comment te
voir et obtenir de toi un rendez-vous, a in-
venté cette fable pour t'obliger à l'écouter.

— Oh ! madame, s'écria la jeune fille
scandalisée, Carl Brunner n'est pas ce que
vous pensez. Il est né en Bavière, c'est vrai,
mais vous savez comme moi qu'il est d'origine
française. Son grand-père était Franc-Com-
tois. Carl n'est pas capable de me tromper
ainsi. Non, non, tout cela est bien vrai,
allez.

— Tu es folle, te dis-je. Ton Carl Brunner
a mal entendu ou mal compris. Voyons, ma
chère petite, bien que nous soyons voisins
de la forêt Noire, il y a longtemps que Schin-
derhannes est mort sans laisser de succes-
seurs. La police est trop bien faite. Ce digne
M. Jeyer rirait comme un fou, s'il savait qu'on
le métamorphose ainsi à son insu en chef de
bandits. Il est financier, c'est vrai, ajouta-
t-elle avec un sourire railleur, mais ce n'est
pas une raison pour en faire un voleur de
grand chemin. Voyons, emmène Henry qui
se roule depuis trop longtemps avec Dardar,
viens m'habiller et donne l'ordre d'atteler, je
vais sortir.

— Vous suivrai-je, madame?

— Non, c'est inutile, je ne compte faire
que quelques visites. Seulement j'emmènerai
Henry.

La comtesse rentra, suivie d'Hélène qui
n'osait plus ouvrir la bouche, mais qui se
dédommageait en embrassant l'enfant et en
l'agaçant pour le faire rire.

La comtesse était à peine depuis dix minutes
dans son appartement lorsque Hélène lui
annonça la visite de M. Jeyer.

La jeune fille était pâle et tremblante.
Malgré ce que lui avait dit sa maîtresse, elle
était plus que jamais convaincue de la véra-
cité de son candide amoureux. Aussi fut-elle
littéralement frappée de stupeur lorsqu'elle
vit sa maîtresse accueillir cette nouvelle d'un
air de bonne humeur.

— Priez M. Jeyer de m'attendre un instant
dans le salon rose, dit-elle.

La soubrette se retira sans répondre.

Un quart d'heure plus tard, la comtesse
plus belle, plus éblouissante que jamais, fit
son entrée dans le salon.

Sa mise était d'un goût exquis, d'une simplicité et d'une richesse extrêmes. Elle
avait son chapeau et tenait à la main une
ombrelle.

— Mon Dieu, madame, s'écria M. Jeyer en
l'apercevant, vous me voyez réellement désolé
d'avoir si mal choisi mon temps. En arrivant
j'ai vu attelée votre voiture devant le perron.
Vous allez sortir sans doute ?

— En effet, monsieur, répondit la jeune
femme en lui indiquant un siége du geste,
j'ai à faire une visite que je ne puis remettre.
Cependant, si vous n'avez que quelques mots
à me dire, ajouta-t-elle avec un sourire, je
suis à vos ordres et toute prête à vous
écouter.

— Je ne voudrais pas abuser de votre
complaisance, madame : l'affaire dont je
désire vous entretenir, bien qu'assez grave,
peut cependant se remettre : veuillez m'indiquer à quelle heure vous pourriez me

recevoir, et je me ferai un devoir de satisfaire à vos désirs.

La comtesse sembla réfléchir un instant,
puis, se tournant vers le banquier avec un
sourire charmant :

— Faisons mieux, dit-elle : êtes-vous libre
en ce moment? Pouvez-vous disposer d'une
heure ou deux ?

— Oh! complétement, madame. Je n'ai
fait que paraître à la Bourse, et je suis venu
tout droit chez vous. Je puis disposer à mon
gré du reste de ma journée.

— Eh bien! alors, s'il en est ainsi, cher
monsieur Jeyer, reprit-elle de sa voix douce
et harmonieuse en lui souriant de son air le
plus gracieux, c'est convenu, je vous enlève.
Vous allez renvoyer votre voiture et vous
m'accompagnerez dans la visite que j'ai à
faire. Vous serez mon chevalier servant.
Cela vous convient-il?

— Oh! madame la comtesse, cette faveur
que vous daignez m'accorder va me faire
bien des envieux.

— Ainsi vous acceptez?

— Avec reconnaissance, madame.

— Eh bien, venez, partons.

Ils se levèrent et sortirent du salon.

— Est-ce que madame la comtesse n'emmène pas son fils? demanda Hélène qui se
tenait debout sous le vestibule tenant l'enfant
par la main.

— Non, j'ai réfléchi : il vaut mieux qu'il
reste ici.

— Mais, madame...

— Allez, Hélène, reprit la comtesse en lui
rendant l'enfant après l'avoir embrassé deux
ou trois fois.

Et profitant de l'absence momentanée du
banquier qui donnait des ordres à son domestique, elle se pencha vers la jeune fille en
posant un doigt sur sa bouche.

— Tu doutes de moi? dit-elle à demi-voix,
eh bien, tu sauras bientôt ce dont je suis
capable.

Et laissant la jeune fille tout ébahie, la
regarder d'un air effaré, elle descendit, légère
comme un oiseau, les marches du perron et
s'installa dans sa voiture dont un valet de
pied tenait la portière ouverte.

— Je vous attends, monsieur Jeyer, dit-
elle.

— Me voici, comtesse, me voici, répondit
le banquier, rouge de joie et d'orgueil.

Lorsque M. Jeyer eut pris place près
d'elle, la comtesse se pencha vers le valet de
pied, immobile et le chapeau bas à la portière, et laissa tomber ces trois mots d'une
voix nonchalante :

— Touchez pour Kehl.

Elle se laissa retomber au fond de sa
voiture où elle se blottit au milieu d'un flot
de dentelles, comme un bengali dans les
fleurs.

— Comment, madame, nous allons à Kehl?
demanda le banquier avec surprise.

— Nous allons même plus loin; nous fran-
chirons la frontière. Vous le voyez, c'est un
enlèvement dans toutes les règles.

— Mais vous me comblez réellement, madame.

— En quoi? répondit-elle en minaudant.

— En m'accordant l'insigne faveur de vous
accompagner.

— Vous vous répétez, monsieur, prenez-y
garde, vous m'avez déjà dit cela.

— C'est vrai, madame ; mais je suis tellement ébloui, tellement surpris de ce qui m'arrive que, franchement, je vous avoue ne plus
savoir où j'en suis.

— Oh! fit-elle en lui lançant à travers ses
longs cils un regard d'une expression singulière, auriez-vous peur déjà? Je croyais que
vous, messieurs de la finance, vous étiez
cuirassés contre les séductions de toutes
sortes.

— Épargnez-nous, madame. Nous ne
sommes que des hommes, et souvent nous
faisons comme les poltrons qui chantent pour
se donner du cœur.

— C'est-à-dire, si je vous comprends bien,

que vous criez hautement que vous êtes imprenables, pour que la pensée ne vienne à personne de vous attaquer. Est-ce cela?

— Beaucoup, madame.

— Eh bien, rassurez-vous, cher monsieur, fit-elle en éclatant d'un rire cristallin qui fit courir un frisson dans les veines du banquier, tant il renfermait de malignité railleuse ; vous êtes sauf près de moi, je n'ouvrirai pas la tranchée devant votre cœur.

— Voilà qui ne me rassure qu'à demi, madame.

— Comment cela?

— Parce que peut-être il est trop tard déjà.

— Mon cher monsieur Jeyer, reprit-elle, toujours riante et moqueuse. Je vous en prie, ne prenez pas ces airs langoureux. Remarquez que nous traversons en ce moment les quartiers les plus populeux de la ville et que, si vous continuez, vous nous donnerez en spectacle.

— Vous êtes méchante, madame, murmura-t-il en se renfonçant dans l'angle de la voiture d'un air de mauvaise humeur.

— Vous croyez? fit-elle d'une voix mordante.

En effet, la voiture s'approchait de la porte d'Austerlitz et allait s'engager dans la magnifique allée d'arbres qui aboutissait au pont de Kehl, ce chef-d'œuvre de l'art français qui a coûté tant de millions et devait durer si peu.

— L'équipage de la comtesse se croisait incessamment avec d'autres voitures et des cavaliers, et à chaque pas, pour ainsi dire, il y avait échange de sourires et de saluts entre la comtesse et les personnes qu'elle rencontrait.

— Ah çà! mon cher monsieur, reprit la jeune femme, au bout d'un instant, avec une voix câline, est-ce que vous allez longtemps me bouder ainsi?

— Vous bouder, moi, madame! en ai-je le droit? fit-il, les lèvres pincées.

— Cher monsieur, cette question de droit à laquelle vous faites allusion est fort difficile à résoudre.

— Comment cela, madame?

— Parce que les hommes ont l'habitude de s'arroger tant de droits, sans compter ceux qu'ils ont ou qu'ils pensent avoir, qu'il vaut mieux, je crois, que vous n'attaquiez pas cette question.

— Alors, madame, je ne sais plus que dire, ni comment vous répondre.

— Tenez, cher monsieur Jeyer, laissez-moi être franche avec vous. Vous êtes en ce moment mon hôte, il est de mon devoir de ne pas vous laisser vous engager dans une impasse dont, si je ne vous aide, bientôt vous ne saurez plus comment sortir. Vous me connaissez peu, et par conséquent, vous me jugez comme tout le monde. Vous vous figurez avoir affaire à une coquette qui se fait un malin plaisir de torturer ceux qui l'approchent. Il n'en est rien. Je suis une femme toute simple, au contraire; je suis jeune, j'aime le plaisir, le mouvement et la vie un peu égoïste du monde. Je porte un beau nom ; mon mari m'a laissé une grande fortune et j'en jouis du mieux que je peux, tout en restant sourde aux galanteries que l'on s'obstine à me murmurer à l'oreille, aux propositions que parfois on ose me faire ; j'ai près de moi un double chaperon qui me défendra contre toutes les attaques : le souvenir de mon mari et l'amour de mon fils. Ainsi, oubliez mon âge, oubliez que je suis belle; pas de galanterie entre nous ; ne voyez en moi qu'une femme bonne, simple, sans prétention, qui est toute prête à vous accepter comme ami, et causons entre nous comme si cette amitié existait déjà.

Ces paroles, prononcées d'une voix douce, un peu tremblante, accompagnées d'une certaine rougeur et d'un sourire d'une expression toute féline, bouleversèrent le banquier.

Cet homme dont jusque-là toutes les facultés s'étaient concentrées sur des chiffres, dont la vie n'avait été qu'un long calcul, était mal préparé pour résister à une si rude attaque.

Comme tous les financiers, il était habitué à tout ramener à une question de chiffres. Les sentiments les plus purs, les plus honnêtes, le laissaient indifférent ou lui faisaient hausser les épaules.

— Peuh! se disait-il à part lui, lorsqu'en sa présence on parlait de désintéressement, de loyauté ou de vertu, tout cela est très-joli, mais il ne s'agit que d'y mettre l'argent.

Mais ici, la question changeait complétement.

Il se trouvait en face d'une femme jeune, belle, séduisante à tous égards, et très-riche ainsi que l'indiquaient les sommes déposées chez lui.

Cette femme lui disait nettement, d'une voix séduisante, il est vrai, avec un charmant sourire, mais elle le lui disait, que toutes les tentatives qu'il pourrait faire pour être aimé d'elle seraient en pure perte, et elle lui conseillait, en le persiflant, de renoncer à lui faire la cour.

Peut-être si elle ne lui eût pas donné ce charitable avertissement, aurait-il renoncé à se poser près d'elle en adorateur et se serait-il borné à quelques galanteries banales et sans importance; mais elle l'avait emmené à l'improviste; elle l'avait assis à côté d'elle, dans son équipage, montré comme quelque chose de curieux aux regards ébahis de toutes ses connaissances, et, lorsqu'elle l'avait ainsi, de parti pris, compromis devant tout le monde, elle lui offrait nonchalamment son amitié. C'en était trop.

Le banquier n'était pas homme à se donner ainsi gratuitement en spectacle. Son immense orgueil se révoltait de se voir à ce point bafoué.

Ce qu'il y avait de plus terrible pour lui, dans tout cela, c'est qu'il lui fallait accepter en apparence sa défaite et se montrer, non pas seulement satisfait, mais charmé de l'offre ironique de la perfide comtesse.

Toutes ces pensées tourbillonnaient dans la tête du banquier; ce que nous avons mis tant de temps à expliquer traversa comme un éclair son cerveau en désarroi.

— Madame, répondit-il, la rage au cœur, et le sourire sur les lèvres, rien ne pouvait me rendre plus heureux que les paroles que vous avez prononcées; seulement, permettez-moi de vous faire observer que, tout en acceptant avec bonheur ce titre d'ami si gracieusement offert, il est de mon devoir de constater que vous vous êtes méprise sur le sentiment qui m'a poussé à vous parler comme je l'ai fait. Il y a des astres si resplendissants et si haut placés dans le ciel, madame, que les mortels, si audacieux qu'ils soient, n'oseront jamais se hasarder à les regarder en face; ils seraient trop certains d'être aveuglés. C'est ce qui m'arrive avec vous, madame la comtesse. Moi, avoir la prétention ridicule que jamais un de vos regards tombera sur ma chétive personne! Oh! vous ne le croyez pas, madame, ce serait de ma part une telle outrecuidance!...

— Pourquoi donc cela, monsieur? interrompit-elle en minaudant. Et surtout, pourquoi parler de prétentions ridicules? Qu'y-a-t-il en vous qui puisse déplaire à une femme? Vous avez quarante-cinq ans, au plus; c'est l'âge des grandes passions.

— Madame...

— Ne rougissez pas, cher monsieur Jeyer; vous le savez, malheureusement l'humanité est ainsi faite, que c'est précisément lorsque sa jeunesse s'en va et qu'un homme se croit à l'abri des passions, que le choc qu'il reçoit est plus terrible et surtout plus irrésistible.

— Je vous avoue, madame, qu'il m'est impossible de raisonner de ces matières. J'ai été pendant toute ma vie tellement absorbé par les affaires, que les passions ont glissé sur moi sans m'atteindre.

— Alors, prenez garde, cher monsieur,

prenez garde, fit-elle en le menaçant gentiment du doigt, je vous prédis que, si jamais vous deveniez amoureux d'une femme, quelle qu'elle soit, cet amour vous rendra fou.

— Oh! oh! fit-il avec un gros rire. Quelle sinistre prédiction me faites-vous, madame? Savez-vous que vous me donnez presque l'envie d'essayer?

— D'essayer quoi? de devenir amoureux d'une femme!

— Non; de me faire aimer d'elle.

— Je ne vous le conseille pas.

— Eh bien! madame, ce que vous me dites, au lieu de m'arrêter, m'engage au contraire à tenter l'épreuve.

— Contre qui? mon Dieu! fit-elle en riant.

— Contre vous, si vous le permettez, madame, fit-il en la saluant.

— Vous aurez tort, cher monsieur.

— Pourquoi donc cela?

— Parce que votre défaite serait trop facile et ne vous ferait aucun honneur.

— Est-ce une déclaration de guerre? madame la comtesse.

— Qui sait? fit-elle en riant.

— Prenez-y garde, à votre tour, madame, vous jouez avec le feu. Ne m'avez-vous pas prédit que si je devenais amoureux, cet amour me rendrait fou?

— Oh! mon Dieu, monsieur, qui attache de l'importance à ces prédictions faites en l'air? On m'a prédit bien d'autres choses à moi.

— Sans doute la fée qui a présidé à votre naissance vous a prédit que vous seriez belle et aimée de tous.

— J'ignore si une fée a présidé à ma naissance et ce qu'elle a pu prédire; mais, ce que je puis affirmer, c'est que l'on m'a prédit à moi personnellement il n'y a pas fort longtemps de cela.

— Quoi donc, vous m'effrayez, madame?

— Arrêtez, François, dit la comtesse en s'adressant au cocher qui retint aussitôt les guides. Je vous demande pardon, cher monsieur Jeyer, ajouta-t-elle en se penchant vers le banquier, nous voici presque arrivés à l'endroit où je désire me rendre. Je me sens un peu fatiguée d'être demeurée si longtemps en voiture; si vous y consentez, nous mettrons pied à terre; je prendrai votre bras et nous ferons à pied le reste du trajet.

— Eh! chère madame, où sommes-nous donc ici? Dieu me pardonne, nous avons dépassé Kehl; nous nous trouvons en pleine campagne.

— Le chemin, je le vois ne vous a pas semblé long.

— Près de vous, madame, en pourrait-il être autrement? Dites qu'il a passé avec la rapidité de l'éclair; je ne sais même pas où nous sommes.

— Tenez, là devant vous, à cinq cents pas, apercevez-vous ce groupe de maisons rouges? Eh bien! ces maisons forment un village, ce village se nomme Neümulh.

— C'est donc à Neümulh que nous nous rendons?

— Non pas. Tenez, apercevez-vous là-bas cette charmante maisonnette enfoncée dans les arbres et dont les cheminées seules sont visibles?

— Parfaitement, madame.

— Eh bien! là habite, m'a-t-on dit, un médecin de grand talent, le docteur Jacobus.

— Je le connais de réputation, madame. Vous désirez le consulter?

— Oui, non pour moi, mais pour mon fils, dont la santé s'altère, sans cause visible, ce qui, je vous l'avoue, commence à m'inquiéter sérieusement. Consentez-vous à m'accompagner jusque-là?

— Trop heureux mille fois, madame.

— Venez donc, alors.

Et laissant la voiture arrêtée sur le bord du chemin, la comtesse prit le bras du banquier et s'engagea avec lui dans un étroit sentier qui serpentait sous bois.

— C'est charmant, dit-elle d'une voix joyeuse. Ne trouvez-vous pas, monsieur

Jeyer, que nous avons l'air de deux amoureux?

— Ah! comtesse, c'est mal.

— Quoi donc? fit-elle d'un air naïf.

— C'est vous qui commencez l'attaque.

— Oh! encore, monsieur; laissons cela, je vous prie. Nous sommes à la campagne, l'air est tiède, les bois sont parfumés, les oiseaux chantent sous la feuillée. Est-ce que tout cela ne vous dit rien? ne vous émeut pas? Quant à moi, je vous avoue que je me sens rajeunie de dix ans.

— Dix ans, ce serait de trop madame, car il ne vous en resterait plus que dix à peine.

— Vous êtes un détestable flatteur, s'écria-t-elle en le menaçant du bout de son ombrelle.

— Eh bien! soit, puisque ce sujet de conversation vous déplaît, parlons d'autre chose, je le veux bien. Tenez, madame, au moment où vous avez ordonné d'arrêter la voiture, vous alliez me raconter certaine prédiction qui vous a été faite.

— C'est vrai, murmura-t-elle en devenant subitement pensive et en s'arrêtant près d'un sapin contre lequel elle s'appuya machinalement. C'est vrai, j'allais vous parler de cette prédiction. On croirait qu'il y a dans tout cela quelque chose de fatal : ce bois où nous sommes, l'heure avancée de la journée, la solitude qui règne autour de nous...

— Que voulez-vous dire, madame? vous m'inquiétez.

— Eh bien, puisque j'ai commencé, j'achèverai. D'ailleurs, je suis près de vous, je n'ai rien à redouter, n'est-ce pas?

— Oh! non, madame, fit-il d'un geste d'énergique dénégation.

— Je le sais, au besoin même vous me défendriez. Et, cependant, malgré moi, je me sens frissonner. Terreur de femme, folle et sans cause! Pardonnez-moi, monsieur. Savez-vous ce qui m'a été prédit! Mais, d'avance, je vous affirme que je crois à cette prédiction, toute sinistre qu'elle soit.

— Serait-ce l'annonce d'un malheur? fit le banquier qui se sentit pâlir.

— Mieux que cela, reprit-elle avec un sourire triste. On m'a prédit que je mourrais jeune, de mort violente, dans le pays où nous sommes, et cela avant peu.

— Madame, madame, que dites-vous donc là?

— La prédiction que vous m'avez demandée.

— Et l'on ne vous a rien annoncé de plus?

— Ah! sur mon âme, fit-elle avec un rire sérieux, permettez-moi, monsieur Jeyer, de trouver la question naïve. Que peut-on m'annoncer de plus que la mort? Mais on a ajouté ceci : Vous serez tuée par trois hommes dont l'un prétend avoir été aimé de vous, ce qui est faux, dont le second vous est parfaitement inconnu, et dont le troisième...

Elle fit une pause.

— Le troisième? demanda le banquier d'une voix haletante.

— Le troisième que vous connaissez, et en qui vous avez une certaine confiance, se fera l'instrument du meurtre, parce qu'il vous hait mortellement.

— Oh! madame, madame! s'écria le banquier en tombant à ses genoux et cachant sa tête dans ses mains.

— Mon Dieu! que se passe-t-il? qu'avez-vous donc, monsieur Jeyer? pourquoi à mes genoux.

— Pourquoi? pourquoi? s'écria-t-il d'une voix haletante, parce que vous me l'avez bien dit, madame, je suis fou, je ne comprends rien à ce qui m'arrive, ma tête est en feu! Oh! madame, madame, ayez pitié de moi, je suis à vos genoux, vaincu et repentant... Je vous aime!

Il cacha sa tête dans ses mains et éclata en sanglots.

La jeune femme le considéra pendant quelques secondes avec une expression de pitié, de mépris et de haine satisfaite impossible à rendre ; puis, se penchant doucement vers lui, elle lui posa lentement la main sur l'épaule, et, d'une voix douce et harmonieuse comme un chant d'oiseau.

— Monsieur Jeyer ! lui dit-elle.

— Que me voulez-vous, madame ? fit-il, en relevant vers elle son visage pâle et inondé de larmes. M'auriez-vous pris en pitié ?

— Que sais-je !

— Oh ! si vous saviez comme je souffre et combien je vous aime !

— L'amour est parfois un remords, murmura la jeune femme comme si elle se fût parlé à elle-même.

Le banquier baissa la tête sans répondre.

— Relevez-vous, monsieur, on peut venir. Donnez-moi votre bras et continuons notre route. Peut-être consentirai-je à oublier.

— Oh ! moi, je n'oublierai pas, madame, s'écria-t-il avec passion, car, je vous le répète, je vous aime.

Le docteur Jacobus était absent.

Après s'être reposés pendant quelques instants, la comtesse et le banquier retournèrent à Kehl.

Ils n'échangèrent pas un mot pendant tout le trajet. La comtesse fit arrêter sa voiture sur la place du Broglie, devant la maison du banquier.

— De grâce, madame, un mot, dit celui-ci, avant de descendre.

— Parlez, monsieur.

— Me sera-t-il permis de vous revoir ?

— Je suis toujours chez moi pour mes amis, fit-elle avec un sourire ambigu.

Et, sur cette phrase à deux tranchants, ils se séparèrent.

Hélène attendait sa maîtresse avec anxiété.

— Eh bien ? lui demanda-t-elle aussitôt qu'elle l'aperçut.

— Ton Carl Brunner est fou, répondit en riant la comtesse, et toi encore plus folle que lui. Monsieur Jeyer m'adore.

— Mais, qu'en avez-vous fait ?

— Mon esclave.

V

LA NOUVELLE DE LA DÉCLARATION DE GUERRE A STRASBOURG.

Le lundi 18 juillet 1870, Strasbourg présentait un aspect étrange et réellement saisissant.

Devant chaque maison étaient formés des groupes où l'on discutait avec une certaine animation et auxquels se joignaient incessamment soit des bourgeois curieux, soit des ouvriers désœuvrés, soit des soldats en promenade.

L'attente, l'impatience, l'anxiété, étaient peintes sur tous les visages.

A chaque instant, les questions s'échangeaient entre les promeneurs et ceux qui stationnaient sur le pas de leurs portes.

— Eh bien !

— Rien encore ?

— On ne sait rien à la place ?

— Rien !

— Le télégraphe est muet !

— Cependant on assure que c'est pour aujourd'hui.

— Il n'est pas encore trop tard.

Et mille autres questions du même genre qui toutes résumaient la même pensée.

Tout à coup, vers cinq heures, une immense clameur poussée par vingt mille voix, s'éleva de la place du Broglie, gagna tous les quartiers de la ville et sembla galvaniser toute la population.

La guerre était déclarée. La nouvelle venait d'en parvenir à Strasbourg.

Décrire l'enthousiasme qui éclata soudain dans les masses, l'élan qui anima subitement toute cette malheureuse population, est chose impossible à exprimer.

Le cri de : Vive la France ! s'échappa de

Les consommateurs, tout en dégustant leurs chopes, fumaient magistralement leurs longues pipes. (Page 90.)

toutes les poitrines avec un accent qu'il faut avoir entendu pour bien s'en rendre compte.

Jamais, à aucune époque de notre histoire, la nouvelle d'une déclaration de guerre ne fut reçue avec plus de joie et d'entraînement dans une ville frontière.

C'est que, chez ces valeureuses populations de l'Alsace, depuis si longtemps contraintes de contenir la haine séculaire qu'elles professaient pour leurs voisins d'outre-Rhin, de dévorer en silence les insultes dont ceux-ci les abreuvaient, et de plus, de se souvenir des hontes de 1814 et 1815, encore vivantes dans tous les cœurs, tous ces sentiments réunis exaltaient les esprits et rendaient les cœurs joyeux par l'espoir d'une revanche depuis si longtemps attendue.

On se serrait les mains, on s'embrassait, on échangeait les assurances d'un héroïque dévouement à la patrie. Enfin, c'était une joie, un délire indescriptible qui, loin de diminuer, croissait de seconde en seconde et rappelait les beaux jours d'enthousiasme de 1792.

Du reste, tout se réunissait pour augmenter l'exaltation populaire; la nature elle-même semblait s'être faite la complice du sentiment général.

La journée était magnifique; la chaleur extrême; l'atmosphère d'une pureté toute printanière.

C'était le lundi. Les ouvriers avaient abandonné les ateliers et les fabriques et circulaient joyeusement à travers les groupes, se tenant bras-dessus, bras-dessous et fredonnant des chants patriotiques.

Riches et pauvres, dames du grand monde, ouvrières, gens du peuple et riches commerçants, tous étaient pêle-mêle, confondus, riant, chantant et criant :

— Vive la France !

Puis tout à coup il se faisait un silence, un calme subit. Un hurrah terrible s'élevait et quatre-vingt mille voix réunies criaient comme un éclat de tonnerre :

— Mort aux Prussiens !

Les cafés, les restaurants, les brasseries surtout, regorgeaient de monde. La bière coulait à flots, tant les gosiers altérés d'avoir crié, chanté, hurlé, avaient besoin de se rafraîchir.

Mais, plus ils buvaient, plus leur soif était grande, et plus leur exaltation prenait des proportions grandioses.

Rue des Frères, à l'angle de la rue des Pucelles, se trouvait alors, et se trouve encore aujourd'hui la *brasserie de la Ville de Paris,* une des plus belles de Strasbourg.

Vers cinq heures du soir, cette brasserie ordinairement fréquentée surtout par les étudiants, était littéralement bondée de consommateurs.

Les brasseries d'Alsace n'ont qu'un seul point de ressemblance avec celles de Paris, c'est qu'on y débite de la bière, et encore cette ressemblance est-elle assez vague, attendu que l'exécrable boisson que l'on vend à Paris sous le nom fallacieux de bière de Strasbourg, n'est le plus souvent fabriquée qu'avec de la racine de buis, et ferait reculer d'horreur le bon roi Cambrinus et sauver tout courant les véritables gourmets alsaciens.

Qu'on se figure une immense salle, de forme oblongue, dont les murailles sont recouvertes à hauteur d'homme par des boiseries peintes en jaune et couvertes de patères servant à accrocher les couvre-chef de toutes formes et de toutes dimensions des consommateurs.

Cette salle est meublée de larges tables, séparées entre elles par des bancs à double siége, assez semblables pour la forme à ceux de nos promenades publiques.

A droite de cette salle se trouve un énorme poêle de fonte, entouré de tables rondes de médiocre dimension. C'est là que d'habitude se réunissent quelques groupes d'étudiants, pour fumer, boire, causer et discuter de tout, excepté bien entendu de ce qui fait le sujet de leurs études.

Dans le fond, à gauche, s'élève le comptoir, adossé à la muraille et entouré d'un petit grillage de bois qui l'isole complétement. Autour de ce comptoir, derrière lequel trônait alors une charmante jeune femme, étaient exposés symétriquement, dans de grands plats de faïence, des jambons, des saucisses, de la choucroute, des cervelas, des *wursten* toutes chaudes, toutes fumantes à côté des bretstell et des fromages de toutes sortes.

Près de ce comptoir, et lui faisant pendant, se trouvait un cabinet réservé presque toujours occupé par d'anciens officiers en retraite qui venaient là se raconter mutuellement leurs campagnes en choquant leurs verres.

Les consommateurs, tout en dégustant leurs chopes, fumaient magistralement leurs énormes pipes, et la fumée, montant vers le plafond, formait au-dessus de leurs têtes des nuages épais qui, chaque fois qu'une porte s'ouvrait, roulaient d'un bout à l'autre de la salle avec toutes les apparences d'une mer houleuse.

Au milieu de cette atmosphère qui aurait étouffé un éléphant, et où les individus n'apparaissaient plus qu'à l'état de fantômes, circulaient, lentes et impassibles, les grosses Hébés chargées de distribuer le blond nectar aux adeptes dévoués du roi Cambrinus.

Ce jour-là, la maîtresse de la brasserie de la Ville de Paris aurait eu besoin d'un porte-voix pour se faire entendre de ses servantes, tant la conversation des consommateurs était montée à un diapason élevé.

Il est à remarquer, du reste, que les buveurs de bière, au rebours de leurs confrères, les buveurs de vin, lorsqu'ils ont absorbé une certaine quantité de chopes de leur nectar favori, s'absorbent en eux-mêmes, s'isolent au milieu de la foule qui les entoure et ne causent plus que pour leur satisfaction personnelle, sans se soucier qu'on leur réponde et sans écouter ceux à qui ils parlent; ce qui produit ce résultat agréable que, non-seulement ce procédé simplifie singulièrement les conversations, mais qu'il les empêche bien souvent de s'envenimer. C'est donc tout profit.

Nous devons constater que, dans les brasseries de la haute et basse-Alsace, tous les rangs sont confondus. Les consommateurs, quelle que soit leur condition sociale, sont égaux devant la chope.

Lorsqu'une place devient libre à une table, n'importe qui a le droit de s'y asseoir, qu'il connaisse ou non les autres occupants; et cela sans blesser en rien les convenances.

Une vingtaine de buveurs qui n'avaient pu réussir à se caser se tenaient debout autour du grand poêle de fonte et vidaient les chopes qu'ils s'étaient fait servir tout en s'envoyant à la figure de formidables bouffées de fumée.

Un boiteux, un bossu, un manchot et un aveugle, armés: le premier d'un violon, le deuxième d'une clarinette, le troisième d'un cornet à pistons et le quatrième d'une contrebasse, qui avaient sans doute flairé une bonne aubaine, s'étaient introduits dans la brasserie où ils avaient improvisé un concert et jouaient avec une ardeur vraiment regrettable pour les oreilles des écoutants le fameux *Frehmersberg* que tous les Strasbourgeois connaissent.

Cet atroce charivari, mêlé du bruit incessant des conversations de plus en plus bruyantes, avait augmenté le tapage dans des proportions telles qu'on n'aurait pas entendu tirer le canon sur la place Saint-Étienne.

Vers cinq heures et demie, au moment où le vacarme était arrivé à son apogée, la porte s'ouvrit et quatre jeunes gens entrèrent, se tenant par le bras.

Ces quatre jeunes gens qui paraissaient de fort bonne humeur, et que le lecteur connaît déjà, causaient entre eux avec une certaine animation.

Soudain l'un d'eux s'arrêta et se frappant le front d'un air désespéré, il se tourna vers la porte en s'écriant d'une voix sombre:

— Mon Dieu! que sont devenues nos tendres compagnes? Ces féroces Prussiens les auraient-ils déjà enlevées?

— Calme-toi, mon bon Pétrus, répondit un de ses compagnons, il est peu probable que les Prussiens sachent déjà que nous leur avons déclaré la guerre. Nos tendres compagnes, ainsi que tu veux bien les nommer, ne courent, quant à présent du moins, aucun danger.

— Merci, ami, répondit Pétrus en faisant le geste de tirer son mouchoir, mais en ne retirant de sa poche qu'une immense pipe: merci, j'avais besoin de cette bonne parole.

— Eh! tiens, les voici, reprit le jeune homme qui n'était autre que Lucien, en apercevant les charmantes grisettes dont les minois chiffonnés apparaissaient dans l'entre-bâillement de la porte.

— Arrivez donc, mesdemoiselles, cria Georges, le troisième des nouveaux venus. Votre absence prolongée a failli causer un immense malheur: Pétrus avait des idées de suicide.

Les jeunes filles éclatèrent de rire et la bande joyeuse pénétra décidément dans la brasserie.

Les quatre jeunes gens, suivis bien entendu des jeunes filles, pénétrèrent à grand'peine jusqu'à une immense table qui occupait à elle seule tout le bout de la salle et qui, était complétement occupée par des consommateurs.

Arrivé là, Lucien posa doucement la main sur l'épaule d'un paysan qui fumait magistralement et silencieusement dans une magnifique pipe en porcelaine.

— Pardon, monsieur, lui dit-il avec la plus exquise politesse.

— Que désirez-vous, monsieur ? répondit le paysan en tournant la tête.

— Une chose bien simple monsieur.

— Laquelle ?

— Que vous me fassiez un peu de place.

— Comment ! un peu de place ! Vous plaisantez, reprit le paysan, nous sommes déjà si pressés les uns contre les autres, qu'une épingle ne tomberait pas à terre.

— Vous croyez ? reprit Lucien d'un air naïf.

— Dame ! regardez.

Le jeune homme jeta un regard circulaire autour de la table.

— Eh bien ! monsieur, dit le paysan d'un air goguenard, êtes-vous convaincu qu'il n'y a pas de place ?

— Autour de la table c'est vrai mais dessus ?

— Comment dessus !

— Oui, je désire monter sur la table pour quelques minutes.

— Voilà une singulière idée, par exemple. Et pourquoi faire ?

— Vous le saurez bientôt, monsieur, si vous consentez à me laisser passer.

— Ma foi, vous me faites l'effet d'un jeune homme qui aime à rire. Cela peut devenir drôle. Faites comme vous voudrez.

Et grâce à un vigoureux effort, le paysan laissa entre lui et son voisin un espace libre de quelques centimètres.

Il n'en fallait pas davantage à Lucien. Celui-ci posa le pied sur le banc et en une seconde il se trouva debout sur la table, au milieu des chopes et des mōos. Il va sans dire que son apparition fut saluée par des cris et des grognements à faire crouler la salle.

— Silence ! s'écria Lucien en frappant si rudement du pied sur la table que toutes les chopes se livrèrent à une gigue insensée.

— Silence ! répéta Pétrus de sa voix caverneuse.

Fut-ce l'effet du coup de pied de Lucien, fut-ce la voix tonitruante de Pétrus, toujours est-il qu'un silence complet s'établit subitement dans la salle. Les musiciens eux-mêmes arrêtèrent leur chavari.

Seul, l'aveugle, sous prétexte sans doute qu'il ne voyait pas, continua pendant quelques instants à râcler sa contre-basse.

— Messieurs, j'ai une grande et glorieuse nouvelle à vous annoncer, cria Lucien en enflant sa voix et lui donnant l'ampleur dont elle était susceptible.

— Qu'est-ce ?

— Qu'y a-t-il ?

— Parlez ! parlez ! s'écria-t-on de toutes parts.

Le calme se rétablit comme par enchantement.

— Bons habitants de Strasbourg, vous tous, Français qui m'écoutez, reprit Lucien, le télégraphe a parlé ; la nouvelle est officielle ; la guerre est déclarée à la Prusse.

— Vive la France ! s'écrièrent tous les consommateurs en se levant d'un bond et en élevant leurs chopes.

— Mort aux Prussiens ! hurla Pétrus d'une voix de Stentor.

— Mort aux Prussiens !

— Vive la France ! répétèrent en chœur tous les assistants.

— Monsieur Lucien Hartmann, dit en saluant le jeune homme un personnage à la moustache blanche, et qu'à son costume il était facile de reconnaître pour un ancien militaire, cette nouvelle est-elle certaine ? Avez-vous des preuves de ce que vous annoncez ?

— Je tiens cette nouvelle de mon père,

monsieur. Il se trouvait à l'hôtel de ville où le télégramme a été apporté par une estafette venant de l'état-major.

— S'il en est ainsi, messieurs, dit l'ancien officier en se découvrant, Dieu veuille que nous soyons vainqueurs, et que nous vengions nos vieilles injures !

— Vive la France !

— Mort aux Prussiens !

Ces paroles furent accueillies par un hurrah frénétique, et pendant quelques minutes le désordre et le bruit devinrent si grands dans la brasserie qu'il fut impossible de s'entendre.

L'effet produit par Lucien avait tellement dépassé son espérance que le jeune homme ne savait plus à quel saint se vouer pour se faire entendre.

Tout à coup, Pétrus surgit à ses côtés, armé du cornet à pistons qu'il avait pris au musicien manchot.

Le long, maigre et pâle étudiant, voyant l'embarras de son ami, avait résolu de lui venir en aide. Il porta le cornet à pistons à ses lèvres, et, avec un talent qu'on était loin de soupçonner en lui, il commença à attaquer vigoureusement les premières mesures de la *Marseillaise*.

Ce fut une révélation !

Deux cents voix entonnèrent en chœur l'hymne héroïque de Rouget de l'Isle. Cette belle *Marseillaise*, composée à Strasbourg même, soixante et dix-huit ans auparavant.

La Marseillaise fut donc le premier chant qui jaillit de toutes les poitrines à l'annonce de la guerre nouvelle contre les ennemis séculaires de la vieille Alsace.

Alors le désordre s'organisa; des groupes se formèrent; Lucien et Pétrus, toujours armé de son piston, furent saisis par des bras vigoureux, juchés sur les épaules de leurs plus proches voisins, mis à la tête du principal groupe, et tous les assistants, se formant à leur suite, abandonnèrent la brasserie de la Ville de Paris, firent irruption dans la rue des Frères et se dirigèrent vers la mairie, chantant de plus belle *la Marseillaise* avec l'accompagnement du piston de Pétrus, de la clarinette et des autres instruments enlevés aux musiciens par les étudiants, non sans avoir généreusement indemnisé les premiers propriétaires.

Presque aussitôt, sans que l'on sût d'où il sortait, un nouveau groupe, en avant duquel flottait un immense drapeau tricolore se joignit au premier.

Un quart d'heure plus tard, dix mille individus étaient réunis sur la place du Broglie, riant, chantant à qui mieux mieux, manifestation d'autant plus grande et plus belle qu'il n'y avait en elle aucune pensée de désordre.

Cette population, essentiellement patriote, qui depuis si longtemps n'avait pas entendu *la Marseillaise*, semblait avoir été subitement galvanisée par les accents généreux du chant national qui, pour la première fois, s'était élancé de Strasbourg, avait fait le tour de la France, volant pour ainsi dire de clocher en clocher, et pendant vingt-cinq ans avait conduit nos soldats à la victoire et signalé leur entrée dans toutes les capitales de l'Europe.

Strasbourg est fier d'avoir donné naissance à *la Marseillaise*, le chant de l'armée du Rhin, comme on la nommait alors. C'est un de ses plus précieux souvenirs.

Qu'on se figure donc l'irrésistible enthousiasme qui électrisa la cité tout entière lorsqu'après de si longs jours d'oppression et de deuil, l'hymne saint de la liberté fit de nouveau vibrer tous les cœurs.

Cependant, profitant de ce que la foule devenait de plus en plus compacte et que l'attention se détournait d'eux, Lucien et ses compagnons, heureux du résultat qu'ils avaient obtenu et certains maintenant de l'effet qu'ils avaient produit et que rien ne devait plus arrêter, s'étaient adroitement esquivés se dirigeant vers la place Kléber.

Lucien avait son idée.

Il y a sur la place Kléber une brasserie à l'enseigne de *la Cigogne* qui sert de point de réunion à beaucoup de sous-officiers de la garnison, ce qui ne l'empêche pas d'être assidûment fréquentée par la bourgeoisie.

— Attention, messieurs ! dit Lucien à ses compagnons, il faut que la fête soit complète.

Et ils pénétrèrent dans la brasserie dans laquelle se trouvaient en ce moment bon nombre de tambours, de clairons, et aussi des musiciens composant la fanfare du bataillon de chasseurs à pied alors en garnison à Strasbourg.

Après s'être fait servir de la bière, Lucien éleva sa chope, et s'adressant aux sous-officiers et soldats présents :

— Messieurs, leur dit-il, la guerre est déclarée à la Prusse. Je bois à vos succès. La population strasbourgeoise a reçu cette nouvelle avec le plus vif enthousiasme, ne vous joindrez-vous pas à elle ?

— Pardieu, dit le chef de la fanfare, qui précisément se trouvait là, ce jeune homme parle bien. C'est aujourd'hui lundi, jour de grande retraite. Prouvons à nos amis les Strasbourgeois que nous ne voulons pas rester en arrière ; que nous sommes animés des mêmes sentiments patriotiques qu'eux, et donnons-leur une aubade.

— Bravo, répondirent les étudiants, *la Marseillaise! la Marseillaise !*

— *La Marseillaise!* répétèrent les bourgeois qui se trouvaient dans la brasserie.

Messieurs, nous allons essayer de vous satisfaire, reprit le chef de la fanfare, et si nous ne vous donnons pas *la Marseillaise,* c'est que cela nous sera impossible.

Sur ces mots, il sortit de la brasserie, suivi de ses musiciens et de tous les consommateurs qui voulurent lui faire cortége.

Cependant l'aubade se fit attendre assez longtemps.

Le nombre des curieux s'était augmenté de minute en minute, et bientôt avait formé une foule nombreuse.

L'heure de la retraite sonna.

Alors, lorsque les tambours réunis sur la place Kléber eurent battu, les trompettes sonné pendant un certain temps, le chef de fanfare fit un geste, la retraite s'ébranla aux accents de *la Marseillaise,* jouée par les musiciens et répétée en chœur par tout le peuple réuni sur la place.

Pendant toute la nuit, ce fut une joie et un délire qui alla toujours croissant, se propagea comme une traînée de poudre, et, ravivé sans cesse par les populations rurales qui accouraient à la ville afin d'avoir des nouvelles, dura pendant plusieurs jours.

Cependant il y avait une ombre à ce tableau. Les hommes froids, les gens sérieux qui avaient attentivement suivi la marche du gouvernement impérial, voyaient avec une douleur secrète, malgré l'ardent patriotisme qui les animait, et surtout à cause de lui, cette déclaration de guerre.

Dans les villes frontières, on est mieux renseigné que dans l'intérieur du pays de ce qui se passe à l'étranger.

Le haut commerce de Strasbourg, en relations continuelles avec l'Allemagne, avait vu la croissance rapide du pouvoir de la Prusse, les préparatifs faits par cette puissance au cas probable d'une guerre avec la France. Aussi, les principaux négociants de l'Alsace se demandaient-ils si le moment était bien choisi et si la France était réellement prête à entrer en lutte contre l'Allemagne.

Ils savaient combien la Prusse avait réussi à fasciner les petits États, en prêchant l'unité allemande et en les trompant sur les conséquences d'une victoire contre la France. La Bavière, la Saxe, le Wurtemberg, le grand-duché de Bade, dont les intérêts sont cependant si opposés aux intérêts prussiens, trompés et illusionnés par les assurances mensongères de cette puissance, étaient prêts à nous combattre sans comprendre que notre défaite était pour eux l'asservissement et le vasselage envers la Prusse.

De plus, il faut bien qu'on le sache, Strasbourg, ces véritables Thermopyles de la France, cette ville destinée, aussitôt que la guerre éclaterait, à supporter le premier choc et le plus terrible effort de l'ennemi, Strasbourg n'était en aucune façon préparé à la lutte.

Ses remparts n'étaient pas en état; ils n'avaient même pas d'embrasures, rien n'avait été fait.

Les quelques canons placés sur les bastions étaient d'un ancien modèle et presque hors de service.

La garnison était faible, les arsenaux manquaient d'approvisionnements de toutes sortes; la garde nationale n'existait pas; quant à la garde mobile, ses cadres seuls étaient formés, et encore sur le papier seulement.

La situation était donc des plus critiques.

De plus, le plébiscite du mois de mai, ce dernier coup d'État de l'impérialisme aux abois, cette suprême folie de l'idiot couronné, avait donné à nos ennemis le chiffre exact des soldats composant notre armée, et ce chiffre ne s'élevait qu'à deux cent cinquante mille hommes contre quinze cent mille que la Prusse pouvait jeter sur nous.

Comment réussirait-on, en quelques jours à peine, à réunir une armée imposante, bien exercée, bien disciplinée et commandée par des chefs capables?

Là était le problème! problème dont la solution était impossible à trouver.

Et pourtant, la France a une foi si naïve en l'avenir, elle a la conviction si profonde qu'elle est nécessaire au progrès et à la liberté, que, malgré tous ces points noirs et bien d'autres encore que nous passons sous silence, les hommes les moins convaincus du succès se surprenaient encore malgré eux à espérer.

Hélas! l'avenir devait leur donner un cruel démenti, et leur prouver que tout espoir était folie!

Mais, au 18 juillet, l'enthousiasme était tellement général sur nos frontières de l'Est et du Nord, les plus voisines de l'ennemi, que quiconque se serait hasardé à prévoir, non pas une défaite mais seulement un insuccès partiel, aurait été traité de mauvais citoyen.

Disons la vérité tout entière puisque nous sommes en train de l'écrire. Aussi bien faut-il, pour que la leçon soit complète, que tout le monde soit bien instruit, afin que plus tard la revanche soit plus éclatante; oui l'enthousiasme était grand, était général, mais en grande partie il était factice.

Nous avons vu à Paris comment les agents de la police de Piétri et autres criaient : A Berlin! à Berlin!

Nous avons vu à la Chambre avec quel acharnement la droite impériale répondait par des sophismes et des insultes à ceux de nos députés qui osaient dire que la France n'était pas prête et que le résultat de la guerre serait une catastrophe.

Mais la fatalité était sur nous.

Nous devions payer les vingt ans du régime impérial, régime monstrueux dont nous avions subi toutes les conséquences sans nous plaindre, et nous devions nous retenir à grand'peine sur la pente du gouffre dans lequel ce régime odieux devait disparaître.

Ce n'était plus cet enthousiasme de la guerre de Crimée, de la guerre d'Italie. Nous avions encore alors nos vieilles bandes, nos rudes soldats d'Afrique; un souffle de liberté nous animait; nous allions délivrer un peuple esclave et lui rendre sa nationalité.

Au 18 juillet, la France ne combattait que pour assurer la dynastie du despote qui l'écrasait depuis vingt ans, pour justifier toutes les exactions, tous les vols, toutes les iniquités, et toutes les inepties du régime impérial.

Les soldats marchaient sans conviction et sans élan.

Les généraux, gorgés d'or, ne prévoyaient la lutte qu'avec dépit.

Arrivés sur le champ de bataille, nos soldats devaient combattre comme des géants, tomber héroïquement à leur poste, mais en victimes expiatoires.

C'est le cœur navré qu'on revient à ces mauvais jours, que l'on creuse le sanglant sillon dans lequel se sont ensevelies en moins de quelques mois toutes les gloires de la France.

Mais Dieu est juste.

On a rogné les griffes du lion ; elles repousseront ; on le croit mort, il n'est qu'endormi.

Son réveil sera terrible.

C'est assez nous appesantir sur ces souvenirs déchirants.

Grâce au ciel, nous ne sommes pas historien, nous ne sommes que romancier.

Notre tâche est toute tracée, et, au milieu de toutes ces épaves douloureuses, nous ferons surgir, nous l'espérons du moins, quelques faits glorieux, oubliés par la dédaigneuse histoire, et nous montrerons toutes les plaies vives et saignantes de notre chère et malheureuse Alsace, afin d'augmenter encore, s'il est possible, l'amour ardent que nous avons tous au fond du cœur pour ces frères héroïques qui, au mépris de tout droit national, ont été séparés de nous.

Que le lecteur nous pardonne donc d'avoir laissé ainsi déborder notre cœur.

Nous reprendrons maintenant notre récit pour ne plus l'interrompre.

VI

LA JOIE FAIT PEUR, MAIS NE FAIT POINT DE MAL

Peu à peu, l'enthousiasme s'était calmé ; au bout de quelques jours, Strasbourg avait repris à peu près sa physionomie habituelle.

Nous disons à peu près, parce qu'une certaine animation fébrile continuait à agiter la population : en voici la cause.

Le gouvernement avait décrété la formation de l'armée du Rhin. De toutes les parties de la France, les troupes se rendaient aux postes qui leur étaient désignés. Les réserves rappelées sous les drapeaux rejoignaient leurs dépôts. Les régiments arrivaient sans cesse et se succédaient presque sans intervalles à Strasbourg.

Un camp provisoire avait été établi au polygone, hors de la ville. Ce camp était devenu le but continuel des promenades de la population qui s'empressait de fêter les soldats et de leur offrir cette large hospitalité qui est un des côtés saillants du caractère alsacien, pour tout homme portant l'uniforme français.

Cependant, à part cette animation causée par la présence des troupes, ainsi que nous l'avons dit, la vie habituelle avait à peu près repris son cours et chacun était retourné à ses affaires.

Lucien Hartmann, en sa qualité d'étudiant, plus désœuvré que jamais, faisait des promenades continuelles au polygone. On ne rencontrait plus que lui sur la route, en compagnie bien entendu de ses intimes, le sombre Pétrus, Adolphe Oswald et Georges Zimmermann.

Ces jeunes patriotes, sous le spécieux prétexte de fêter dignement nos braves soldats, semblaient avoir pris à tâche de les griser ; c'étaient des flots de bière qu'ils leur versaient. Constatons, à la louange des soldats, qu'ils ne refusaient aucune santé, et, au contraire, les acceptaient toutes avec reconnaissance.

Lucien avait fait dans sa famille de si chaleureux rapports sur ses excursions au polygone, qu'il avait éveillé la curiosité de sa mère et de sa sœur qui, elles aussi, brûlaient de visiter le camp.

Une partie fut organisée entre Mme Walter

Les deux jeunes filles demeurèrent interdites, pâles, rougissantes. (Page 102.)

et Mme Hartmann pour faire une promenade au polygone.

Mme Walter, parente éloignée de la famille Hartmann, et veuve depuis quelques années, était mère d'une jeune fille charmante, brune, vive et gracieuse comme une Andalouse, nommée Charlotte, à peu près du même âge que Mlle Hartmann avec qui elle avait été élevée.

Les deux jeunes filles s'aimaient beaucoup. Elles étaient presque inséparables.

En conséquence, une partie de plaisir ne pouvait être organisée par Mme Hartmann, et elle n'aurait pas été complète, si Charlotte et sa mère n'y avaient été invitées.

Il fut donc convenu que le 23 juillet les quatre dames se rendraient en voiture au polygone, en emmenant avec elles Lucien qui leur servirait de cicerone ; puis, la visite au camp, la promenade terminée, on reviendrait tous ensemble dîner chez M. Hartmann.

Le mari de Mme Walter avait été de son vivant un des premiers banquiers de Strasbourg. Il avait laissé, en mourant, près de quarante mille livres de rente à sa veuve, une belle maison sur la place du Broglie à Strasbourg et une charmante villa à la Robertsau.

Mᵐᵉ Walter passait généralement l'été à la Robertsau et l'hiver à Strasbourg. Mais cette année, à la grande joie des deux jeunes filles, Mᵐᵉ Walter avait été retenue dans cette ville par des réparations importantes qu'elle avait été obligée de faire exécuter à sa maison de campagne.

Donc, le 23 juillet, tout se passa ainsi que cela avait été convenu. Après un excellent déjeuner, les quatre dames s'installèrent dans la calèche, Lucien se plaça gaillardement, le cigare aux lèvres, à côté du cocher, et la voiture partit au grand trot pour le polygone.

Le chemin qui conduit de Strasbourg au polygone est un des plus pittoresques des environs de la ville.

Après être sorti par la porte d'Austerlitz, on suit pendant quelque temps, en longeant à une courte distance les remparts, la magnifique route ombragée de grands arbres qui mène à Kehl.

A environ cinq cents mètres de la ville, la route bifurque. Le chemin de Kehl continue à gauche, et à droite commence celle du polygone. Cette bifurcation est indiquée par une haute colonne en marbre blanc.

De distance en distance, le chemin du polygone est accidenté par de joyeuses guinguettes dont les fenêtres, toujours ouvertes, semblent regarder curieusement les passants en laissant échapper les chants des buveurs et leurs gais éclats de rire.

Presqu'à l'entrée du polygone, on traverse sur un joli pont, un ruisseau assez large, frais et ombragé, dont les bords sont envahis par des lavandières, qui mêlent incessamment leurs chants de fauvettes au bruit des battoirs.

Rien de plus agréable et de plus gai que cette promenade continuellement sillonnée par des cavaliers, des voitures et des piétons allant au polygone ou en revenant.

A leur entrée dans le camp, les dames descendirent de voiture. Les deux jeunes filles se prirent par le bras, allègres et joyeuses, suivies à courte distance par leurs mères et précédées de Lucien, qui se donnait toute l'importance possible et dont le visage rayonnait.

Bien qu'habitant une ville forte, les dames étaient fort peu initiées à l'existence militaire. Jamais elles n'avaient vu de camp,

L'aspect tout pittoresque des tentes, cette ville de toile subitement improvisée, la vue des soldats faisant leur cuisine en plein air, tous ces mille détails de la vie des camps étaient une révélation pour elles et les frappaient de surprise, tout en les intéressant vivement.

Les soldats étaient gais, insouciants; ils vaquaient avec une désinvolture et une activité extrêmes à leurs devoirs accoutumés.

Les uns, en tenue d'ordonnance, montaient la garde; d'autres, en habits de toile, transportaient du bois, de l'eau, épluchaient les légumes, attisaient le feu, écumaient la marmite; d'autres s'occupaient avec un soin minutieux de la propreté du camp. Les jeunes recrues faisaient l'exercice, mais la plus grande partie des soldats, couchés sous leurs tentes, dormaient ou jouaient en fumant leur pipe.

Dans les quartiers réservés à la cavalerie et à l'artillerie, l'aspect changeait et devenait plus pittoresque et plus saisissant encore.

Ces longues lignes de chevaux attachés sur deux rangs à la corde, les caissons et les pièces d'artillerie rangés symétriquement, tout excitait la curiosité des visiteurs.

Lucien ne leur fit grâce d'aucun détail. Il les conduisit partout, leur fit tout voir ; aussi la visite fut-elle longue, et il était près de cinq heures et demie lorsque les dames remontèrent en voiture pour rentrer à Strasbourg.

A six heures et demie on se mit à table. Le

repas fut gai. On était alors à l'époque des illusions ; on comptait sur un succès, sinon facile, du moins certain.

D'ailleurs, comment douter de ce succès lorsqu'on voyait nos soldats si gais, si insouciants, si résolus et si remplis d'entrain ?

Quelquefois M. Hartmann hochait la tête d'un air pensif ; mais, presque aussitôt, le nuage qui avait obscurci son visage s'effaçait, et il se mêlait, sans arrière-pensée, en apparence du moins, à la joie de ses convives.

Les repas durent longtemps en Alsace. Celui-ci ne se termina pas avant huit heures et demie du soir.

M. Hartmann et son fils sortirent ; le fabricant se rendait à la mairie, où le conseil municipal était convoqué en séance extraordinaire pour neuf heures. Quant à Lucien, il allait tout droit à la *brasserie de la Ville de Paris*, où il était certain de rencontrer ses fidèles compagnons avec lesquels il se préparait à vider un nombre plus ou moins considérable de chopes à la plus grande gloire de l'armée française et à ses succès futurs.

Madame Hartmann et madame Walter restèrent au salon, où elles entamèrent une grande discussion culinaire, fort intéressante pour elles, et qui devait tenir toute la soirée.

Quant à Lania, elle emmena Charlotte dans sa chambre, et les deux amies commencèrent à caqueter gaiement comme deux oiseaux chanteurs.

Rien n'est charmant à entendre comme les conversations de jeunes filles. Rien de plus frais, de plus naïf, et en même temps de plus délicieux pour un penseur que ces confidences de deux enfants de dix-sept à dix-huit ans, dont les yeux n'ont encore reflété que l'azur du ciel et qui ne connaissent la vie que par le cœur de leur mère.

Les confidences allaient grand train ce soir-là entre Charlotte et Lania. Elles avaient une foule de choses à se dire, à se raconter.

Et, cependant, il est à remarquer que la jeune fille la plus pure, la plus candide est déjà femme sur un point ; qu'à son amie la plus intime, la plus dévouée, la plus chère, il y a certaines choses qu'elle ne dit pas, certaines sensations de son cœur ingénu qu'elle n'ose révéler, tant il est vrai qu'à tous les âges de la vie la femme conserve toujours une arrière-pensée, souvent sans s'en douter, ou plutôt sans oser en convenir avec elle-même.

Bien que, par leur organisation essentiellement nerveuse, les femmes sacrifient presque tout à l'imprévu et se laissent souvent entraîner par le premier mouvement, elles ne s'abandonnent cependant jamais complétement, et, dans les circonstances les plus graves et les plus critiques, là où l'homme qui se prétend fort, perd tout son sang-froid et toute mesure, la femme réfléchit ; je dirai plus : elle calcule.

C'est, du reste, ce qui la rend redoutable et lui donne sur l'homme cette puissance irrésistible dont elle abuse toujours, qu'il serait puéril de contester et qui a été dans le passé, est dans le présent, et sera dans l'avenir la cause de si grandes perturbations et de si grands malheurs.

Donc les deux jeunes filles causaient.

Lorsque deux jeunes filles de dix-huit ans causent, elles ne s'occupent guère de politique. Leur politique, à elles, c'est l'amour.

Lania parlait de son frère Michel, parce que peut-être elle n'osait pas parler d'une autre personne, dont le nom voltigeait sans cesse sur ses lèvres.

Charlotte répondait avec complaisance, en souriant, en rougissant parfois.

Sur une dernière observation de son amie, elle éclata d'un rire cristallin.

Il est à remarquer que c'est lorsque les femmes sont le plus embarrassées, qu'elles rient avec le plus d'abandon.

Le rire est un masque qu'elles appliquent sur leur charmant visage pour dérouter la curiosité de leur interlocuteur ou lui donner le change.

Cette tactique féminine est vieille comme le monde, mais elle réussit toujours.

— Mon Dieu! dit Lania, que je serais heureuse si le régiment de mon frère passait à Strasbourg.

— Cela me semble bien difficile, répondit Charlotte. N'est-il pas en Afrique?

— Il y était, mais mon père a reçu ce matin une lettre de lui, datée de Marseille.

— Bien vrai?

— Mais certainement.

— Et que dit-il, dans cette lettre?

— Il annonce à mon père que son régiment est parti d'Afrique, qu'il vient de débarquer à Marseille, mais qu'il ne sait encore à quel corps d'armée il va être attaché.

— Il ne dit rien de plus?

— Il fait des compliments à tout le monde. Il y a même, je crois, dans la lettre, quelques mots spécialement adressés à ta mère.

— Ah! fit Charlotte d'un air boudeur, il ne nous a donc pas complétement oubliées, ce beau lieutenant?

— Capitaine, s'il te plaît, chère amie.

— Comment! capitaine?

— Oui, il nous a annoncé qu'il a été promu à ce grade en débarquant à Marseille.

— Oh! je serais bien heureuse de le voir. Comme il doit être gentil sous son nouvel uniforme!

— Mais il n'est pas changé, je suppose: de lieutenant à capitaine, il n'y a que la différence d'un galon, je crois.

— Eh! ma chère, comme tu es savante sur les questions de costume militaire!

— Méchante, fit-elle en l'embrassant.

— Pourquoi me dis-tu cela?

— Pour rien; pour parler, voilà tout.

— Dis-moi, Charlotte, ne serais-tu pas contente de revoir Michel?

— Et son ami? fit la jeune fille en répondant à la question qui lui était adressée par une autre question, ce beau sergent-major, ce sauvage Breton que ton frère aime tant.

— De qui veux-tu parler? dit la jeune fille en rougissant légèrement.

— Fais donc l'ignorante! Tu le connais beaucoup mieux que moi puisqu'il logeait ici avec ton frère.

— Ah! Yvon. C'est-à-dire, dit-elle en se reprenant, M. Kerdrel. C'est à lui que tu fais allusion, sans doute?

— Bon! pourquoi te reprens-tu? fit-elle finement. Est-ce que je ne sais pas que vous êtes très-bien ensemble?

— Que veux-tu dire?

— Rien autre que ce que toi-même m'as répété cent fois; qu'il était reçu ici comme s'il faisait partie de la famille et que tu le traites presque comme ton frère.

— Oh! avec une certaine différence cependant.

— Oui, fit en riant Charlotte, avec la différence qui existe entre un beau jeune homme qui ne vous est pas parent et un frère, si fort que nous l'aimions.

— Je ne sais pas ce que tu as aujourd'hui, Charlotte, fit Lania d'un air boudeur; mais je te trouve vraiment insupportable avec tes insinuations malveillantes.

— Voyons, ne te fâche pas, ma chérie. Au lieu de jouer ainsi à cache-cache, comme deux petites filles, et de nous tenir sur la défensive l'une vis-à-vis de l'autre, ne vaudrait-il pas mieux nous parler à cœur ouvert? Quand tu éprouverais une certaine bienveillance pour ce M. Kerdrel, ainsi que tu le nommes, où serait le mal?

— Certes, il n'y en aurait pas. M. Kerdrel a sauvé la vie à mon frère. Nous l'aimons tous sincèrement. C'est un noble cœur, une nature d'élite. D'ailleurs il appartient à une excellente famille et aujourd'hui il est officier, lui aussi.

— Lui aussi?

— Mais certainement; pourquoi pas? s'écria-t-elle vivement.

— Ne te fâche pas, mignonne; je n'y vois aucun mal; cela me plaît fort, au contraire.

Comment, vrai ! il est officier ? Ah ! tant mieux !

— Du moins, c'est ce que Michel nous écrit. Il paraît qu'il a été nommé sous-lieutenant le même jour que Michel passait capitaine.

— Tiens, tiens, tiens, voilà qui simplifie beaucoup les choses.

— Hein ! que veux-tu dire ?

— Rien ; je m'entends. Tu sais aussi bien que moi qu'il est assez ennuyeux, quand on appartient à un certain monde, de donner le bras à un sous-officier, si charmant qu'il soit du reste. Mais quand ce sous-officier devient sous-lieutenant, ce n'est pas du tout la même chose. On est fière alors de le sentir près de soi, de s'appuyer sur son bras.

— Et l'on est bien plus fière quand au lieu d'un sous-lieutenant c'est à un capitaine qu'on accorde cette faveur. N'est-ce pas, ma chérie ? dit finement Lania en lui lançant un regard railleur.

Malgré toute sa puissance de dissimulation féminine, Charlotte fut interdite pendant une seconde par cette attaque directe. Mais se remettant presque aussitôt :

— Eh bien ! après ? répondit-elle. Tu as voulu me piquer, méchante guêpe ; mais ton aiguillon ne m'a pas atteinte et je veux me montrer plus franche que toi. Au fait, pourquoi ne te dirais-je pas la vérité ? N'es-tu pas mon amie la plus chère ? Dois-je avoir des secrets pour toi ? Tu es libre de garder les tiens, si cela te plaît. Quant à moi, je te dirai toute la vérité. D'ailleurs, je n'aurai pas grand mérite. Tu l'as devinée déjà. Oui, votre frère me plaît, mademoiselle ; je l'aime sans le lui avoir dit jamais ; je l'aime d'une affection profonde, sincère, parce que, élevée près de lui, j'ai pu l'étudier, reconnaître ce qu'il y avait de grand, de généreux dans son caractère. Et puis, c'est votre frère à vous que j'aime, toute méchante que vous êtes. Je sais que vous serez heureuse de cet amour, et que loin de me blâmer, vous me remercierez...

Là, j'ai fait ma confidence dans toutes les règles ; êtes-vous satisfaite, maintenant ?

La jeune fille ne lui répondit qu'en lui faisant autour du cou un collier de ses bras et en l'embrassant avec effusion.

— Tu es donc heureuse que j'aime ton frère ?

— Oh ! oui, bien heureuse, ma Charlotte chérie, j'avais deviné ton amour.

— Pourquoi ne m'en as-tu pas parlé plus tôt ?

— Je pourrais bien te répondre quelque chose, mais je ne veux pas. Tu croirais encore que je te dis une méchanceté, fit-elle en riant. J'aime mieux t'adresser une question.

— Laquelle ma chérie ?

— Oh ! une question bien simple.

— Mais parle donc ? tu me fais mourir.

— Eh bien ! je voudrais savoir si, maintenant, quand nous causerons entre nous deux toutes seules, tu diras toujours M. Kerdrel, en parlant du beau sous-lieutenant.

— Pauvre Yvon ! murmura-t-elle.

— Ah ! tu y viens enfin. Tu l'aimes donc ?

— Oui, murmura-t-elle d'une voix faible comme un souffle ; mais moi, je ne suis pas si heureuse que tu l'es !

— Comment ! est-ce qu'il ne t'aime pas ?

— Je ne te dis pas cela, s'écria-t-elle vivement.

— Eh bien ! alors ? Voyons, puisque tu as commencé, dis-moi tout. A qui te confieras-tu, si ce n'est à moi. D'ailleurs ne t'ai-je pas donné l'exemple de la franchise ?

— C'est vrai : aussi je ne me défendrai pas plus longtemps contre toi. J'aime Yvon comme tu aimes Michel ; seulement nous nous trouvons vis-à-vis l'un de l'autre dans une situation singulière dont ni l'un ni l'autre, nous ne savons comment sortir.

— Explique-toi : c'est presque un roman, ce que tu me racontes là.

— Un roman ! Est-ce que tu as lu des romans, toi, Charlotte ? dit naïvement la jeune fille.

— Mais, oui, quelques-uns : maman en raffole. Elle en a toujours sur sa table de nuit : ceux d'Alexandre Dumas surtout.

— Est-ce bien amusant des romans ?

— Oh ! tu ne peux t'en faire une idée ; il y a là-dedans des histoires de jeunes gens qui s'aiment malgré leur famille.

— Comment, malgré leur famille ?

— Mais oui, tu comprends bien ; l'amour est un sentiment que l'on éprouve malgré soi pour tel ou tel individu. Souvent il arrive que celui que l'on aime déplaît à la famille. Mais, qu'est-ce que je dis donc là? Revenons à notre conversation qui est beaucoup plus intéressante que tous les romans du monde. Ton amour pour Yvon est bien réel ?

— Oui, mais il faut que tu saches qu'Yvon est tellement timide...

— Comment, lui ? un si brave soldat !

— C'est incroyable, n'est-ce pas ? pourtant cela est. Il est si timide qu'il préférerait attaquer seul dix ennemis que m'avouer son amour. Tu comprends que moi, de mon côté, je ne puis pas...

— Il ne manquerait plus que cela, que tu sois obligée de lui parler la première, fit-elle en riant. Ainsi vous en êtes là !

— Pas tout à fait, reprit-elle en baissant les yeux. La nuit de son départ, mon frère a voulu causer avec moi : il est venu dans ma chambre, ici, où nous sommes, nous avons eu un long entretien... je ne sais pas comment Michel s'y est pris...

— Eh bien ?

— Il a réussi à me faire avouer malgré moi mon amour pour Yvon.

— Ah ! je reconnais bien là Michel. Toujours bon, toujours dévoué ; il avait deviné ce que ta situation avait de difficile, et il est venu généreusement à ton secours.

— C'est cela. En effet, tu as raison. Mais, maintenant, je crains...

— Tu crains, quoi donc ?

— Eh ! mon Dieu, tu sais comment sont les hommes entre eux, surtout quand ils sont liés comme le sont Michel et Yvon ; je crains que mon frère n'ait raconté à Yvon tout ce qui s'est passé entre nous..

— Quant à cela, ma chérie, tu peux en être certaine. Il est évident pour moi, comme il doit l'être pour toi, du reste, que, si Michel t'a arraché ton secret, c'était avec l'arrière-pensée de le révéler immédiatement à son ami.

— Oh ! tu le crois véritablement ?.

— Non-seulement je le crois, mais j'en suis sûre. D'ailleurs, de quoi te plains-tu? Ton frère t'a rendu un immense service en te sauvant d'une situation excessivement difficile dont tu avoues toi-même que tu ne savais comment sortir.

— Mais que va penser de moi ce jeune homme ?

— Ce qu'il va penser ? que tu es un ange, ma chérie, et il t'adorera à deux genoux, comme une sainte, comme une madone. Oh ! si quelqu'un pouvait me rendre auprès de Michel le même service que ton frère t'a rendu auprès d'Yvon, je ne me plaindrais pas, moi, je te le jure; je lui serais reconnaissante au contraire pendant toute ma vie.

— Tu l'aimes donc bien, Michel ?

— Autant que tu aimes Yvon.

— Oh ! c'est impossible, fit-elle avec élan.

En ce moment la porte s'ouvrit avec fracas, et Lucien parut sur le seuil en criant :

— Victoire !

Les deux jeunes filles demeurèrent interdites, pâles, rougissantes, les yeux pleins de larmes.

Lucien démasqua la porte.

Derrière lui apparurent Michel et Yvon en tenue de campagne.

— Remercie Charlotte pour moi, ma Lania chérie, dit Michel avec émotion en pressant sa sœur sur sa large poitrine. Dis-lui bien que ma vie, tout entière employée à la rendre heureuse, ne suffira pas pour m'acquitter envers elle.

Pendant ce temps, Yvon Kerdrel, après

avoir baisé la main de Charlotte éperdue et
frémissante, lui disait de sa voix la plus
douce :

— Oh ! mademoiselle, vous si bonne et si
belle, daignez être mon intermédiaire auprès
de votre amie ; répétez-lui, ce que je n'oserai
lui dire, que je l'aime à lui sacrifier ma vie,
sur un mot, sur un signe, et que, fort de son
amour, si peu que je sois, aujourd'hui, je
saurai me rendre digne d'elle.

— Voilà qui est noblement et loyalement
parlé, messieurs, dit M. Hartmann en pénétrant à son tour dans la chambre; venez, venez, mesdames, ajouta-t-il en se tournant vers
le corridor, venez jouir du bonheur de vos
enfants. Yvon, mon cher fils, vous comblez
tous mes vœux, je suis fier de vous avoir pour
gendre. Maintenant, continua-t-il en baisant
Charlotte au front, je serai un bienheureux
père, car j'aurai deux filles.

Charlotte et Lania, éperdues de surprise et
incapables de prononcer une parole, se jetèrent
en sanglotant dans les bras de leurs mères ;
mais toute erreur était impossible, c'était
bien des larmes de joie qu'elles versaient.

Lorsque la première émotion fut un peu
calmée, que les acteurs de cette scène eurent
à peu près recouvré leur sang-froid, Lucien
jugea que le moment était venu d'entrer en
scène.

— Tout cela est charmant, dit-il. Seulement, si vous ne le savez pas, je vous annonce
qu'il est minuit. J'ai fait dresser le souper,
et si vous y consentez, ce sera le repas des
fiançailles.

— Tu as raison, mauvais sujet, répondit
son père en souriant, soyons heureux, puisque nous le pouvons encore. Ne songeons pas
aux soucis que nous réserve l'avenir. Passons
dans la salle à manger et célébrons à la vieille
mode alsacienne, le verre en main, cet événement qui nous rend tous si heureux.

— Allons, galants chevaliers, dit en riant
Lucien, offrez le bras à vos fiancées et ren-
dons-nous à la salle à manger.

Les cœurs étaient trop pleins pour que
l'appétit fût bien vif. Les dames surtout ne
touchèrent que du bout de leurs doigts roses
les mets placés devant elles et ne firent que
picorer.

— Maintenant, dit M. Hartmann en re-
poussant son assiette, racontez-nous, messieurs, comment vous nous avez fait, si à
l'improviste, une aussi agréable surprise.

— Pardon, père, dit Lucien, je demande la
parole.

— Pourquoi faire?

— Pour vous raconter la surprise en question. C'est moi qui en suis l'auteur.

— C'est vrai, dit Michel, en frappant
gaiement sur l'épaule de son frère, c'est à lui,
père, que nous devons de vous avoir vu quelques heures plus tôt.

— Oui, dit Lucien finement, et d'avoir
appris des choses qui vous ont été passable-
ment agréables, je suppose, et auxquelles vous
étiez loin de vous attendre.

— Voyons, parle, bavard, et raconte-
nous ton histoire, dit M. Hartmann en voyant
la rougeur subite des deux jeunes filles.

— Oh ! ce ne sera pas long ; figurez-vous
père, qu'à mon entrée à la brasserie de la
Ville de Paris, Pétrus est accouru vers moi
tout joyeux. Vous connaissez Pétrus, n'est-
ce pas, père?

— Oui, oui, va toujours.

— Eh bien ! comme il a toujours une mine
fantastique, je fus tellement épouvanté de
cette joie insolite qu'un instant je le crus fou.
Mais il me rassura bien vite en m'annonçant
que le 3e régiment de zouaves devait arriver
à dix heures à la gare de Kœnigshoffen. Je
savais combien vous seriez heureux de voir
mon frère, et Yvon, bien entendu; je n'avais
pas un instant à perdre. Je vins tout courant
à la maison, je donnai à Jean l'ordre d'atteler, et Jean, dès qu'il sut pourquoi je voulais
la voiture, m'obéit avec un empressement que
vous comprenez. Je partis pour la gare. A
peine y étais-je depuis dix minutes, que j'en-

tendis le sifflet de la locomotive et que le train arriva. Je m'élançai sur le quai ; bientôt je reconnus Michel qui me prit dans ses bras et m'embrassa à m'étouffer, tant il était content de me voir. Je voulais l'emmener tout de suite, mais il avait des ordres à donner ; il ne pouvait abandonner ainsi sa compagnie dont il confia le commandement à son lieutenant, et ce n'est que lorsqu'il eut donné tous ses ordres, obtenu l'autorisation de son colonel pour lui et pour Yvon, que ces messieurs consentirent à monter dans la voiture avec moi. Quand je rentrai en ville, il était temps : on allait fermer les portes. Mais tout devait nous favoriser aujourd'hui. Vous étiez à la mairie, père ; ma mère et ma cousine Walter causaient cuisine, dans le salon ; je ne voulus pas déranger une si intéressante conversation.

A cette boutade, tous les convives se mirent à rire.

— D'ailleurs , je suis ami des coups de théâtre, reprit-il. Un certain pressentiment semblait m'avertir que mademoiselle ma sœur et ma charmante petite cousine Charlotte ne m'en voudraient pas considérablement de leur ménager une surprise, n'est-ce pas, Lania ?

— Tais-toi, tu n'es qu'un méchant. Je t'en veux beaucoup, au contraire, fit-elle avec une moue ravissante.

— Oh! tu peux dire cela! Et vous, ma mie Charlotte, m'en voulez-vous aussi?

— Je le devrais peut-être, répondit-elle avec un sourire rempli de séduction ; mais je ne m'en sens pas la force, je suis trop heureuse.

— Ah! bravo ; voilà de la franchise ; c'est bien fait pour toi Lania, s'écria-t-il en riant.

— Mais comment se fait-il mon cher Michel, demanda M. Hartmann, que je n'aie pas été prévenu de ton arrivée ici?

— Par une raison toute simple, cher père ; l'ordre nous est arrivé à l'improviste de partir de Marseille, et ce n'est que pendant la route que l'on nous a annoncé que notre régiment faisait partie du corps du maréchal Mac-Mahon et que nous devions nous rendre provisoirement à Strasbourg. Il était inutile de vous écrire, je serais arrivé avant ma lettre.

— C'est vrai, du reste, il vaut mieux que les choses se soient passées ainsi. Maintenant au moins nous savons à quoi nous en tenir sur nos positions réciproques. Il n'y a plus de malentendu possible entre nous. Mes enfants, vous êtes fiancés ; mais vous comprenez comme moi, n'est-ce pas, que dans les circonstances graves où nous nous trouvons, toute union immédiate est impossible.

— Ce n'est malheureusement que trop vrai, père, nous ne devons pas y songer en ce moment.

— Oh! fit Yvon, maintenant que je suis certain d'être aimé, l'attente de mon bonheur, loin de m'attrister ; me donnera du courage.

— Il nous en faut, mes enfants, il nous en faut beaucoup pour accomplir nos devoirs de citoyens et de soldats. La gloire et le bonheur de la patrie doivent passer avant les sentiments particuliers. Soyons hommes ; envisageons bien en face ce devoir qui nous incombe, afin de le remplir avec toute l'énergie et tout le dévouement dont nous sommes capables. Lorsque la guerre sera terminée, que le calme sera rétabli, que la France enfin n'aura plus besoin de nous, nous aurons le temps d'être heureux. Maintenant nous devons être animés d'un amour qui prime tous les autres : le saint amour de la patrie. Enfants, ajouta-t-il en remplissant son verre et en le levant, je bois à vos fiançailles, je bois à votre union prochaine, mais je bois avant tout, à la gloire et au succès de la France.

— Ces paroles furent répétées avec émotion par tous les convives.

Il y eut un instant de silence, triste et inquiet.

Portant le fusil sur l'épaule et marchant clairons en tête, d'un pas réellement militaire. (Page 108.)

Les mères, et les jeunes filles, avaient les yeux pleins de larmes.

— Ne nous laissons pas abattre, reprit M. Hartmann, avec énergie, la guerre qui se prépare est grosse de tempêtes. Mais bien des ouragans se sont abattus sur la France depuis qu'elle existe; bien des tourmentes l'ont torturée en menaçant de l'engloutir, et souvenez-vous que chaque fois elle est sortie plus grande, plus puissante et plus belle de ces cataclysmes terribles qui semblaient vouloir l'anéantir et qui, au contraire, la rajeunissaient. La France, c'est le progrès, c'est la liberté; si elle disparaissait de l'Europe, l'Europe tout entière s'écroulerait avec elle.

— Vive la France! s'écrièrent les jeunes gens.

— Nous saurons mourir pour elle, dit Michel. Tout notre sang lui appartient. C'est notre mère. Notre amour trempé dans les batailles s'accroîtra, s'il est possible, des dangers que nous aurons courus; quand nous retrouverons nos fiancées, nous serons fiers d'avoir combattu pour les défendre.

— Si nous succombons, ajouta Yvon, nous serons pleurés. Que pouvons-nous, que devons-nous demander de plus?

— Yvon, dit Lania, dès aujourd'hui je me considère comme si j'étais votre épouse. Partez sans crainte, si vous succombez, je vous resterai fidèle jusque dans le tombeau.

— Pourquoi nous attrister ainsi, s'écria vivement Charlotte, et nous couronner de cyprès et de verveine? J'ai le pressentiment que l'adieu que vous nous dites ne saurait être éternel. Dieu qui nous protège ne permettra pas que notre amour soit brisé. Après les jours de terreur et d'angoisses reviendront les jours de calme et de bonheur. Faites votre devoir, messieurs, nous aurons encore nos jours de soleil.

Ces dernières paroles ramenèrent la joie sur le visage des convives et cette réunion, un instant attristée, reprit dans ses derniers moments toute sa gaieté.

Il était tard; la nuit presque tout entière s'était écoulée.

Quatre heures du matin venaient de sonner; le jour commençait à poindre. On se leva de table et il fut convenu que toute la famille accompagnerait en se promenant madame Walter et sa fille jusque chez elles.

On se mit en marche, et bien qu'il n'y eût que cinq à six minutes de chemin pour aller de la rue de la Nuée-Bleue à la place du Broglie, le trajet cependant dura près d'une demi-heure.

Cela se comprend, Michel donnait le bras à Charlotte; Yvon Kerdrel avait sous le sien celui de Lania.

Les quatre jeunes gens avaient tant de choses à se dire, tant de confidences à se faire; il leur restait si peu de temps pour cela qu'ils profitaient avec empressement des quelques minutes qui leur étaient accordées. Le père et les deux mères souriaient entre eux et ne semblaient pas s'en apercevoir.

Cependant il fallut se quitter.

Si lentement qu'on marchât, on arriva enfin devant la porte.

Les adieux furent longs, tristes, comme si l'on ne devait pas se revoir, et cependant rendez-vous était pris pour le jour même, dans quelques heures. Mais les amoureux sont tous les mêmes; pour eux, le présent seul existe et l'avenir semble ne devoir jamais arriver.

VII

COMMENT FUT FORMÉ EN ALSACE LE PREMIER CORPS DE PARTISANS.

Strasbourg est construit au centre d'une immense plaine; mais, lorsqu'on s'éloigne de la ville dans la direction de Saverne, on sent le terrain s'élever insensiblement sous ses pas. Peu à peu, il s'accidente, se convulsionne, et, à moins de cinq lieues de la ville, on atteint les premiers contre-forts des Vosges.

Les Vosges, en latin *Vogesus Mons*, en allemand *Wogesen* ou *Wasgau*, sont des chaînes de montagnes qui s'étendent dans le nord-est de la France, et traversent, en montant, le sud-est de la Belgique, la Prusse Rhénane et la Bavière Rhénane.

Elles se dirigent du sud-ouest au nord-est, depuis la source de la Moselle jusqu'à la Lauter, formant à gauche du Rhin, une ligne parallèle à celle du Schwart-Wald (Forêt-Noire) sur la droite, et séparent les bassins de la Moselle et du Rhin; les départements des Vosges et du Haut-Rhin, de la Meurthe et du Bas-Rhin.

Ces montagnes n'atteignent jamais une grande hauteur.

Leurs cimes sont généralement arrondies, ce qui leur a fait donner le nom de ballons. Le ballon de Guebwiller, le point le plus élevé des Vosges en France, n'a que quatorze cent soixante-six mètres (4,398 pieds).

Les Vosges sont couvertes d'immenses forêts de sapins noirs, dont les arbres gigantesques, vieux comme le monde, ont vu passer sous leurs ombres toutes les hordes barbares du moyen âge.

Çà et là, de distance en distance, on trouve des ruines de vieux châteaux, situées dans les positions les plus pittoresques ; anciens repaires de ces redoutables barons des Vosges qui ne le cédaient en rien comme férocité aux sombres burgraves des bords du Rhin.

Une foule de rivières prennent leur source dans ces montagnes. Nous ne citerons que la Moselle, la Sarre, la Meurthe et la Meuse, sur le versant de l'ouest ; la Saône sur le versant du sud ; l'Ill, la Bruche, la Zorn et la Lauter sur le versant de l'est.

Vers le nord, les Vosges se lient au Hundsruck ; au sud-est, elles sont jointes au Jura par les collines de Belfort. Enfin, au sud-ouest, on regarde comme étant des ramifications des Vosges : les monts Faucilles, qui les rattachent aux Ardennes, le plateau de Langres et la Côte-d'Or.

C'est au ballon d'Alsace, dans la direction de l'est à l'ouest, que les monts Faucilles se séparent de la chaîne des Vosges pour joindre le plateau de Langres. Ils forment une espèce d'arc de cercle dont la concavité est tournée vers le sud et séparent les bassins de la Meuse et de la Moselle de celui de la Saône. Leur point culminant se nomme les Fourches et n'a que quatre cent quatre-vingt-douze mètres d'élévation (1,476 pieds).

Nous prions le lecteur de nous pardonner cette géographie ; mais elle était indispensable pour l'intelligence complète des faits les plus importants de cette histoire.

Le village d'Altenheim, dont aucune carte ne fait mention, n'était qu'un pauvre et misérable hameau, dont la population, composée d'une centaine d'individus à peine, croupis-

sait dans la plus affreuse ignorance et mourait littéralement de faim, lorsque le père de M. Hartmann résolut d'y fonder une fabrique.

Cette généreuse pensée du grand industriel alsacien décida du sort du village et le fit pour ainsi dire surgir à la vie civilisée.

L'exemple de M. Hartmann, le père, fut suivi par d'autres grands commerçants, et plusieurs fabriques s'élevèrent en quelques années auprès de la sienne, ainsi qu'une scierie de bois, une forge, etc.

En sorte qu'Altenheim, complètement transfiguré aujourd'hui, compte près de deux mille cinq cents habitants et est devenu le centre d'un grand mouvement industriel.

La position de ce village est au reste charmante.

Il est situé à environ un kilomètre et demi sur la gauche de la ligne du chemin de fer qui va de Strasbourg à Saverne, à trois kilomètres de cette ville et environ vingt-cinq de Strasbourg.

Il est bâti dans la vallée, au pied même d'une montagne dont ses maisons rouges, coquettes et aux toits immenses, escaladent les premières pentes, tandis que les dernières vont presque mouiller leurs fondations dans la jolie rivière la Zorn, affluent du Rhin qui borde le village et commence, à cet endroit, à devenir navigable.

On ne saurait rien imaginer de plus pittoresque que ce hameau perdu et presque ignoré dans les montagnes.

De toutes parts, il est dominé par des forêts de sapins, vieilles comme le monde, percées d'espaces en espaces par des roches gigantesques, bizarrement déchiquetées et d'un rouge sombre.

Sur la pointe extrême de ces rochers, à des hauteurs gigantesques, sont perchées des chèvres qui semblent regarder d'un air effaré et curieux les nombreux bateaux et les flottes de bois qui sillonnent la Zorn et descendent vers le Rhin, en animant et égayant le paysage.

Le jour où nous reprenons notre récit, c'est-à-dire le dimanche 31 juillet, une grande animation régnait parmi la population d'Altenheim.

Dès le matin, les habitants, revêtus de leurs plus beaux habits, encombraient déjà les cabarets, trinquant et discutant avec la plus grande vivacité.

C'est que ce jour-là était un jour de grande fête pour Altenheim.

Les sociétés de tir de tous les villages voisins, à quatre ou cinq lieues à la ronde, devaient s'y réunir pour le concours annuel qui avait lieu à Altenheim le dernier dimanche de juillet de chaque année.

Cette année, ce concours prenait une importance presque politique, à cause de la déclaration de guerre et des événements qui se préparaient.

Depuis le lever du soleil, déjà par tous les chemins, on voyait arriver de nombreuses troupes de montagnards, revêtus de ces blouses de coutil gris, que nous avons vues à Paris en 1867, aux francs-tireurs des Vosges, portant le fusil sur l'épaule et marchant clairons en tête, d'un pas réellement militaire.

Ils étaient accompagnés de femmes, de jeunes filles, surtout d'enfants, revêtus de leur charmant et pittoresque costume alsacien.

A son arrivée dans le village, chaque troupe était accueillie par les bruyants vivats de la population; les fusils étaient mis en faisceaux sur la grande place et la bière coulait à flots pour fêter leur bienvenue.

Vers huit heures du matin, les portes de la fabrique Hartmann, située au centre du village, s'ouvrirent avec fracas, et un grand nombre d'ouvriers, ayant à leur tête M. de Poblesko, et marchant sur quatre de front, la carabine sur l'épaule, sortirent en une longue ligne, se dirigeant vers l'entrée du village.

Après avoir dépassé les dernières maisons, ils s'engagèrent sur la route, suivis d'une grande partie de la population désœuvrée d'Altenheim qui les accompagnait en chantant *la Marseillaise*, et en poussant de joyeux vivats.

Cette troupe, composée d'individus dans la force de l'âge et presque tous anciens soldats, avait dans son allure quelque chose de décidé et de martial qui faisait réellement plaisir à voir.

Tous marchaient au pas accéléré, se réglant sur leurs trois clairons, qui sonnaient les plus belliqueuses fanfares.

A environ deux kilomètres du village, M. de Poblesko cria :

— Halte ! front !

Et la troupe se forma en bataille sur un des côtés du chemin, les armes reposées.

On voyait au loin un épais nuage de poussière qui s'avançait rapidement, et qui bientôt, en s'écartant, laissa apercevoir une voiture lancée à fond de train et escortée ou plutôt entourée par plusieurs cavaliers.

— Aux armes ! cria d'une voix retentissante Ludwig, le contre-maître de la fabrique ; voilà la famille !

Les rangs, un instant disjoints, se reformèrent aussitôt, et, lorsque la voiture s'arrêta devant le front de la petite colonne, elle fut saluée par un hurrah formidable.

Dans cette voiture, se trouvaient Madame Hartmann, M. Philippe Hartmann, Lania, Charlotte et Madame Walter.

Michel, Yvon, Lucien, Pétrus Weber, Adolphe Oswald et Georges Zimmermann galopaient gaiement aux portières.

M. Hartmann, après avoir salué M. de Poblesko, adresse quelques chaleureuses paroles au contre-maître et aux ouvriers de la fabrique; puis, faisant un signe d'intelligence à un des domestiques assis derrière la voiture:

— Mes enfants, ajouta-t-il, avant que de rentrer à Altenheim, je veux boire avec vous le coup du matin. L'air des montagnes est vif, et de plus, vous et moi, nous sommes altérés par la course que nous avons faite.

Cette proposition fut accueillie comme elle devait l'être, c'est-à-dire par d'unanimes cris de joie.

Michel et tous les autres cavaliers avaient mis pied à terre et s'étaient mêlés aux ouvriers dont les fusils avaient été formés en faisceaux.

Les braves ouvriers, qui avaient vu Michel tout enfant, l'avaient porté dans leurs bras, ne se sentaient pas d'aise de le revoir. C'étaient des serrements de main et des compliments à n'en plus finir ; compliments et serrements de main auxquels le jeune capitaine répondait gaiement, le sourire sur les lèvres et trouvant toujours un mot gracieux ou une parole flatteuse à adresser à ces gens si dévoués à lui et à sa famille.

— Ah çà ! dit-il aux ouvriers, c'est le grand concours aujourd'hui. Quoique je m'attende à toute seconde à recevoir l'ordre de départ, je n'ai pas voulu manquer au rendez-vous que vous m'aviez donné. Je savais que sans moi la fête ne serait pas complète, et puis nous sommes tous de la même famille ici. J'espère que nous allons nous distinguer, garçons ! et que les hommes de la fabrique Hartmann montreront qu'avant d'avoir été ouvriers, ils ont été soldats et qu'ils n'ont pas oublié comment on se sert d'un fusil.

— Soyez tranquille, monsieur Michel, répondit Ludwig, il ne manquerait plus que cela, que devant vous nous fassions quelque sottise. Les autres n'ont qu'à bien se tenir.

Et les rires et les plaisanteries allaient leur train.

La voiture se trouvait comme ensevelie au milieu de tous ces braves gens qui se pressaient à qui mieux mieux autour d'elle pour saluer les dames et répondre aux questions que celles-ci leur adressaient sur leurs familles et leurs enfants.

— Capitaine, dit M. de Poblesko, est-ce que vous ne nous ferez pas l'honneur de vous mettre à notre tête ainsi que M. Yvon pour rentrer à Altenheim ? Nous serions tous heureux de marcher à votre suite, ne serait-ce que pendant quelques instants.

Tous les ouvriers se joignirent au directeur de la fabrique pour prier Michel de leur accorder la faveur qu'ils ambitionnaient de lui.

Le jeune officier qui se sentait tout heureux de la façon dont ces braves gens l'avaient reçu, n'eut pas le courage de résister à leur demande et il la leur accorda en souriant, ce qui redoubla encore la joie générale.

Lorsque les verres eurent circulé dans tous les rangs, que chacun eut bu le coup du matin offert si gracieusement par M. Hartmann, les cavaliers se remirent en selle.

Michel et Yvon firent reformer les rangs, se placèrent en tête de la troupe, derrière les clairons, et la colonne, marchant à droite et à gauche de la voiture, reprit au pas gymnastique le chemin du village.

Tous ces braves gens semblaient revenus à leurs jeunes années. Leur vigueur paraissait doublée, et ces vieux soldats d'Afrique marchaient aussi gaiement et avec autant d'entrain qu'aux temps où ils escaladaient les pentes de l'Atlas à la poursuite des Arabes et des Kabyles.

Le petit corps de francs-tireurs fit une entrée réellement triomphale à Altenheim.

Toute la population : hommes, femmes et francs-tireurs des villages voisins, s'était portée à leur rencontre, les accueillant avec des bravos et des cris de joie.

Michel, mieux que personne, en sa qualité de militaire, savait comment il fallait mener des hommes comme ceux qu'il commandait accidentellement.

En arrivant sur la place du village, au lieu de faire simplement rompre les rangs à sa colonne, il dégaîna son sabre, se porta vers le centre de sa compagnie improvisée, lui fit face, et de cette voix brève et nette que donne l'habitude du commandement, il fit exécuter à sa petite troupe le maniement complet des armes et une série de mouvements militaires.

Ces vieux soldats avaient subitement dressé l'oreille. Leurs visages s'étaient épanouis ; ils s'étaient redressés sous les armes, et, électrisés par la voix sonore de leur jeune chef, redevenus troupiers pour un instant, ils avaient exécuté tous ces mouvements avec une précision et un ensemble vraiment admirables et qui portèrent au comble l'enthousiasme de la population.

Puis, les manœuvres terminées, M. Hartmann, sa famille et ses amis entrèrent dans la fabrique, laissant leurs ouvriers libres de disposer de leur temps comme il leur conviendrait, mais en leur promettant d'assister au concours du tir.

M. Philippe Hartmann et les dames surtout avaient besoin de prendre quelques instants de repos, après une aussi chaude réception et un voyage de plus de six lieues.

Du reste, par les soins de M. de Poblesko, tout avait été préparé pour que rien ne manquât aux hôtes si impatiemment attendus.

Dans le salon de la fabrique, M. Hartmann trouva le maire d'Altenheim et son adjoint qui étaient venus lui adresser leurs compliments de bienvenue et le remercier d'honorer par sa présence le concours de tir.

Il serra la main des deux dignes fonctionnaires et les invita à déjeuner ; invitation sur laquelle ceux-ci comptaient sans doute, car ils acceptèrent avec empressement et sans se faire prier. D'ailleurs, il en était ainsi chaque année depuis que la fabrique avait été fondée dans le village dont la famille Hartmann était à juste titre regardée comme la bienfaitrice.

Pendant que M. Hartmann, les dames, le maire et l'adjoint d'Altenheim se mettaient à table, Michel, Yvon, Lucien et les trois étudiants s'asseyaient à la même table que les

ouvriers de la fabrique, auprès de M. de Poblesko.

Chaque année, le jour de la fête et du concours, un membre de la famille avait l'habitude de présider le repas que le chef de l'établissement offrait à ses ouvriers.

Cette fois, l'importance des événements qui se préparaient imprimait à cette fête de famille un cachet de gravité exceptionnelle.

M. de Poblesko, au nom des ouvriers, faisait, de la façon la plus gracieuse, les honneurs de la table à ses convives d'élite.

Le commencement du repas fut assez sérieux. Cependant, peu à peu, le bon vin aidant, les convives s'animèrent, les conversations devinrent plus vives, et, au dessert, la joie épanouissait tous les visages.

— Monsieur, dit M. de Poblesko, en s'adressant à Michel, les ouvriers de M. votre père désirent lui adresser une requête. Ils espèrent que vous ne refuserez pas de leur servir d'intermédiaire auprès de lui.

— Non, certes, cher monsieur de Poblesko, répondit Michel en souriant, je connais trop les hommes au milieu desquels je me trouve ; je suis trop certain de leur dévouement à ma famille pour refuser d'accueillir la requête qu'ils m'adresseront, convaincu, comme je le suis, que cette requête ne saurait être qu'honorable et ne peut en aucune façon dépasser l'influence que je puis avoir auprès de mon père. Qu'ils parlent donc. Je suis prêt à les entendre.

— Ludwig, dit alors M. de Poblesko au contre-maître ; j'ai fait la commission dont vous m'aviez chargé ; c'est à vous maintenant de vous expliquer, car pour moi j'ignore complétement ce dont il s'agit.

— Je vous remercie, monsieur, reprit le contre-maître. Nous savons que vous êtes toujours prêt à nous être utile, et croyez que nous vous sommes reconnaissants de votre bonne volonté pour nous.

Après avoir dit ces quelques mots au directeur de la fabrique, le contre-maître se leva et, après avoir salué Michel, il continua :

— Mon capitaine, vous êtes un enfant de l'Alsace et vous comprendrez l'importance de la demande que nous désirons adresser à M. votre père, et dont nous vous prions d'être l'interprète. Et d'abord je vous dirai que, dans tout ce que je dois vous dégoiser, je ne prends rien sous mon bonnet. Je ne parle qu'au nom de mes camarades. Je ne suis pour ainsi dire que leur écho : pas vrai, vous autres ?

— Oui, oui, répondirent les ouvriers : as pas peur, Ludwig.

— Vas-y carrément.

— Monsieur Michel est notre ami ; il n'y a pas de crainte à avoir avec lui.

— C'est bon, c'est bon, reprit le contre-maître d'un air goguenard ; la moitié de ça suffit. Taisez vos becs, mes enfants. Et, puisque vous m'avez chargé de conter la chose, mettez le nez dans vos verres et laissez-moi parler.

Les ouvriers éclatèrent de rire et le silence, un instant troublé, se fit plus profond qu'auparavant.

— Pour lors, reprit le contre-maître, je dirai donc, monsieur Michel, que nous sommes tous Français ici, excepté M. de Poblesko qui est Polonais, mais c'est tout comme. Les Polonais sont les Français du Nord, fit-il en saluant le directeur qui baissa la tête en souriant.

— Vous savez donc que nous autres Alsaciens, continua le contre-maître, et les gens de la montagne surtout, nous sommes tous des chasseurs finis. Nos sociétés de tir sont en grande partie composées d'anciens soldats et à peu près organisées militairement. Il y a même une de nos sociétés qui est allée à Paris s'exposer en 1867 où il paraît qu'elle a obtenu un *chouette* succès, soit dit sans nous vanter. Pour lors, voilà la guerre qui est déclarée. Pas vrai ? Personne ne peut pré-

voir de quoi qu'il retournera. Je sais bien que le Français est naturellement vainqueur et que finalement, à la fin des fins, c'est les Prussiens qui boiront le bouillon ; le gouvernement qui est très-malin, à ce qu'on dit du moins, car moi je ne le connais pas, doit avoir pris ses précautions pour ça ; et, une supposition que le gouvernement aurait oublié de se précautionner, ou qu'il n'aurait pas le temps de surveiller assez soigneusement notre pays, il ne serait peut-être pas mauvais que nous le surveillions un peu nous-mêmes et que nous gardions nos montagnes. Qu'est-ce que vous pensez de ça, monsieur Michel ?

— Je pense, mon brave camarade, répondit le jeune officier, que tout ce que vous me dites là est parfaitement juste. Vous êtes des hommes braves, dévoués, anciens soldats, excellents patriotes, et vous pouvez, je n'en doute pas, rendre comme partisans de très-grands services.

— Bon ! je savais bien que vous seriez de notre avis. Pour lors, nous nous sommes dit comme ça : Voilà ce que nous allons faire : nous autres, les Hartmann, nous allons fonder une compagnie. S'il y a des camarades qui veulent se joindre à nous, eh bien ! ils seront les bienvenus. Nous nous choisirons des chefs, des officiers et des sous-officiers ; nous prendrons des gaillards à poil, de vieux Africains qui auront pas plus peur de tirer sur un Prussien que sur un Bédouin ; d'ailleurs c'est la même chose, ils sont aussi mauvais les uns comme les autres. Et puis, nous défendrons notre village, la fabrique où depuis si longtemps nous trouvons du pain pour nos familles. Si les choses tournent mal, nous déménageons le matériel, les meubles, les machines, les outils et tout pour que ces gueux de Prussiens, qui sont encore plus voleurs que les Arabes, n'en profitent pas. Nous transportons tout dans la montagne, et puis, qu'ils viennent nous y chercher : nous les recevrons bien. On se verra le blanc des yeux. Hein ! qu'est-ce que vous dites de ça, monsieur Michel? C'est-y une bonne idée?

— Je dis, mon brave Ludwig, répondit le capitaine avec émotion, que c'est une pensée généreuse et belle, telle que je l'attendais de vous et de vos camarades. Vous suivez l'instinct de votre cœur en faisant preuve d'un tel dévouement. Vous comprenez qu'en sauvant la fabrique, et ce qu'elle contient, c'est non-seulement pour nous que vous travaillez, mais pour vous, pour vos femmes, pour vos enfants, car ce qui nous appartient vous appartient à vous-mêmes. Mais, mon cher ami, ce que vous m'avez dit, ne saurait être qu'une sorte de préliminaire à la demande que vous voulez m'adresser, car vous n'avez besoin d'aucune autorisation pour vous organiser. Vous l'êtes déjà presque. Ceci est une affaire qui vous regarde spécialement et dans laquelle ni moi ni ma famille nous n'avons rien à voir.

— C'est vrai, monsieur Michel, vous avez mis le doigt juste sur l'endroit où ça nous démange. Voilà en deux mots de quoi il retourne : nous avons des fusils, c'est vrai, mais nous n'en avons pas assez. Il nous en faudrait d'autres encore avec de bons sabres-baïonnettes, des cartouchières, une bonne paire de souliers bien ferrés et puis, dame, la grande machine, vous comprenez bien, de la poudre et des balles. Nous ne pouvons pas envoyer aux Prussiens des coquilles de noix, et, vous le savez, monsieur Michel, nous ferons bien tous nos efforts, nous réunirons bien toutes nos petites économies pour nous procurer ce qui nous manque, mais...

— Je vous comprends, Ludwig ; il est inutile de m'en dire davantage. Ne vous inquiétez pas pour si peu ; je n'ai pas besoin de parler à mon père afin de vous donner une réponse, je suis sûr d'avance de son consentement. Ce n'est pas la perte de sa fabrique ni de ce qu'elle contient qui pourra l'inquiéter. Cette perte, si grande qu'elle soit, ne serait pas irréparable pour lui, et sa fortune n'en souf-

frirait pas trop ; mais ce qu'il s'agit avant tout de sauvegarder et de sauver de toute insulte et de toute agression, ce sont vos femmes, vos mères et vos enfants, et surtout, et plus que tout l'honneur de notre pays que nous aimons tant et dont l'étranger ne doit pas impunément fouler ni souiller le sol de sa présence. Ce qui vous manque, mon père vous le donnera. Vous aurez des munitions, des armes de guerre, des provisions de bouche, des médicaments. Enfin on vous fournira tout ce que le gouvernement donne aux troupes entrant en campagne. De plus, comme il faut tout prévoir, et que vous avez des êtres qui vous sont chers et qu'il vous faudra peut-être emmener et cacher au fond des montagnes, mon père vous donnera des vêtements chauds, des couvertures et vous pourrez disposer pour votre usage de tous les lits, matelas, etc., qui se trouvent à la fabrique, de même que pour les transports, vous vous servirez des voitures qui y sont. Est-ce bien tout ce dont vous avez besoin ?

Tous les ouvriers répondirent par des acclamations joyeuses.

— Maintenant écoutez-moi, reprit le capitaine : vous êtes, si je ne me trompe, deux cent vingt et un ouvriers employés à la fabrique ; est-ce bien le chiffre exact des hommes ?

— Oui, monsieur, répondit M. de Poblesko ; mais nous avons en sus les femmes et les filles des ouvriers qui, ainsi que vous le savez, sont employées aux travaux les plus délicats.

— Je ne parlais que des hommes. Or, sur ce nombre de deux cent vingt et un, il y en a une certaine quantité qui sont âgés, fort capables encore de travailler en remplissant parfaitement bien leurs devoirs, mais qui ne pourraient pas supporter les fatigues d'une aussi rude campagne que celle qui se prépare. Il y a de plus beaucoup d'enfants n'ayant pas atteint seize ans ; ni ces vieillards, ni ces enfants ne sont en état, par conséquent, de

Il remarqua avec surprise, presque avec épouvante, la comtesse de Valreal. (Page 119.)

faire un service actif. Ils se rendront utiles comme infirmiers, brancardiers, au besoin comme éclaireurs pour vous avertir des mouvements de l'ennemi, mais c'est tout le concours qu'ils pourront vous donner. Exiger davantage serait folie. Vous restez donc, en état de faire un bon service, environ une centaine.

— Pardonnez-moi, mon capitaine, dit le contre-maître, nous sommes cent trente-trois, tous anciens soldats, vigoureux, alertes et rompus à la fatigue.

— Bien, cent trente-trois. Avez-vous fait des ouvertures aux autres sociétés de tir ? Croyez-vous pouvoir réunir un certain nombre d'adhésions ?

— Nous comptons, mon capitaine, sur un minimum de cent cinquante gaillards résolus, braconniers et contrebandiers pour la plupart, et qui connaissent les moindres sentiers et les cachettes les plus ignorées de la montagne.

— Très-bien ; mettons que vous serez trois cents en chiffres ronds. Il s'agit donc d'armer trois cents hommes. Vos fusils, très-bons pour la chasse et pour vos exercices de tir, ne valent rien pour la guerre que vous allez faire. Ce sont des chassepots qu'il vous faut. Nous avons à quelques lieues d'ici la grande manufacture d'armes de Mutzig. Vous allez aujourd'hui même nommer parmi vous une commission chargée de s'occuper de tous les détails de l'armement et de l'équipement de votre compagnie. Puis demain, vos délégués, accompagnés de mon frère Lucien et suivis de tous les moyens de transports nécessaires, se rendront à Mutzig, où on fera immédiatement l'achat de ce qui vous manque. C'est bien entendu, n'est-ce pas, mes enfants?

Décrire la joie et l'enthousiasme des ouvriers serait impossible; nous y renonçons.

Lorsque le calme fut un peu rétabli, Michel se leva.

— Je me retire, dit-il, pour vous laisser libres de choisir vos députés et d'élire vos chefs. Je ne vous recommande qu'une chose, c'est de mettre de côté tout intérêt particulier, de ne voir que l'intérêt général, et de ne prendre pour vous commander que les hommes qui vous inspireront le plus de confiance et que vous jugerez les plus capables de vous bien conduire.

— Pardon, capitaine, reprit le contre-maître; mais nous avions l'intention, afin de prouver à votre père combien nous lui sommes attachés et reconnaissants de ce qu'il fait pour nous, de prier M. Lucien d'être notre commandant : nous serions très-heureux de l'avoir à notre tête.

— Mes amis, dit Michel...

— Pardon, frère, s'écria Lucien en l'interrompant; à ceci, c'est à moi de répondre.

— C'est juste, dit le capitaine en s'asseyant. Parle, Lucien.

— Mes braves amis, dit alors le jeune homme, je ne sais comment vous exprimer combien je suis fier et heureux de l'honneur

tout spontané que vous voulez me faire; cela me prouve quel est votre dévouement à ma famille et votre reconnaissance pour le peu de bien que mon père vous a fait.

— Vive M. Lucien! s'écrièrent les ouvriers; vive notre nouveau commandant!

— Attendez, je n'ai pas fini, reprit le jeune homme en riant. Ne vous pressez pas de m'acclamer.

— Parlez! parlez!

— Je serais, certes, on ne peut plus fier d'être votre chef ou de marcher à votre tête, reprit le jeune homme toujours riant, mais laissez-moi vous rappeler les paroles si justes et si sensées, prononcées par mon frère. Il vous a dit : « La campagne sera rude; mettez de côté tout intérêt particulier pour ne songer qu'à l'intérêt général; choisissez pour chefs les hommes que vous jugerez les plus capables de vous conduire. » Moi, je suis un jeune homme, presque un enfant encore, ignorant des choses de la guerre, et surtout de la guerre de partisans, la plus difficile de toutes. Je n'ai à vous donner que ma bonne volonté, mon courage et mon dévouement. Cela ne suffit pas. Si vous me nommiez votre commandant, mon ignorance vous nuirait plus que ma bonne volonté ne vous serait utile. Tout en vous remerciant de l'honneur que vous désirez me faire, je dois donc refuser de l'accepter. Mais, si je ne puis être votre chef, je veux rester votre compagnon, votre camarade. Inutile comme soldat, en qualité de chirurgien, je puis vous rendre de grands services. Les trois amis qui m'entourent et moi, nous sommes résolus à faire partie de votre compagnie et à vous suivre partout où vous irez jusqu'à la fin de la guerre. Nous organiserons une ambulance, nous soignerons les malades, nous panserons les blessés, et, croyez-le bien, mes amis, cette tâche douloureuse et toute de dévouement que nous nous imposons, je la considère comme plus honorable encore que celle que, dans l'effusion de votre cœur, vous me destinez. Lorsque nous

serons dans la montagne, que nous livrerons
de rudes combats, que nous souffrirons du
froid, de la faim, de ces maux sans nombre
que la guerre entraîne avec elle, vous me remercierez de n'avoir pas voulu accepter d'autre
mission que celle que j'avais choisie de moi-
même et qui est la seule que je me sente capable de remplir.

— Embrasse-moi, frère, s'écria Michel avec
effusion ; tu es bien tel que je t'avais jugé. Je
te remercie au nom de tous ces braves gens.

— Et nous, monsieur Lucien, s'écria le
contre-maître avec émotion, les paroles nous
manquent pour vous remercier. Mais, n'ayez
pas peur. Que l'occasion se présente de vous
prouver notre reconnaissance, et nous ne la
laisserons pas échapper. Soyez béni, ainsi que
les messieurs qui vous accompagnent, pour
la noble pensée que vous avez eue. Et puis,
de toutes les façons, ne serez-vous pas notre
chef ! Allez, monsieur Lucien, nous ne ferons
toujours que ce que vous voudrez.

Il y eut alors des serrements de main, des
protestations de dévouement, enfin un échange
de ces bonnes paroles qui viennent du cœur et
qui, pendant quelques minutes, rendirent
heureux tous les membres de cette réunion.

Michel et Yvon se retirèrent, afin de laisser
aux ouvriers toute leur liberté d'action pour
les élections auxquelles on allait procéder.

A midi, les clairons et les tambours par-
coururent le village et annoncèrent par leurs
sonneries que le concours allait commencer.

Bientôt, on vit arriver au tir le maire revêtu de son écharpe, accompagné de son
adjoint et du conseil municipal. Près de lui
marchaient M. Hartmann et plusieurs autres
fabricants ayant des usines dans le village,
la famille de M. Hartmann, plusieurs dames
et la population entière d'Altenheim et des
villages environnants.

Chacun prit place.

Le concours fut très-brillant.

Les prix — ils étaient au nombre de cinq
— furent chaudement disputés. Tous ces
braves montagnards étaient des tireurs émé-
rites.

Deux prix, dont le grand prix qui échut à
Ludwig, furent gagnés par les ouvriers de la
fabrique Hartmann. Un troisième par les ouvriers d'une autre fabrique du village et les
deux autres par des sociétés de francs-tireurs
des environs.

La cérémonie terminée, les cabarets se
remplirent de nouveau, les chopes recommen-
cèrent à circuler et les danses s'organisèrent.

On le sait, il n'y a pas de bonne fête en
Alsace si on ne danse pas.

Les ouvriers de M. Hartmann étaient tous
revenus à la fabrique, emmenant avec eux un
grand nombre d'amis et de connaissances.
Puis, ils s'étaient enfermés dans un atelier
où, pendant près de deux heures, on les avait
entendus discuter avec une grande animation.

Vers cinq heures du soir, Ludwig fit
demander au capitaine Michel la permission
de l'entretenir un instant.

Le contre-maître fut introduit dans le
salon, et, dans le langage que nous lui connaissons, il annonça au capitaine que la
commission avait été nommée, les chefs élus,
et que les ouvriers seraient fort heureux si
M. Hartmann et le capitaine Michel voulaient
bien se rendre à l'assemblée et ratifier les
choix qu'ils avaient faits.

— Nous n'avons aucune ratification à
faire, mon brave Ludwig, dit M. Hartmann.
Mon fils ne vous a-t-il pas dit que vous êtes
entièrement libres ? Mais, comme je vous
considère tous comme mes enfants, je vais
me rendre auprès de vous avec ma famille,
non pas pour sanctionner les choix que vous
avez faits, mais pour vous témoigner ma
satisfaction et vous remercier de la généreuse initiative que vous avez prise.

En effet, quelques minutes plus tard,
M. Hartmann, suivi de toute sa famille, en-
trait dans l'atelier.

A cette vue, un frémissement joyeux par-

courut les rangs des ouvriers. Ils se découvri-
rent respectueusement et firent le plus grand
silence.

— Monsieur, dit Ludwig en présentant
une feuille de papier à M. Hartmann, ainsi
que vous le verrez sur ce papier, écrit de la
main propre de M. de Poblesko, la compagnie des francs-tireurs d'Altenheim est
formée. Elle se compose de deux cent quatre-
vingt-dix hommes, sans compter les officiers
qui sont au nombre de dix. Tous ont signé.
La troupe est divisée en quatre sections : un
capitaine et un lieutenant par section. Pour
la compagnie, il y a un commandant et un
officier d'administration, chargé de tout ce
qui regarde l'armement, les munitions, les
vivres et le détail. M. de Poblesko, pour
lequel nous avons tous beaucoup d'estime,
avait témoigné le désir de faire partie de
notre compagnie de francs-tireurs. Il a même
été question un moment de le choisir pour
chef ; mais, après réflexion faite, et ceci n'a
rien qui puisse lui déplaire, nous avons pensé
que, dans une guerre comme celle que nous
allons faire, et avec des ennemis comme les
Prussiens qui ne respectent pas le droit des
gens, choisir pour chef un étranger, si digne
au reste qu'il soit de nous commander, ce
serait condamner cet étranger à mort s'il
tombait entre les mains de l'ennemi. M. de
Poblesko a compris les observations que
nous lui avons faites, et, de son propre mouvement, il a retiré sa candidature, tout en
nous assurant de son concours chaque fois
que nous le désirerions.

— Ceci est très-judicieusement raisonné,
répondit M. Hartmann.

— Et qui avez-vous nommé commandant?
demanda Michel.

— Mon capitaine, répondit Ludwig, mes
camarades ont bien voulu se souvenir que je
suis un ancien sous-officier de zouaves et que
j'ai fait partie de votre régiment lors de la
formation ; ils m'ont nommé leur commandant.

— Ils ne pouvaient faire un meilleur
choix, mon brave, dit le jeune officier en lui
serrant la main. Maintenant te voilà mon
supérieur, ajouta-t-il en riant.

— Mais toujours votre subordonné, capitaine, et si quelque jour vous reveniez par
ici pendant la campagne, je vous céderais tout
de suite la place.

— Eh ! fit Michel en hochant la tête d'un
air rêveur ; nul ne peut prévoir l'avenir.

— Espérons que cela n'arrivera pas, fit
M. Hartmann, car ce serait une preuve que
nos affaires seraient dans une mauvaise situation. Mais n'insistons pas sur ce sujet, et
revenons à la question qui nous occupe ;
quels sont vos autres choix ?

— Quant aux autres officiers, vous verrez
leurs noms ici, reprit Ludwig, et je suis convaincu que vous reconnaîtrez qu'ainsi que nous
l'avait recommandé le capitaine, nous les avons
choisis solides. Ce sont tous d'anciens soldats
comme moi et qui ont fait leurs preuves il y
a déjà longtemps. Ils ont tous été gradés dans
l'armée, soit comme caporaux soit comme
sergents.

— Monsieur, dit alors M. de Poblesko, je
vous avoue que c'est avec un véritable chagrin
que je serai forcé de me séparer de ces braves
gens avec lesquels je vis depuis plusieurs
années déjà, et que j'ai appris à connaître et
à apprécier comme ils le méritent. Je comprends ce que ma qualité d'étranger a de
délicat, et combien ma position serait fausse
si je tombais aux mains de l'ennemi en exer-
çant un commandement quelconque. Mais
n'y aurait-il pas un moyen de tourner la
difficulté ? Ne pourrait-on trouver un biais
qui me permît de ne pas abandonner ceux
que je considère maintenant presque comme
des camarades, et de leur être utile ?

— C'est à quoi je songeais, répondit
M. Hartmann. Les francs-tireurs d'Altenheim
ont fait choix, et ils ont bien fait, d'un officier d'administration. Cet officier ne s'occu-
pera que des affaires intérieures du corps.

Mais cela ne suffit pas. Il faut qu'il y ait un lien qui relie à moi ces braves gens et me permette, de près comme de loin, de veiller sans cesse à leurs besoins et à leur bien-être. Ce lien, ce sera vous, monsieur, si vous y consentez. Officier hors cadre, et non combattant, vous suivrez le bataillon, vous ne vous occuperez que des détails de service dont votre collègue ne pourra pas, par sa position, prendre soin. Vous surveillerez les intérêts du corps ; vous me communiquerez ses besoins. Vous serez, en somme, l'intermédiaire indispensable entre les francs-tireurs et moi. Cela vous convient-il ainsi ? Acceptez-vous cette position, si modeste qu'elle soit ?

— Je l'accepte avec joie, monsieur, et je dirai presque avec reconnaissance, car, en me permettant de veiller au bien-être de ces braves gens, elle me fournira l'occasion de montrer mon dévouement, non-seulement à vous, mais encore à la France, que je considère comme ma seconde patrie.

— Voilà donc qui est entendu, monsieur, et à mon tour je vous remercie. Maintenant, mes enfants, continua-t-il en s'adressant aux ouvriers, comme vous n'êtes nullement responsables des faits qui se passent et qu'il serait jusqu'à un certain point injuste de vous en faire subir les conséquences, je tiens à vous annoncer que tout en devenant francs-tireurs, vous demeurez mes ouvriers, c'est-à-dire que, quelle que soit la durée de la guerre, vous serez payés comme si nous étions en paix. Tous les quinze jours, ainsi que c'est l'habitude de la fabrique, n'importe en quels lieux vous vous trouviez, votre paye vous sera faite par M. de Poblesko. Je me charge, en outre, de veiller sur les veuves et les orphelins de ceux d'entre vous qui succomberaient. Quant à ceux que leurs blessures rendraient incapables de tout travail, eh bien ! que cela ne les inquiète pas. Nous avons la maison de retraite dans laquelle ils entreront.

— Monsieur, répondit Ludwig, avec de telles paroles, vous nous condamnez tous à

mort. Maintenant que nous sommes assurés que nos familles n'auront plus à craindre la misère, nous combattrons le cœur joyeux, et chacun de nous vaudra deux hommes.

M. Hartmann eut beaucoup de peine à échapper aux remercîments et aux témoignages d'affection que lui donnaient ses ouvriers.

Le soir, il voulut présider le banquet qui devait les réunir.

Il fit asseoir Ludwig à sa droite, et jusqu'à huit heures du soir l'on but à la France, aux succès de notre armée et surtout aux exploits futurs des francs-tireurs d'Altenheim.

A onze heures moins un quart, M. Hartmann et sa famille, excepté Lucien et les trois étudiants, rentraient à Strasbourg en compagnie de M. de Poblesko, que M. Hartmann avait prié de le suivre.

VIII

COMMENT MONSIEUR MEYER FIT CONNAISSANCE
AVEC MADAME DE VALRÉAL, ET DE CE QU'IL
EN ADVINT.

En pénétrant dans la ville, M. Hartmann remarqua qu'une grande animation régnait dans les rues, d'ordinaire presque désertes à cette heure de la nuit.

Les habitants étaient sur le pas de leurs portes entr'ouvertes, causant et s'interrogeant entre eux.

Des groupes stationnaient çà et là, discutant avec une certaine activité et, fait plus significatif, on entendait au loin le bruit des tambours et des clairons sonnant le rappel et l'assemblée.

Les turcos campés avec plusieurs autres régiments d'infanterie au dehors de la porte de Saverne, par laquelle la voiture était rentrée en ville, bouclaient leurs sacs en toute hâte et pliaient leurs tentes comme s'ils eussent reçu à l'improviste un ordre de départ.

Était-ce cela, en effet, ou bien un exercice, une fausse alerte ordonnée par un général de division ? Voilà ce qu'il importait à Michel et à Yvon de savoir.

Ordre fut donné en conséquence au cocher de se diriger immédiatement vers l'état-major de leur régiment.

A peine la voiture s'était-elle engagée sur le quai de la gare qu'elle se croisa avec un groupe de cinq ou six officiers à cheval, au milieu desquels Michel reconnut le colonel et le lieutenant-colonel du 3ᵉ zouaves.

De son côté, le colonel, qui l'avait reconnu également, arrêtait son cheval pour l'attendre.

— Pardon, mon colonel, demanda Michel, je rentre en ville à l'instant et j'ignore ce qui se passe. Ne me ferez-vous pas l'honneur de me dire s'il y a quelque chose de nouveau ?

— C'est vous, capitaine Hartmann ! répondit affectueusement le colonel. Vous êtes avec votre inséparable, le sous-lieutenant Kerdrel. Soyez les bienvenus, messieurs. Nous avons en effet reçu des ordres urgents. A quatre heures du matin le régiment doit quitter la ville pour rejoindre sa division. Accompagnez-moi à la Finckmatt où le régiment est campé, afin que nous prenions toutes les dispositions nécessaires, et que nous soyons prêts à marcher aussitôt que nous recevrons l'ordre.

— Mon colonel, m'accorderez-vous cinq minutes pour faire mes adieux à ma famille qui est là dans cette voiture ?

— Oui, mais pas une seconde de plus. Vous me rejoindrez.

Et il s'éloigna au petit pas, suivi des autres cavaliers.

Michel et Yvon revinrent près de la voiture.

Tous deux étaient tristes, mais calmes et résolus.

— Vous avez entendu, mon père, dit Michel.

— Oui, mon fils, répondit le vieillard en se raidissant pour ne pas laisser voir sa douleur. L'heure de nous séparer est venue. Soyons hommes. Pensez à nous, mes enfants. Je ne vous dirai pas : faites votre devoir, car je sais que vous le ferez. Seulement, souvenez-vous que vous êtes Alsaciens ; cette province qui a donné à la France Kléber, Kellermann, Ney et tant d'autres grands hommes de guerre. Suivez leur exemple et mourez s'il le faut pour défendre la patrie française.

Il ouvrit ses bras aux deux jeunes gens et les pressa sur son cœur.

Mme Hartmann embrassa son fils sans prononcer une parole. La douleur et les larmes qu'elle retenait l'étouffaient. Les deux jeunes filles pleuraient.

— Adieu, murmurèrent-elles, et ce fut tout.

Les deux jeunes gens s'enfuirent dans la nuit en étouffant leurs sanglots.

— Monsieur, dit M. Hartmann, en s'adressant à M. de Poblesko, après ce qui vient de se passer, la scène dont vous avez été témoin, vous devez comprendre que la douleur m'accable et qu'il me serait impossible de m'occuper de quoi que ce soit. Disposez de votre nuit, comme bon vous semblera. Demain, à huit heures du matin, je vous recevrai et nous causerons longuement de nos braves ouvriers dont je veux autant que possible sauvegarder les intérêts.

M. de Poblesko descendit de cheval, remit la bride à un domestique, salua respectueusement la famille Hartmann et s'éloigna lentement, laissant la voiture s'engager au grand trot sur le quai Kellermann.

Lorsque le bruit des roues se fut perdu dans le lointain, M. de Poblesko jeta un regard circulaire autour de lui comme pour s'orienter, puis il prit, mais d'un pas rapide cette fois, la rue du Noyer, qu'il suivit jusqu'à la rue des Petites-Boucheries, dans laquelle il tourna. Il continua dans la rue de la Mésange et déboucha sur la place du Broglie.

Ce long trajet ne lui avait pas demandé plus de dix minutes.

Le quart après onze heures sonnait à la cathédrale au moment où il arrivait devant la maison de M. Jeyer.

M. de Poblesko remarqua avec surprise que toutes les fenêtres du premier étage étaient éclairées et que de nombreuses ombres se dessinaient derrière les rideaux.

Il y avait grande réception chez le banquier. Le jeune homme en avait été prévenu, mais il l'avait oublié.

Il jeta un regard inquiet sur son costume. Heureusement que, pour recevoir M. Hartmann, il s'était mis en frais de toilette. Il se trouvait en habit, pantalon noir et bottes vernies, gilet piqué blanc et cravate blanche. Il n'y avait donc rien à redire à son costume. Sortant une paire de gants de sa poche, et se faufilant au milieu des voitures stationnant devant la maison, il pénétra sous le porche et fit son entrée dans les salons sans être remarqué.

En ce moment deux artistes de l'Opéra, récemment arrivés à Strasbourg, chantaient le fameux duo de Raoul et de Valentine du quatrième acte des *Huguenots,* ce qui fit que M. de Poblesko put se glisser dans les salons sans être annoncé.

D'un coup d'œil rapide, il s'assura que M. Jeyer n'était pas présent ; mais il remarqua avec surprise, presque avec épouvante, Mme la comtesse de Valréal, assise parmi d'autres dames, et dont le regard, comme attiré par un courant magnétique, croisa le sien d'un air de menace et de défi et l'obligea à baisser les yeux.

Avec cette science du monde qu'il possédait à un si haut degré, M. de Poblesko,

sans déranger personne, sans faire le moindre bruit, réussit à faire le tour du salon, à atteindre une portière derrière laquelle il se glissa et à ouvrir une porte qu'il referma doucement derrière lui.

Il se trouva alors dans un charmant salon-boudoir, à peine éclairé par un seul lustre à verres dépolis.

Mais M. de Poblesko connaissait les êtres de la maison du banquier. Il s'approcha de la cheminée, poussa un ressort caché dans les délicates moulures du cadre de la glace. Aussitôt une porte dérobée s'ouvrit, démasquant un escalier dans lequel il s'engagea à la hâte.

Derrière lui, la porte se referma sans produire le moindre bruit.

Le jeune homme, guidé par une lampe qui éclairait faiblement l'escalier, monta une quinzaine de marches et s'arrêta devant une porte contre laquelle il frappa cinq coups : deux coups très-rapprochés et les trois derniers à des intervalles égaux ; puis il gratta légèrement contre la porte avec le manche d'un canif qu'il avait retiré de son gilet.

La porte s'ouvrit aussitôt et M. Jeyer parut.

— Pardieu ! cher monsieur, s'écria le banquier, vous ne pouviez arriver plus à propos. Soyez le bienvenu ; je vous attendais.

— Vous m'attendiez ? demanda le jeune homme en pénétrant dans la chambre, où se trouvaient déjà cinq ou six personnes.

— Eh ! oui, fit le banquier en souriant. Les circonstances sont assez graves, il me semble, pour que nous ayons besoin de nous voir.

— C'est juste, fit-il en acceptant le fauteuil que lui offrait le banquier.

Cette chambre avait toutes les apparences d'un cabinet de travail ; mais elle était matelassée de telle sorte que si haut que l'on parlât, il était impossible d'entendre du dehors ce qui s'y disait.

M. de Poblesko connaissait ce cabinet où

déjà plusieurs fois, il avait été reçu par Jeyer.

Il promena un regard autour de lui ,salua de la main M. Meyer qui était assis près de la table, et ne fut pas peu surpris de voir qu'au nombre des personnes présentes, il se trouvait une dame d'une grande beauté, âgée de vingt-cinq à vingt-six ans à peine, n'en paraissant pas davantage, du moins, et en grande toilette de bal. Cette dame lui fut présentée par M. Jeyer comme étant la babonne de Steinfeld.

— Nous reprendrons, si vous le voulez bien, dit le banquier en se rasseyant, la conversation au point où elle a été interrompue par l'arrivée de M. le comte de Poblesko; d'ailleurs rien ne nous presse. Nous pouvons causer tout à notre aise. Les artistes que j'ai engagés doivent chanter encore plusieurs morceaux ; ce qui nous donne environ une heure et demie ou deux heures de tranquillité. Puis, l'on dansera et, alors, belle dame, fit-il en s'inclinant vers la baronne, je me ferai un devoir de vous rendre à vos nombreux admirateurs ; mais auparavant, veuillez, je vous prie, continuer de nous instruire.

— Je vous disais donc, messieurs, dit Mme de Steinfeld, que de graves événements se préparent à Paris. Comme vous le savez, la France subit la guerre que l'empereur lui impose. Le gouvernement qui s'est aperçu trop tard qu'une guerre avec la Prusse est autrement sérieuse qu'une guerre avec l'Autriche où il a obtenu de si faciles triomphes, regrette de s'être engagé si avant. Malheureusement, il est trop tard. Il fait les plus grands efforts pour reconstituer son armée sur des bases solides ; mais ce n'est pas chose facile et surtout dans la situation où se trouve aujourd'hui l'armée française. J'ai été contrainte de quitter Paris, comme beaucoup de mes compatriotes ; mais je ne l'ai pas fait avant que toutes mes précautions aient été prises. Notre système d'espionnage est parfaitement organisé à Paris et fonctionne

dans de telles conditions que quand même le gouvernement réussirait à s'emparer de quelques-uns de nos agents, il ne pourrait découvrir rien d'important. Nos espions les plus adroits se sont distribués les quartiers. Des hommes placés sous leurs ordres leur rendent compte chaque soir de ce qu'ils ont vu ou entendu. Certaines maisons ont été louées sur les points culminants de la ville aux environs des remparts et, sans sortir de Paris, au moyen d'un système d'éclairage fort simple, ils communiqueront avec des agents placés au dehors qui, eux-mêmes correspondront par le même moyen avec d'autres postés en arrière. En un mot, messieurs, il a été installé une espèce de télégraphie qui trompera toutes les prévisions et toute l'astuce de la police française si rusée cependant, au cas peu probable où nos troupes s'avanceraient jusqu'à Paris et en ferait le siége. Des armes nombreuses ont été mises en dépôt, ainsi qu'une grande quantité de munitions dans différents endroits de la ville, et l'armée prussienne aurait, le cas échéant d'une attaque à l'improviste, vingt ou vingt-cinq mille individus, prêts à lui ouvrir une porte.

— Mais, fit observer M. Jeyer, n'avez-vous pas dit que tous les Prussiens avaient été chassés de Paris? Depuis quelques jours du reste nous en avons vus passer ici à Strasbourg une certaine quantité. Il me semble que cela rend assez difficile et presque intenable la position de nos agents à Paris.

— Erreur, monsieur : vous allez me comprendre. D'abord je vous dirai que l'expulsion des Allemands ne peut tarder à avoir lieu, mais qu'elle n'est pas encore exécutée de fait. Il n'y a que les hommes appartenant à la landwehr qui ont quitté Paris pour rejoindre les drapeaux. Les autres ne tarderont pas à les suivre. Quant à moi, on m'a fait l'honneur de me soupçonner et j'ai reçu l'ordre de quitter la ville dans les vingt-quatre heures et la France dans les huit jours. Voici pourquoi je suis ici. Venons maintenant à la situa-

Cette dame lui fut présentée par M. Jeyer comme étant la baronne de Steinfeld. (Page 120.)

tion de nos agents que vous considérez comme très-difficile et presque intenable pendant la guerre. Ce sont vos propres expressions, n'est-ce pas? Eh bien! monsieur, je vous le répète, vous vous trompez; voici pourquoi: vous savez que, d'après la loi prussienne qui est positive à cet égard, tout Prussien a le droit, si ses intérêts l'y obligent, lorsqu'il est à l'étranger, de se faire naturaliser dans le pays qu'il habite et à prendre la qualité de citoyen français s'il est en France, anglais s'il est en Angleterre, etc.; mais la loi ajoute: « Que cette naturalisation n'ayant d'autre « but que de sauvegarder les intérêts commer- « ciaux de celui qui s'y soumet, il ne perd pas « pour cela sa qualité de Prussien; qu'il con- « serve au contraire tous les droits qui lui ont « été acquis par sa naissance, et qu'il est tou- « jours tenu, quoi qu'il arrive, à servir son « pays en tout ce que celui-ci réclamera de « son patriotisme. »

Les Français ignorent cette loi que leur

orgueil ne comprendrait pas. Ils sont tellement infatués d'eux-mêmes qu'ils se figurent
que tous les étrangers désirent être Français
et qu'ils acceptent avec une joie orgueilleuse
toutes ces naturalisations de mauvais aloi
que les Allemands ne se font naturellement
aucun scrupule de demander. Or, tous les
agents qui sont demeurés à Paris se sont depuis cinq ou six ans, en prévision de ce qui
arrive aujourd'hui, fait naturaliser. Les
quelques pauvres diables qui ne l'ont pas fait
sont des gens employés par la voirie de Paris, gens inoffensifs en apparence, que l'on
croit généralement Alsaciens et dont on ne se
méfiera jamais.

— Oh! oh! fit le banquier, je connaissais
parfaitement les dispositions de la loi prussienne à propos de ces fausses naturalisations
dont je me suis servi moi-même du reste; mais
j'ignorais que M. de Bismark eût poussé la
précaution jusqu'à faire naturaliser Français tous les agents que, depuis si longtemps,
il entretient à Paris.

— Non-seulement à Paris, monsieur, mais
par toute la France.

— Allons, décidément, M. de Bismark est
un grand homme. Il nous a créé une seconde
armée qui, pour être occulte, n'en est que plus
redoutable, et qui, je l'espère, nous aidera à
avoir raison de ces Français fanfarons qui se
prétendent invincibles.

— Vous savez, cher monsieur Jeyer, que je
pars demain ou plutôt aujourd'hui à cinq
heures du matin. Je me rends directement
auprès du ministre. Je compte qu'il me féli-
citera du travail souterrain que j'ai fait en
France depuis cinq ans. Si vous avez quelques
pièces à expédier, je m'en chargerai avec
plaisir.

— Ces pièces seront chez vous cette nuit
même, madame. Veuillez, je vous prie, dire
au ministre que j'ai concentré entre mes
mains toutes les agences de l'Alsace et de la
Lorraine et que, de même que vous l'avez fait
à Paris, j'ai organisé le tout sur une grande

échelle. Chaque jour, matin et soir, je reçois
et je classe les renseignements qui me sont
donnés. Quant à ma position ici, elle est
bonne. Je suis naturalisé Français; je passe
pour un excellent patriote et, pas plus tard
qu'aujourd'hui, j'ai versé vingt-cinq mille
francs à la municipalité pour venir en aide
aux victimes de la guerre. D'ailleurs, je suis
aimé, considéré, et, à moins d'un hasard impossible à prévoir, je ne cours aucun risque
d'être soupçonné et je serai au contraire toujours en mesure de fournir à Son Excellence
tous les renseignements dont elle a besoin sur
les deux provinces dont elle m'a fait l'honneur de me confier la direction. Toutes les
mesures sont prises pour que, même en cas
de siège de Strasbourg, mes relations avec
le gouvernement prussien ne soient pas inter-
rompues.

— Vos paroles seront répétées textuellement à M. de Bismark, monsieur, et je ne
doute pas qu'après la guerre, l'aigle noir de
première classe ou la croix de fer ne vienne
se joindre sur votre poitrine aux autres
décorations que vous avez déjà si noblement
gagnées.

Ce compliment semblait si bien une épi-
gramme que le banquier regarda à deux
reprises différentes sa charmante interlocu-
trice afin de s'assurer qu'elle parlait sérieusement.

— Je ne sais réellement comment vous
remercier, madame, répondit-il, et, se tournant alors vers M. de Poblesko :

— Monsieur, continua-t-il, il ne me reste
plus qu'à vous entendre. Les personnes
arrivées avant vous m'ont toutes adressé
leurs rapports. Veuillez, je vous prie, me remettre le vôtre.

— En ce moment, monsieur, j'ai été tellement pris à l'improviste par les événements,
que le temps m'a manqué pour rédiger un
rapport. C'est donc de vive voix que je vous
rendrai compte des faits dont j'ai été témoin.
Je ne vous remettrai que les rapports que

j'ai reçus ce matin de mes agents subalternes. Les voici.

Il retira de la poche de côté de son habit plusieurs liasses de papiers qu'il posa sur la table. — Très-bien, répondit le banquier ; veuillez parler, je vous prie, je suis tout oreilles.

— Monsieur, un grand mouvement se produit en ce moment dans la population alsacienne. L'élan patriotique est extrême. Partout, et remarquez bien ceci, malgré le mauvais vouloir du gouvernement qui s'y oppose de toute sa force d'inertie, les hommes en état de prendre les armes, s'organisent en corps de partisans, résolus à défendre les défilés de leurs montagnes et à se faire tuer jusqu'au dernier, plutôt que de laisser l'étranger envahir leur pays.

— Eh ! voilà qui est grave !

— Aujourd'hui même, à Altenheim où il y avait un grand concours de tir, les ouvriers de la fabrique Hartmann dont je suis le directeur se sont formés en un corps de partisans de trois cents hommes, tous anciens soldats d'Afrique et de Crimée, rompus à la discipline militaire et qui ont appris la guerre de broussailles avec les Arabes. Cet exemple sera suivi avant huit jours par tous les montagnards des Vosges. Vous en aurez la preuve dans les rapports que je viens de vous remettre. Je ne vous parle que des partisans formés à Altenheim, parce que ceux-là se sont organisés devant moi aujourd'hui même, sans que je puisse m'y opposer. Ils avaient si bien pris leurs précautions, gardé si complètement le secret de ce qu'ils voulaient faire, que je ne l'ai connu que lorsqu'il était trop tard pour m'opposer à leur projet. J'ai essayé de me faire nommer chef de ce corps ; mais j'ai échoué, en apparence à cause de ma nationalité polonaise, mais je crois, en réalité, parce que les ouvriers ont contre moi des soupçons, encore vagues à la vérité, mais que je vais mettre tous mes soins à détruire avant qu'ils puissent prendre une plus grande impor-

tance. J'ai donc besoin, monsieur, qu'on me laisse la plus grande liberté d'action. S'il en était autrement, ma position deviendrait non-seulement dangereuse pour moi, ce qui ne serait rien, mais inutile et presque nuisible aux intérêts du roi.

— La liberté la plus complète vous sera laissée, monsieur de Poblesko. On vous connaît et on sait combien vous êtes dévoué à votre pays.

— Je vous remercie, monsieur. J'espère vous donner bientôt des preuves que ce dévouement ne connaît point de bornes. Ne pouvant être nommé commandant de ce corps de partisans, j'ai tourné habilement la difficulté et j'ai amené M. Hartmann dont, entre parenthèses, je vous engage à mettre le nom sur vos tablettes en l'accompagnant de trois croix rouges...

— Oui, oui, interrompit M. Jeyer. Je connais les opinions de M. Hartmann. C'est un adversaire déclaré de la Prusse.

— Dites un ennemi acharné. M. Hartmann dépensera sa fortune jusqu'au dernier centime pour aider à battre la Prusse. Aujourd'hui, sans hésiter, il a dépensé plus de cent cinquante mille francs pour l'organisation du corps de partisans dont je vous parle.

— Cent cinquante mille francs ! fit le banquier en joignant les mains.

— Oui, monsieur, il ne s'en tiendra pas là. Mais malheureusement il n'est pas le seul en Alsace qui professe cette haine contre notre pays. Ne vous y trompez pas, monsieur, tout le haut commerce est contre nous.

— C'est vrai, je le sais. Les grands industriels n'hésiteront pas à faire tous les sacrifices. De plus, nous avons affaire à une population excessivement belliqueuse attachée de cœur à la France, et je crains bien quoi qu'il arrive, que la Prusse ne réussisse jamais à se l'assimiler, quels que soient les moyens qu'elle emploie. Mais continuez l'explication que vous aviez commencée, je vous prie.

— Je vous disais donc que j'avais tourné
la difficulté, de sorte que, sans paraître le
désirer, j'ai obligé M. Hartmann à me pro-
poser de son plein gré de m'attacher à ce
corps de partisans qu'il a formé, en qualité
d'officier de détail ; ce qui, vous le comprenez,
me permettra de rendre de grands services.

— En effet. Vous n'avez rien à ajouter.
monsieur ?

— Rien. Vous connaissez comme moi, j'en
suis convaincu, le départ des troupes campées
hors de la porte de Saverne et à la Finckmat,
cette nuit même.

— Oui, l'ordre est arrivé à neuf heures du
soir. Je le recevais en même temps que le
général commandant la division. Puis, se
tournant vers la baronne, il ajouta :

— Vous le voyez, madame, nous sommes
prêts ici à faire notre devoir. Toutes nos
précautions sont prises. Nous attendons avec
confiance l'arrivée des troupes prussiennes.

— Ah ! pardon, monsieur, reprit M. de
Poblesko, j'oubliais un détail fort intéressant
et qui a son importance, surtout en ce moment : un de mes agents s'est abouché avec
deux familles piétistes possédant une certaine
influence dans la montagne. Il a fait certaines
ouvertures à ces deux familles, ouvertures
qui, paraîtrait-il, n'ont pas été trop mal reçues.
Je n'insiste pas sur ce sujet parce que je n'ai
encore aucun détail. Mais j'espère, d'ici à
deux jours, être en mesure de vous donner
les meilleurs renseignements. Je vais m'occuper moi-même de cette négociation.

— Ne négligez rien, monsieur, le temps
presse. Ce serait pour nous un coup de partie
que de nous assurer des intelligences dans
la montagne.

— J'y mettrai tous mes soins, monsieur.

On gratta à la porte d'une certaine façon.

— Messieurs, dit le banquier, ce signal
nous annonce que les danses vont recommencer
et qu'il est temps que nous reparaissions dans
les salons. Si vous voulez me suivre, madame
la baronne, je vous reconduirai dans le
boudoir où votre migraine vous avait contrainte de vous réfugier. Quant à vous, messieurs, descendez par le grand escalier. Rien
ne vous sera plus facile que de vous mêler
à la foule. Dans un instant je vous rejoindrai.

Les assistants se levèrent, et, tandis que
M. Jeyer et la baronne de Steinfeld dis-
paraissaient par l'escalier dérobé, les con-
spirateurs, ou pour mieux dire les espions,
pour les appeler par leur véritable nom,
sortirent d'un autre côté.

— Charmé de vous voir, cher monsieur
Meyer, dit M. de Poblesko en s'approchant du
maquignon, revêtu d'un costume de cérémonie qu'il portait avec autant d'élégance et de
grâce que s'il eût été réellement gentilhomme,
comment se fait-il que je vous rencontre au
milieu de cette fête ?

— Que voulez-vous, cher monsieur, nous
sommes soumis à des exigences singulières ;
je n'ai pas besoin de vous dire, n'est-ce pas,
que je suis incognito ; je passe pour un cousin
éloigné du maître de la maison, ce qui est un
grand honneur pour moi, ajouta-t-il d'un air
narquois.

— Est-ce que vous allez rentrer dans les
salons ?

— Mais certainement, et vous ?

— Moi de même. Puisque vous vous y rendez, je vous recommande de regarder attentivement une certaine dame.

— Moi, pourquoi faire ? je ne connais aucune des dames qui sont ici.

— Je le sais, mais cela n'y fait rien. Vous
reconnaîtrez celle-ci au premier coup d'œil.
C'est une brune magnifique, avec de grands
yeux noirs profonds comme la nuit. En vous
disant qu'elle est la plus belle de toutes les
dames qui font l'ornement de cette fête, je
vous donne un signalement de la plus grande
exactitude.

— Cher monsieur de Poblesko, je vous
avoue entre nous que, par principe, et aussi
peut-être à cause de mon âge, je me soucie
fort peu des femmes, si belles qu'elles soient ;

je préfère un tête-à-tête avec une bouteille de Rudheismer à la plus séduisante de toutes les sirènes qui encombrent en ce moment les salons de notre hôte.

— Peu importe ; regardez et regardez bien attentivement la femme dont je vous parle.

— Bon ; à quoi cela aboutira-t-il ?

— A ceci, cher monsieur Meyer : c'est que vous aurez la preuve que notre hôte n'est pas aussi indifférent qu'il prétend l'être, ni si invulnérable qu'il s'en vante.

— Allons, voilà que vous me donnez des énigmes à deviner maintenant ?

— Non pas.

— Je vous demande pardon. Et il est de mon devoir de vous prévenir tout d'abord que je ne me suis jamais senti la moindre inclination à deviner les rébus.

— Je ne vous donne ni rébus ni charade à deviner. Je fais simplement appel à votre mémoire.

— Ah ! ceci est autre chose. Voyons, expliquez-vous.

— Vous rappelez-vous la comtesse de Valréal ?

— Certes, et je vous avoue entre nous que, d'après ce que vous m'en avez dit, j'en ai une peur effroyable.

— Vous vous rappelez, n'est-ce pas, ce qui avait été convenu avec nous et l'engagement que M. Jeyer avait pris ?

— Parfaitement ; j'espère bien qu'il l'a rempli, cet engagement.

— Eh bien, vous espérez mal.

— Comment, j'espère mal ?

— Oui. Cet engagement si sérieusement pris, sur l'exécution duquel nous étions si en droit de compter, il ne l'a pas rempli du tout.

— Vous plaisantez, cher monsieur ?

— Dieu me garde de plaisanter sur un pareil sujet ! Entrez dans le salon, cher monsieur Meyer, et vous verrez, trônant comme un astre au milieu des étoiles, Mᵐᵉ la comtesse de Valréal, plus belle, plus séduisante et plus irrésistible que jamais.

— Eh ! savez-vous que, si ce que vous me dites là est vrai...

— M. de Poblesko a dit la vérité, interrompit M. Jeyer qui parut en ce moment entre les deux hommes.

Le banquier était entré par une porte de dégagement sur le palier où s'étaient arrêtés les deux interlocuteurs et, depuis quelque temps, il assistait invisible à leur entretien.

— Que le diable vous emporte ! s'écria M. Meyer, vous m'avez fait presque peur. Est-ce qu'on doit ainsi surprendre les gens à l'improviste ?

— Excusez-moi, cher monsieur, mais il est quelquefois bon d'écouter aux portes ; comme vous le voyez, on apprend des choses importantes.

— Monsieur, je n'ai rien avancé qui ne fût vrai, dit M. de Poblesko.

— Je l'ai déjà reconnu, monsieur. J'ai pris avec vous l'engagement d'imposer silence à la comtesse de Valréal, et au besoin de nous débarrasser d'elle par tous les moyens.

— Eh bien ?

— Vous ai-je promis que j'exécuterais cette résolution que nous avons prise immédiatement, sans précaution ? Suis-je un niais ? un assassin de bas étage ? Irai-je bêtement assassiner ou faire assassiner cette dame ? Croyez-vous qu'on ne s'inquiéterait pas de sa mort ? qu'on n'en rechercherait pas les causes ? Les choses ne marchent pas aussi vite que vous le supposez, messieurs. Il faut que cette femme disparaisse ; elle disparaîtra, je le jure, et je tiendrai mon serment ; mais elle disparaîtra sans qu'aucun soupçon puisse planer sur nous et nous atteindre. Nous ne sommes pas encore les maîtres de Strasbourg. La police française est une des plus clairvoyantes de l'Europe ; si j'agissais à la légère sans que mes précautions fussent bien prises, nous pourrions tous avoir à nous en repentir. La partie que nous jouons est sérieuse. La moindre faute nous perdrait.

— Je le comprends, monsieur, répondit

M. de Poblesko, mais la présence de cette femme dans vos salons...

— Cette présence, monsieur, vous prouve tout le contraire de ce que vous supposez. Il faut que tout le monde sache, afin de détourner les soupçons, les relations courtoises qui existent entre elle et moi. Je suis son banquier, du reste ; je lui ai fait une visite ; cette visite elle me l'a rendue. Peu à peu, je suis parvenu à contracter avec elle une liaison qui, sans être intime, suffit à me placer dans une situation qui éloignera de moi toute insinuation malveillante. Vous êtes jeune, monsieur de Poblesko. Vous vous laissez trop facilement aller à certains entraînements. Croyez-moi, avant de juger les actes des hommes, attendez d'avoir la main remplie de preuves contre eux. Bientôt, je l'espère, je vous convaincrai que vous avez eu tort, et que vous m'avez accusé trop précipitamment.

— C'est mon plus vif désir, monsieur. Pardonnez ce que mes paroles ont eu de trop rude ; mais j'éprouve pour cette femme une haine si profonde que sa vue m'a donné froid au cœur et m'a fait presque défaillir. Je vous ai soupçonné, j'ai eu tort. Je le reconnais maintenant. Les explications que vous avez bien voulu me donner me suffisent.

— Qu'il ne soit plus question de cela entre nous, monsieur ; les faits me justifieront plus que tout ce que nous pourrions dire. Mais rentrons dans les salons, je vous prie. Notre absence pourrait être remarquée. Elle est beaucoup plus longue qu'elle n'aurait dû l'être. Venez.

Tous trois alors descendirent l'escalier au bas duquel le banquier les laissa.

— C'est égal, dit M. Meyer en se penchant vers le jeune homme, je suis curieux à présent de voir cette irrésistible sirène. Vous me la montrerez, n'est-ce pas ?

— Non pas, répondit-il en riant ; je veux, au contraire, vous laisser le soin de la découvrir.

— J'essaierai, mais ne me quittez pas.

— Soyez tranquille.

A leur tour alors, ils pénétrèrent dans les salons.

La plus grande animation y régnait.

La danse venait de finir.

Des laquais en grande livrée faisaient circuler des glaces et des rafraîchissements de toutes sortes.

L'entrée de nos personnages fut donc complètement inaperçue.

Ils traversèrent le premier salon, pénétrèrent dans un second, et de là ils passèrent dans un magnifique jardin d'hiver, où un grand nombre de dames s'étaient réfugiées pour respirer un peu à l'aise.

Bien que toutes les fenêtres eussent été ouvertes, la chaleur était accablante.

A peine les deux hommes mettaient-ils le pied dans le jardin d'hiver que M. Meyer pressa convulsivement le bras du jeune homme.

— La voilà ! dit-il d'une voix étranglée.

Et il lui désigna une jeune femme assise seule, au fond d'un bosquet à peine éclairé et qui, ne se croyant pas observée, laissait errer autour d'elle des regards rêveurs et mélancoliques.

— C'est elle, n'est-ce pas ? C'est bien elle ? reprit-il d'une voix sifflante,

— Oui, répondit le jeune homme avec amertume. C'est bien elle, en effet. Qu'en pensez-vous ?

— Ce que j'en pense ? murmura-t-il avec un léger tremblement dans la voix. Oh ! vous avez raison, monsieur, cette femme, si nous n'y prenons garde, ce n'est pas nous qui la tuerons, c'est elle qui nous tuera. Nous sommes perdus.

— Ah ! reprit le jeune homme, vous le comprenez, maintenant ?

— Oui ; et, ajouta-t-il avec une sombre résolution, je le comprends si bien que j'agirai en conséquence.

— Que prétendez-vous faire ? demanda

le jeune homme en lui lançant un regard surpris.

— Rien, rien, répondit-il froidement.

— Mais encore, fit-il avec insistance.

— Vous le saurez plus tard. Adieu.

Et sans plus s'occuper de son compagnon, M. Meyer tourna sur lui-même, s'éloigna rapidement et disparut au milieu de la foule qui encombrait les salons.

Ce fut en vain que M. de Poblesko se mit à sa poursuite. Il ne put l'atteindre.

Le maquignon ou soi-disant tel avait précipitamment quitté la maison du banquier.

IX

QUELLE ÉTAIT L'OPINION DE LUCIEN HARTMANN SUR M. DE POBLESKO

Si grand que fût le stoïcisme de M. Hartmann, les chocs douloureux qu'il avait reçus coup sur coup, enfin le départ précipité de son fils aîné et d'Yvon Kerdrel, l'homme auquel il avait accordé la main de sa fille et pour lequel il éprouvait une amitié réellement paternelle, toutes ces douleurs réunies et accumulées sur sa tête en si peu de temps avaient annihilé ses forces, et presque abattu son courage.

Pendant la nuit tout entière, réfugié au fond de son appartement, en proie aux pressentiments les plus sombres, seul avec sa femme, cette douce et sainte compagne de sa vie, il avait laissé un libre cours à sa douleur, et il avait amèrement pleuré sur ces deux jeunes gens, si brusquement ravis à son amour paternel, qu'il avait vus partir si résolus, si pleins d'une noble ardeur, et dont peut-être bientôt il apprendrait la mort terrible sur un champ de bataille.

Le lendemain, le pauvre père se trouvait dans un tel état d'abattement qu'il consigna sa porte, et, bien que M. de Poblesko insistât pour être reçu, en arguant du rendez-vous que lui avait donné M. Hartmann, il fut contraint de se retirer et de remettre sa visite au lendemain à la même heure.

La journée s'écoula sans que M. Hartmann sortît de son appartement.

Ainsi que lui-même le disait, il luttait corps à corps contre la douleur, résolu à la dompter afin de reprendre toute sa liberté d'esprit et de se donner tout entier au intérêts de son pays qui, il le prévoyait, ne tarderait pas à faire un appel à ses lumières et surtout à son patriotisme.

Vers neuf heures du soir, Lucien qui, ainsi que le lecteur le sait déjà, avait été absent toute la journée, rentra à Strasbourg.

Cette fois le jeune homme qui du reste avait laissé ses compagnons ordinaires à Altenheim, ne songea aucunement à la brasserie de la Ville de Paris où il avait l'habitude de passer une grande partie de ses soirées, et il se dirigea directement vers la rue de la Nuée-Bleue, c'est-à-dire vers le logis paternel.

En entrant dans la maison, sa mère lui annonça le départ précipité de Michel et d'Yvon, la douleur de M. Hartmann, et l'état de faiblesse dans lequel celui-ci se trouvait.

Le jeune homme, après avoir tendrement embrassé sa mère et fait disparaître la trace de ses larmes sous ses baisers, avec cette câlinerie des enfants gâtés, fit demander à son père s'il consentait à le recevoir.

Contre l'attente de Lucien, M. Hartmann fit répondre qu'il pouvait entrer.

Le jeune homme ne se fit pas répéter cette permission. Les paroles de sa mère l'avaient fort inquiété; il adorait son père, et, si l'entrée de la porte de sa chambre à coucher lui eût été refusée, il est probable que, malgré son respect pour son père, il aurait violé la consigne.

M. Hartmann était assis, dans un large fauteuil à oreillettes ; le haut de son corps était rejeté en arrière, sa tête reposait sur des oreillers.

Son visage portait les empreintes de la douleur qui, pendant quelques heures, l'avait terrassé. Sa physionomie était triste, mais calme. On sentait que les forces commençaient à revenir peu à peu et que, grâce à l'énergie de son caractère, le vieillard avait enfin réussi à refouler au fond de son cœur le chagrin qui le minait.

Il sourit doucement en apercevant son fils, l'embrassa avec effusion, et le fit asseoir auprès de lui.

M. Hartmann aimait tendrement Lucien. Cette tendresse le faisait passer sur bien des défauts du jeune homme et souvent il se le reprochait intérieurement comme une faiblesse.

— Eh bien ! lui demanda-t-il, te voilà donc de retour ? Qu'as-tu fait ? Comment les choses se sont-elles passées ? Es-tu satisfait de ton excursion ? Parle, je veux tout savoir.

— Ne craignez-vous pas, mon père, répondit le jeune homme, que ce récit ne vous fatigue ! Il est trop tard ; vous avez besoin de repos. Peut-être vaudrait-il mieux...

— Non, reprit le vieillard en souriant. Tu peux parler sans crainte, cher enfant ; le coup qui m'a frappé a été rude, j'en conviens ; la douleur que j'ai éprouvée a été affreuse ; un instant, je me suis senti brisé ; mais, grâce à Dieu, la raison est venue à mon secours et, bien que la plaie soit toujours saignante, le courage m'est revenu, et avec le courage, la force, et surtout la résignation. Ainsi, je te le répète, Lucien, tu peux parler sans crainte de me fatiguer, d'autant plus qu'il est nécessaire que mes pensées ne restent pas continuellement fixées sur le même sujet. Ne faut-il pas que je donne le change à mon chagrin ?

— Puisque vous le désirez, mon père, je vous dirai que, ainsi que cela a été convenu, je suis parti ce matin d'Altenheim pour me rendre à Mutzig. J'ai rempli la mission que vous m'aviez confiée avec toute l'intelligence dont je puis disposer. Je crois que vous serez satisfait de moi. Les francs-tireurs d'Altenheim ont maintenant tout ce qui leur est nécessaire en équipements militaires, vêtements, vivres, armes, munitions et médicaments. Voici sur ce papier le détail exact de tout ce que j'ai dépensé. Vous verrez que les prix ont été fort au-dessous de l'estimation que vous aviez faite. J'ai cru remplir vos intentions, mon père, en ne bénéficiant pas de ce rabais, mais au contraire en en profitant pour augmenter la quantité des munitions, des vivres et des vêtements, et cela dans des proportions considérables.

— Tu as bien fait, Lucien ; en agissant ainsi, tu as parfaitement compris mes intentions. Allons, ajouta-t-il avec une gaieté douce, je vois avec plaisir que tu deviens un homme et que je puis avoir confiance en toi.

— On grandit avec les circonstances, mon père, et celles dans lesquelles nous nous trouvons sont tellement sérieuses qu'en quelques heures elles mûrissent un homme.

— J'aime à t'entendre parler ainsi, mon fils ; mais dis-moi, n'as-tu rien appris de nouveau à Mutzig ?

— Pardonnez-moi, mon père. Bien que les premiers coups de canon ne soient pas encore tirés, tout fait supposer qu'une bataille est imminente. Du reste, jusqu'à présent les troupes se concentrent et il n'y a eu encore que quelques reconnaissances poussées de part et d'autre. Voici ce que j'ai appris de positif : Le 26 juillet, il y a six jours par conséquent, le comte de Zeppelin, officier d'état-major wurtembergeois, accompagné de trois officiers de dragons badois et de huit cavaliers, poussa une reconnaissance fort hardie par Lauterbourg jusqu'au-delà de Soultz. Cet officier d'état-major s'était laissé emporter trop loin. Ses chevaux étaient rendus de fatigue. Il fut contraint, bien à contre-cœur, de faire arrêter son détachement dans une ferme entre

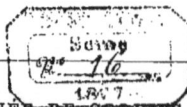

Fais ton devoir, frère; moi je saurai faire le mien. (Page 136.)

Wœrth et Niederbronn, afin de laisser souffler les chevaux. A peine les cavaliers avaient-
ils mis pied à terre qu'ils furent surpris par
une patrouille de chasseurs français que le
général de Bernis, commandant la cavalerie,
sur les indications reçues par les habitants,
avait lancée à leur poursuite. La lutte fut vive;
le combat acharné; les deux détachements
étaient à peu près de la même force. Un des
officiers badois, Anglais de naissance, et
quatre cavaliers furent tués ou blessés. Les
deux autres officiers également blessés, et les

autres cavaliers, obligés de se rendre, furent
emmenés au quartier général de Metz. Le
comte de Zeppelin réussit seul à s'échapper.
Voilà ce que j'ai appris, mon père.

— Ce début n'est pas mauvais, mais ce
n'est, comme tu le dis toi-même, qu'une
reconnaissance.

— C'est vrai, mon père, mais remarquez
que ce détachement ennemi a été complètement détruit. Cette nouvelle arrivée à Mutzig hier y a causé une grande émotion.
Ce début, si minimes qu'en soient les ré-

sultats, fait bien augurer des suites de la guerre.

— Dieu veuille qu'il en soit ainsi et que nous ne nous trompions pas, mon fils ! répondit M. Hartmann, en hochant tristement la tête. N'as-tu rien à ajouter ?

— Pardonnez-moi, mon père, j'ai quelques mots encore à vous dire. Ainsi que je vous en ai informé, une action est imminente ; il est impossible d'en prévoir les résultats. Ce soir, les officiers de la compagnie des francs-tireurs d'Altenheim se sont réunis sous la présidence de Ludwig, leur commandant. Il a été résolu que la compagnie entrerait immédiatement en campagne ; que cette nuit, à une heure du matin, la première section quitterait le village et pousserait une reconnaissance, car toute la compagnie doit, sous deux jours, prendre son poste sur la frontière ou du moins aussi près que possible des grand'gardes ennemies, afin de surveiller tous les mouvements des Prussiens. Approuvez-vous cette résolution, mon père ?

— Oui, mon enfant, sur tous les points ; mais pourquoi t'arrêtes-tu ?

— Mon père, si vous me voyez hésiter, c'est que je m'aperçois un peu tard que peut-être j'aurais dû, malgré la gravité des circonstances, attendre quelques heures encore avant que de vous annoncer...

Le vieillard posa doucement la main sur l'épaule de son fils, et il lui dit en secouant la tête avec un sourire mélancolique :

— Tu n'as rien à m'annoncer, cher enfant, que je ne sache déjà. Mais je te l'ai dit, je suis fort maintenant et je puis tout entendre. D'ailleurs, ajouta-t-il avec tristesse, le sacrifice ne doit-il pas être complet ? Après l'aîné, le cadet, c'est la règle ; moi et ta mère, qui sommes vieux maintenant et qui pensions nous appuyer sur vous, nous devons rester seuls. Dieu l'a voulu ainsi ; que sa volonté soit faite ! Un premier détachement de tes compagnons part cette nuit. Tu as compris, Lucien, que ton poste était à l'avant-garde ;

que le fils de M. Hartmann ne pouvait pas abandonner les ouvriers de son père quand ces ouvriers vont combattre pour lui ; tu as eu raison, mon fils, cette pensée est noble et généreuse ; je te remercie de l'avoir eue. Je n'ajouterai qu'un mot : fais ton devoir. Ta mère et moi nous prierons pour toi. Si tu meurs, nous te pleurerons.

— Mon père, mon bon père !...

— Oui, mon enfant, il est dur à mon âge, il est bien triste de se voir ainsi en quelques jours abandonné à la fois par tous ses enfants, de rester seul, en proie à sa douleur, dans une maison où se sont écoulés tant de jours heureux. Enfin, le devoir l'ordonne ; il faut obéir. Quoi qu'il arrive de ton frère et de toi, je ne faiblirai pas ; jusqu'au bout, je demeurerai inébranlable et, si je succombe, moi aussi, j'emporterai avec moi dans la tombe une consolation suprême, celle d'avoir fait sans hésitation et sans regret à ma patrie non-seulement, ce qui ne serait rien, le sacrifice de ma fortune, mais encore celui de tous les êtres qui me sont chers. Va, mon enfant, ne dis rien à ta mère de ton départ de cette nuit ; laisse-moi le soin de lui apprendre cette triste nouvelle.

— Mon père, je vous remercie de me parler ainsi que vous le faites ; je me sens devenir un homme en vous écoutant ; il me semble qu'il y a entre hier et aujourd'hui une distance immense. Mes idées ne sont plus les mêmes ; mes aspirations se sont agrandies ; croyez-moi, mon père, je vous en donne ici ma parole, quoi qu'il arrive, je demeurerai digne de vous.

— Merci, mon enfant, mais vas-tu donc me quitter tout de suite ? Ne peux-tu pas rester encore quelques minutes avec moi ?

— Je ne veux vous quitter qu'au dernier moment, mon père, et, si vous y consentez, puisqu'il me reste encore près d'une heure devant moi, je profiterai de ce répit que le hasard m'accorde, pour vous parler d'un homme auquel peut-être vous accordez trop de confiance, et qui, je ne sais pourquoi, est-ce pressentiment, est-ce instinct, m'inspire une défiance insurmontable.

— A qui fais-tu allusion, cher enfant?

— A M. de Poblesko, mon père.

— M. de Poblesko? Tu te trompes, Lucien. Ce jeune homme est digne, sous tous les rapports, de la confiance que j'ai mise en lui. Depuis que je lui ai donné la direction de la fabrique, je l'ai surveillé avec le plus grand soin; je ne l'ai pas un instant perdu de vue. Sa conduite me paraît des plus honorables, son intégrité au-dessus de tout soupçon. Et cependant, tu le sais, Lucien, il dispose souvent de sommes très-considérables.

— Oh! sur ce point, mon père, je partage entièrement votre opinion. Oui, ce monsieur est intègre, jamais il ne s'appropriera une somme quelconque qui ne lui appartiendrait pas. Sa conduite est honorable ou du moins elle paraît telle; ce n'est pas à ce sujet que je désire vous entretenir de lui.

— Et à quel sujet, mon fils? Voyons, explique-toi, car je t'avoue que je ne te comprends pas du tout.

— Je ne demande pas mieux que de m'expliquer, mon père; seulement je n'ai jamais bien su de quelle façon cet homme est entré dans notre maison.

— De la façon la plus simple, mon fils : un jour, il y a environ quatre ans de cela, tu étais à Paris alors, avec ta mère et ta sœur; un jour, dis-je, un étranger se présente chez moi, ayant, disait-il, à me remettre une lettre de la part de M. Xavier Kalbris, notre correspondant à Munich. Tu connais M. Kalbris; il est notre compatriote, né dans cette ville même, de plus c'est un de mes meilleurs et plus anciens amis. Je donnai l'ordre d'introduire l'étranger et j'ouvris avec empressement la lettre qu'il me présenta. Cette lettre contenait une recommandation très-chaude en faveur de M. le comte Ladislas de Poblesko, gentilhomme polonais compromis dans la dernière insurrection de son pays, réduit à s'ex-

patrier pour échapper à la mort prononcée contre lui par le gouvernement russe, dont tous les biens étaient sous le séquestre, et qui se trouvait, par conséquent, forcé de chercher un emploi qui lui permît de vivre honorablement. M. de Poblesko me montra des papiers parfaitement en règle. Je lui fis l'accueil le plus bienveillant et je le congédiai en lui promettant de m'occuper de lui et lui assignai un rendez-vous à huit jours de là. Je voulais faire honneur à la recommandation de M. Kalbris. Cependant il était de mon devoir de prendre sur son protégé tous les renseignements qu'il me serait possible d'obtenir. Ces renseignements ne pouvaient m'être donnés que par les Polonais fixés à Strasbourg. De plus j'écrivis le jour même à M. Kalbris. Tous les renseignements que j'obtins furent excellents. Une lettre de mon correspondant les compléta et fit cesser de ma part toute hésitation. M. de Poblesko entra chez moi. Un an plus tard, je le mis à la tête de ma fabrique; je dois t'avouer, mon cher enfant, que non-seulement je n'ai eu qu'à me louer de lui comme conduite et honorabilité, mais que son intelligence et son activité m'ont été fort utiles; et que c'est à lui, en grande partie, que je dois la prospérité de ma fabrique.

M. de Poblesko est un homme modeste, peu causeur, mais son intelligence est grande, ses vues sont élevées; il comprend avec une rapidité extrême les questions si embarrassantes qu'elles soient et il en trouve presque immédiatement la solution. Il a le talent fort rare de s'assimiler les idées des personnes avec lesquelles il cause, ou plutôt qu'il laisse parler devant lui, et de tirer de ces idées si elles sont bonnes le meilleur résultat. Voilà, mon cher Lucien, quel est l'homme pour lequel, dis-tu, malgré toi, tu éprouves une méfiance insurmontable. J'espère que cette explication un peu longue, mais que je n'ai pas hésité à te donner te suffira pour reconnaître que tu t'étais trompé.

— Pourtant, mon père, il n'en est pas ainsi;

pardonnez-moi si je persiste au contraire dans ma première opinion; j'ai écouté avec la plus respectueuse attention les paroles que vous avez prononcées; me permettez-vous maintenant, mon père, de vous dévoiler ma pensée tout entière?

— Tu le dois, mon fils, et cela d'autant plus que tu attaques devant moi un homme que j'ai cru jusqu'à présent et que jusqu'à preuve du contraire je croirai digne de mon estime.

— Malheureusement, mon père, toutes les preuves qu'il m'est possible de vous fournir ne sont que des preuves morales, mais qui pour moi n'en ont pas cependant pour cela moins de valeur.

— Voyons tes preuves morales, fit-il en souriant.

— Les voici, mon père, je procéderai par ordre: d'abord, M. de Poblesko fréquente très-peu la société de ses compatriotes. Loin de les rechercher, il s'en éloigne au contraire; dans deux ou trois circonstances, on a parlé devant lui de certains événements de l'insurrection polonaise, et chaque fois que la conversation a été mise sur ce sujet, M. de Poblesko a gardé un silence prudent ne répondant que par des phrases à double sens et essayant toujours de détourner la conversation, même lorsqu'il s'agissait de faits auxquels il assure avoir assisté; mais ceci ne serait rien. Passons à autre chose: M. de Poblesko parle le polonais avec une grande facilité, mais ce qui étonne tous ses compatriotes, hommes du monde appartenant tous à de grandes familles polonaises, c'est que la langue parlée par lui n'est qu'une espèce de patois, un polonais bâtard employé seulement par la basse classe et les paysans des environs de Varsovie. Vous hochez la tête, mon père; très-bien. Arrivons à des choses plus graves: comment se fait-il que M. de Poblesko dont la conduite est en apparence si honorable, ait deux logements à Strabourg?

— Deux logements?

— Oui, mon père; son logement réel, celui que vous connaissez, que nous connaissons tous, dans la rue Mercière, et un autre, mais caché celui-là et inconnu de tout le monde, au bout du faubourg de Pierres; notez bien ceci, mon père, à deux pas des remparts.

— Où veux-tu en venir?

— Vous allez le voir, mon père. Dans ce logement, bien entendu, qui ne se compose que de deux petites pièces et des plus modestes, ce n'est pas M. de Poblesko, directeur de la fabrique Hartmann, qui habite, non, c'est une espèce d'être amphibie, moitié artiste moitié ouvrier, musicien ambulant au besoin, et qui se nomme Félix Papin, un nom essentiellement français, comme vous voyez mon père.

— Tu es bien sûr de ce que tu avances là? Fais y bien attention, Lucien, cette accusation est très-grave.

— En effet mon père, elle est très-grave. Aussi, j'ai des preuves matérielles pour celle-là. J'ai vu... Mais tout cela ne serait rien encore; il me reste à vous rapporter un fait beaucoup plus sérieux que tout ce que vous venez d'entendre. Malheureusement, pour ceci, il faut que vous vous en rapportiez absolument à moi. La personne de qui je tiens ce dernier renseignement a exigé ma parole que je ne révélerais son nom que lorsqu'elle m'autoriserait elle-même à le faire.

— Et cette personne, quelle est-elle! Bien entendu, je ne te parle que de sa position dans le monde.

— Elle occupe un des premiers rangs dans la haute société de Strasbourg, mon père; j'ajouterai même que vous la connaissez et que vous professez pour elle une grande estime.

— Oh! oh! Et cette personne t'a dit?

— Cette personne m'a affirmé, mon père, qu'elle avait beaucoup connu M. de Poblesko il y a quelques années, en pays étranger: que là, il passait pour Prussien, portait le titre de baron, et avait un nom qui ne ressemblait aucunement à celui qu'il prétend aujourd'hui être le sien. De plus, il menait grand train et paraissait jouir d'une fortune considérable.

— Et tu ne peux pas me dire...

— Cela m'est défendu, mon père, pardonnez-moi si je garde le silence.

— Tous ces faits, s'ils étaient prouvés, seraient fort graves, mon fils ; tels qu'ils sont en ce moment, je ne dis pas qu'ils établissent de fortes présomptions contre celui que tu accuses ; mais je me demande dans quel intérêt, ou plutôt dans quel but M. de Poblesko, de partis pris et par suite d'un projet arrêté évidemment de longue date, — la lettre de M. Kalbris le prouve, — nous tromperait ainsi tous ? Est-ce dans un intérêt commercial ? pour surprendre nos secrets de fabrication ? Si cela était, depuis longtemps déjà qu'il les connaît tous, il nous aurait quittés. Ce n'est pas non plus pour s'approprier les fonds dont il a le maniement. Il a eu entre les mains des sommes assez considérables pour tenter la cupidité d'un malhonnête homme, et jamais, je n'ai trouvé dans sa caisse une erreur d'un centime. Est-ce une manie de misanthrope ? je m'y perds. Je t'avoue, cher enfant, que je renonce à deviner cette énigme.

Lucien hocha la tête à plusieurs reprises.

— Non, mon père, dit-il, ce n'est ni pour surprendre nos moyens de fabrication, ni pour s'approprier une partie de notre fortune, ni par suite d'une manie misanthropique, que M. de Poblesko s'est affublé d'un faux nom et d'une nationalité qui éveille tant de sympathie en France. Le but de M. de Poblesko est beaucoup moins honorable.

— Prends garde, mon fils, tu vas trop loin.

— Non, mon père ; ce but, je l'ai pénétré, j'en suis sûr.

— Quel est-il ?

— Eh bien, mon père, apprenez-le donc, M. de Poblesko est un espion prussien.

— Allons donc ! tu es fou, mon enfant ! Lui un espion prussien, lui qui passe tout son temps à la fabrique ?

— Non pas, s'il vous plaît, mon père ; il y reste au contraire très-peu de temps. Sous prétexte d'affaires intéressant la maison, M. de Poblesko est toujours en courses dans les montagnes et dans les villes environnantes. De cela, j'en suis certain, je me suis renseigné à bonne source.

— Voyons, Lucien, sois raisonnable, mon enfant ; je ne sais pas quelle frénésie s'est emparée de vous tous depuis la déclaration de guerre, mais vous ne rêvez plus qu'espions prussiens ; mais vous en voyez partout. Cela est arrivé chez vous à l'état de manie. A vous entendre, Strasbourg en fourmillerait.

— Eh ! eh ! mon père, je vous avoue que c'est mon avis, et que cet avis est aussi partagé par beaucoup de personnes ici.

— Allons donc, tu es fou, mon enfant !

— Pas autant que vous le supposez, mon père. Ainsi, voici un fait dont je puis vous garantir l'exactitude : dans le logement qu'il habite sous un nom supposé, M. de Poblesko reçoit un nombre considérable de lettres ; ces lettres portent les timbres de Berlin, d'Ems, de Bade, de Paris. Que signifie cette correspondance sous un nom supposé, correspondance étendue et qui doit être fort importante ? Ou il se nomme de Poblesko, ou il se nomme Félix Papin ; il n'y a pas à sortir de là. Je soutiens jusqu'à preuve du contraire que ces deux noms sont faux. Autre chose : toutes les lettres qui lui arrivent dans son logement caché viennent de l'étranger ou seulement de Paris, et par exception ; mais, à la fabrique, il en reçoit des quantités considérables, qui toutes proviennent de l'Alsace et de la Lorraine. Remarquez-bien, mon père, que je ne vous fais pas ici une dénonciation en règle ; les preuves me manquent pour cela. Je ne fais que vous communiquer des soupçons, ou, comme vous-même le disiez tout à l'heure, des présomptions. Contraint de quitter Strasbourg, où vous demeurerez seul, j'essaie de vous mettre en garde contre un homme, qui, sans doute, a surpris votre religion, auquel vous avez rendu d'immenses services, et qui, si vous n'étiez pas instruit, pourrait à un moment donné reconnaître ce qu'il vous doit, non-seulement par la plus noire ingratitude, mais encore la plus lâche trahison.

— Oui, oui, fit M. Hartmann, devenu pensif ; il y a du vrai dans ce que tu me dis là, mon fils ; je te remercie de m'avoir prévenu. Dieu veuille que tu te trompes ; mais, s'il en était autrement, je serais sans pitié pour le misérable qui s'est assis à mon foyer, que j'ai reçu dans ma famille, avec lequel j'ai partagé mon pain, et qui m'aurait si indignement trompé. Tout cela est horrible, je ne puis y croire... Si cela était vrai, quelle guerre ferions-nous donc alors ? A quels monstres, à quels scélérats aurions-nous affaire ? Les sauvages de l'Amérique, les cannibales de l'Océanie qui se font une guerre implacable, conservent cependant une certaine loyauté dans leurs actes ! L'homme ne serait-il donc en réalité qu'une bête féroce ? L'éducation trop étendue et mal comprise aboutirait-elle à n'en faire qu'un monstre qui poserait en principe l'abnégation de tout sentiment humain, qui ne saurait plus faire la différence du bien et du mal, du juste et de l'injuste, pour qui la vie n'aurait plus d'autre but que la satisfaction des instincts matériels et brutaux ? Non ! cela est impossible ! Les Prussiens sont nos voisins. Comme tels, nous les haïssons, ils nous haïssent ; ce sentiment est naturel, mais c'est un peuple éclairé, instruit, qui a produit les plus grands philosophes de notre siècle. Ce peuple a l'instinct inné de la famille. Il chérit ses enfants ; songes-y donc, mon fils ; pour faire la guerre d'espionnage que tu supposes, il faudrait que tout sentiment d'honneur et de dignité, tout respect humain fût mort chez ce peuple. L'espionnage est le plus vil et le plus abject degré auquel un homme puisse descendre ! Et

ces Prussiens, si entichés de leur noblesse, si à cheval sur leurs droits féodaux et leurs privilèges, consentiraient à se ravaler et à se déshonorer ainsi ! De sang-froid, de parti pris, ils s'imprimeraient au front ce stigmate d'infamie ! Mais, quelques victoires qu'ils obtiennent sur nous par ce moyen honteux, ils seraient à jamais déshonorés à la face du monde entier ! Eh quoi ! à la deuxième moitié du dix-neuvième siècle, ce siècle le plus éclairé et le plus magnifique de tous, un tel peuple existerait, sans que l'Europe l'eût soupçonné ! Ce serait nous rejeter en plein treizième siècle, remonter aux temps des Barbares ; ce ne seraient plus des soldats que nous aurions à combattre. Non, je te le répète, je ne veux pas le croire.

— Vous avez raison, toujours raison, mon père. Et pourtant, permettez-moi de vous le répéter, moi aussi, je n'ai pas tort. Vous, si loyal, si grand en toutes choses, vous ne pouvez soupçonner un tel abaissement du niveau moral et une pareille abjection. Cela doit être ainsi ; comment le comprendrions-nous, nous autres Français ? nous passons pour être vains, légers, mais nous avons tous au fond du cœur un sentiment qui nous remet tout de suite dans la bonne voie, si, par hasard, nous nous en écartons. C'est le sentiment de l'honneur privé et de l'honneur national. Nés braves, nous ne croyons pas à la lâcheté. Loyaux, nous n'admettons pas la déloyauté chez nos adversaires, et cela est un grand malheur pour nous, mon père, car nous sommes toujours les dupes de notre sentiment et de notre cœur. Comme aux anciens jours, la France, encore aujourd'hui disons-nous, est assez riche pour payer sa gloire. L'ennemi vaincu, nous lui tendons la main et il devient notre ami le plus cher. Si, ce que, je l'espère, Dieu ne permettra pas, nous étions menacés d'une seconde bataille de Pavie, nous resterions grands dans la défaite, et si nous succombions dans la lutte qui s'engage, nous pourrions perdre tout, mais toujours nous

conserverions l'honneur. Alors vous verriez
ces Prussiens obséquieux et rampants jeter
brusquement leurs masques d'honnêtes gens
pour revenir ce qu'ils n'ont jamais cessé
d'être, les Teutons et les Borusses des
époques barbares, et organiser chez nous mé-
thodiquement le pillage des palais, des chaumières et des cités. Donnant un libre cours à
leurs instincts rapaces, ils essaieraient de
nous ruiner, et, lorsqu'ils nous quitteraient,
c'est qu'il ne resterait plus chez nous seulement une petite cuillère d'argent à voler !

— Nous n'en sommes pas encore là, mon
fils.

— Et j'espère que nous n'y arriverons jamais ; mais enfin, mon père, il faut tout prévoir. Laissez-moi vous quitter avec cette joie
au cœur que ce que je vous ai dit vous a assez
touché pour que vous vous mettiez en garde
contre l'homme qui, j'en ai la conviction intime, vous a joué jusqu'à ce jour et n'est qu'un
misérable et un fourbe.

— Soit, mon fils, rien n'est à négliger en
ce moment. La prudence est la première
vertu que nous devons avoir. Pars tranquille, je serai prudent.

— Vous me le promettez, mon père.

— Je t'en donne ma parole ; sois convaincu
que, si fin que puisse être cet homme, je le
forcerai bien, s'il m'a trompé, à ôter son
masque.

— Merci, oh ! merci, mon père ! Cette pro-
messe me rend tout mon courage ; malgré la
douleur que j'éprouve à me séparer de vous,
je me sens presque heureux maintenant.

La porte s'ouvrit.

Mme Hartmann parut, accompagnée de sa
fille.

Elle s'approcha de son mari, et, s'appuyant
sur le dossier de son fauteuil :

— Je vous demande pardon, messieurs, dit-
elle, de troubler votre grave entretien ; mais
il est près de dix heures et demie et il est
temps de se livrer au repos.

— En effet, répondit M. Hartmann, je me

sens un peu fatigué et je crois que cette nuit
je dormirai.

— Quant à moi, dit Lucien en échangeant
un regard d'intelligence avec son père, je
vous demande la permission de me sauver.

— Comment, te sauver ? s'écria Mme Hartmann. Ne vas-tu pas te mettre au lit, mon
fils ?

— Non, ma mère, pas à présent, du moins.
Il faut que je sois à Altenheim à minuit ; mon
père m'a chargé d'une commission importante
que je dois remplir.

— Oui, et je compte sur toi pour qu'elle
soit bien faite.

— Mais tu reviendras demain ? demanda
Mme Hartmann.

— Je n'ose pas vous le promettre, ma
mère. Il est possible que je sois forcé de rester quelques jours à Altenheim. N'est-ce pas,
mon père ?

— Effectivement, nos ouvriers s'organisent
en ce moment. Tu comprends, chère amie,
qu'il faut que Lucien soit là pour tout surveiller ; sans cela, nos braves ouvriers commet-
traient bévue sur bévue, mais sois tranquille, il reviendra le plus tôt qu'il le pourra.

— Oh ! quant à cela, je vous le promets ;
aussitôt que je serai libre, j'accourrai ici.

— Tu nous trompes, Lucien, lui dit sa
sœur en se penchant à son oreille ; toi aussi
tu pars, tu nous abandonnes.

— Chut ! curieuse, tu voudrais bien savoir
pourquoi je vais à Altenheim, mais je ne te
dirai rien, ce sera ta punition. Surtout ne
communique pas tes soupçons à notre mère,
tu lui ferais trop de peine.

— Pour qui me prends-tu ? Suis-je une enfant ? Seulement, je veux connaître la vérité.

— Eh bien, oui, je pars, il le faut, mais
pas un mot, je t'en supplie, petite sœur.

— Bon, bon, vous verrez, monsieur, comme
une femme sait garder un secret.

— Oui, fit-il en riant, quand cela lui convient ou qu'elle a intérêt à le faire.

La jeune fille le menaça gentiment du doigt.

— Tu me payeras ce mot-là, méchant, lui dit-elle.

Lucien se leva et s'inclina respectueusement devant M. Hartmann.

— Mon père, je pars pour accomplir la mission que vous m'avez confiée, dit-il.

— Va mon fils, répondit le vieillard en lui ouvrant ses bras, et, ajouta-t-il plus bas en le pressant sur son cœur, va et emporte avec toi la bénédiction de ton père. Ses prières te suivront.

Le jeune homme se redressa et s'approcha de sa mère.

— Bonsoir, ma mère, lui dit-il en l'embrassant, que Dieu vous donne une bonne nuit.

— Bonsoir et adieu, mon fils.

— Ne me dites pas adieu, mais au revoir, ma mère, car bientôt je reviendrai.

— Oui, au revoir, mon Lucien bien-aimé, fit-elle en retenant ses larmes. Et pourtant aujourd'hui, quand on se quitte, sait-on si on se reverra jamais.

— Allons! allons! s'écria M. Hartmann avec une fausse gaieté, il n'y a pas de quoi nous attendrir, que diable! Lucien ne part pas pour la guerre.

— Comme M. de Marlborough, dit la jeune fille en riant; surtout reviens vite, tu vois en quel état est notre mère, ajouta-t-elle à voix basse en embrassant son frère.

— Je tâcherai. D'ailleurs ne restes-tu pas pour la consoler? Notre père et notre mère n'ont plus que toi maintenant, ma pauvre sœur.

— Fais ton devoir, frère; moi je saurai faire le mien.

Lucien serra la main de sa sœur, adressa un dernier adieu à ses parents, puis il quitta la maison et se dirigea à grands pas vers la gare du chemin de fer.

La demie après dix heures sonnait à la cathédrale au moment où il montait en wagon.

FIN DE LA PREMIÈRE PARTIE

Sans *interruption aucune, paraîtra la seconde partie* :

LE LOUP-GAROU

RIX : 50 centimes.   4ᴹᴱ SÉRIE   Par Poste et Étranger : 60 cent.

LE
BARON FRÉDÉRICK

PAR

GUSTAVE AIMARD

Édition de luxe illustrée

PARIS

A. DEGORCE-CADOT, éditeur, 70ᵇⁱˢ, rue Bonaparte

ET CHEZ TOUS LES LIBRAIRES DE FRANCE ET DE L'ÉTRANGER

SÉRIE 4ᵐᵉ

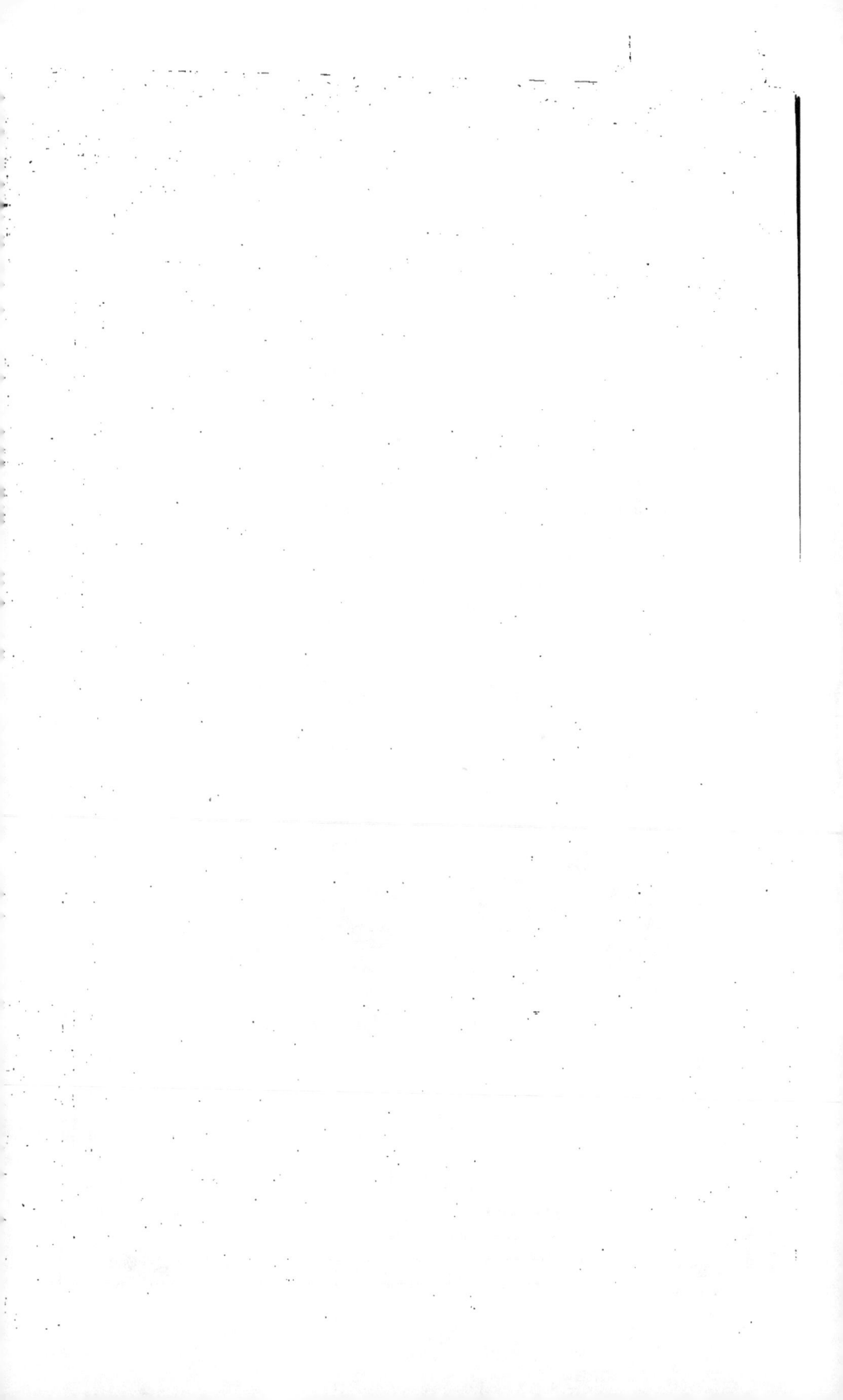

PRIX : 50 centimes.

5ME SÉRIE

Par Poste et Étranger : 60 cent.

LE
BARON FRÉDÉRICK

PAR

GUSTAVE AIMARD

Édition de luxe illustrée

PARIS

A. DEGORCE-CADOT, éditeur, 70bis, rue Bonaparte

ET CHEZ TOUS LES LIBRAIRES DE FRANCE ET DE L'ÉTRANGER

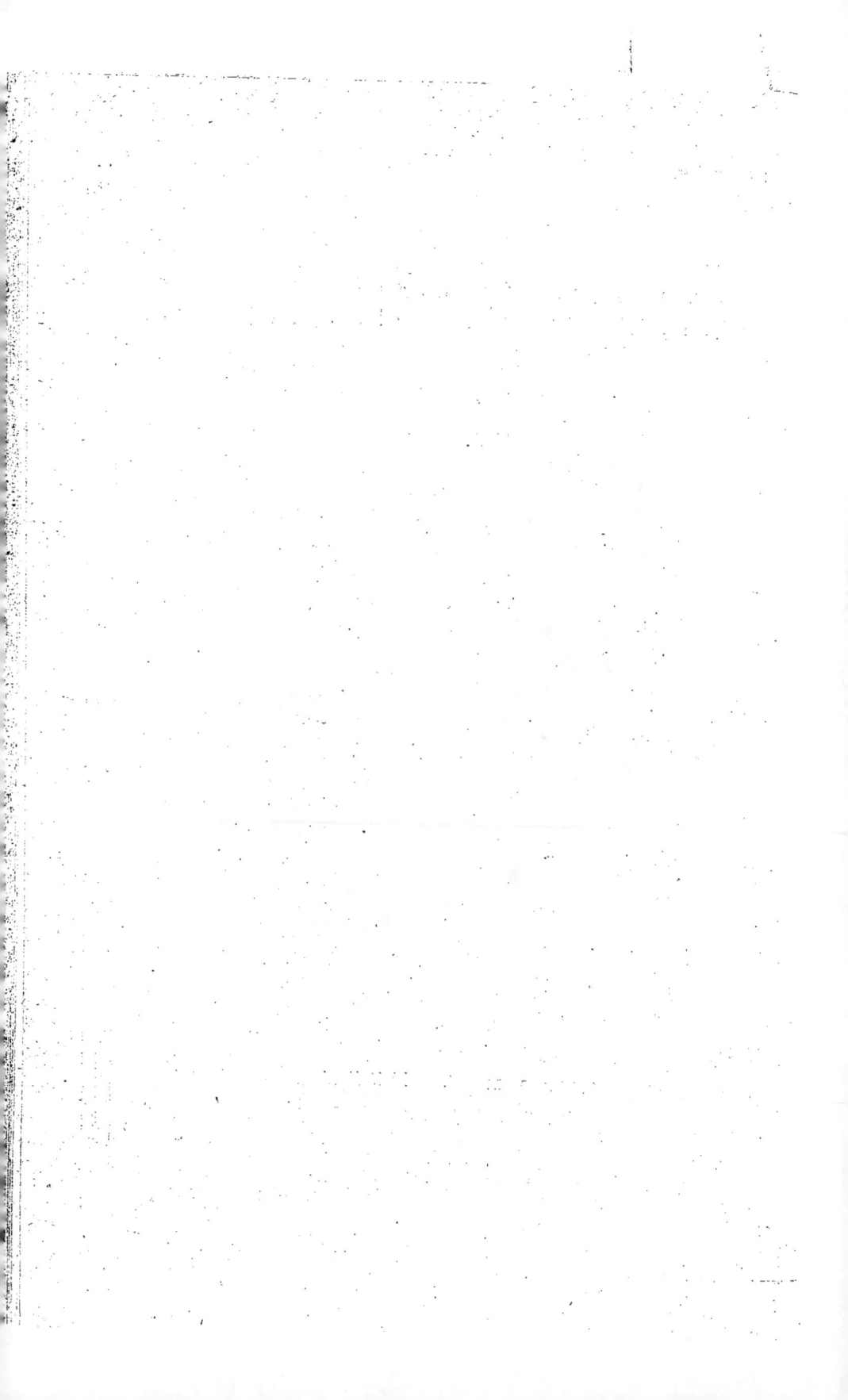

PRIX : 50 centimes.

6ME SÉRIE

Par Poste et Étranger : 60 cent.

LE
BARON FRÉDÉRICK

PAR

GUSTAVE AIMARD

Édition de luxe illustrée

PARIS

A. DEGORGE-CADOT, éditeur, 70bis, rue Bonaparte

ET CHEZ TOUS LES LIBRAIRES DE FRANCE ET DE L'ÉTRANGER

PRIX : 50 centimes.   8ME SÉRIE   Par Poste et Étranger : 60 cent.

LE
BARON FRÉDÉRICK

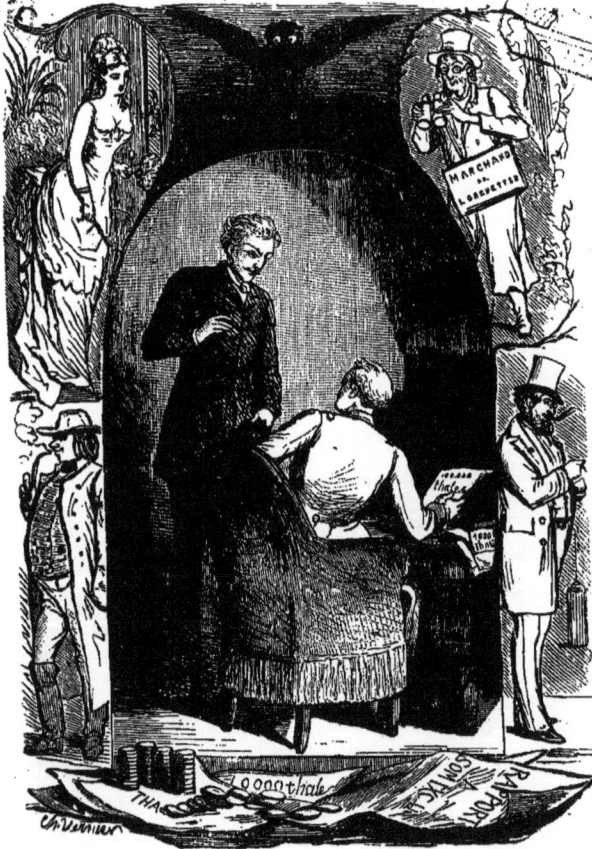

PAR

GUSTAVE AIMARD

Édition de luxe illustrée

PARIS

A. DEGORCE-CADOT, éditeur, 70bis, rue Bonaparte

ET CHEZ TOUS LES LIBRAIRES DE FRANCE ET DE L'ÉTRANGER

PRIX : 50 centimes.

9ME SÉRIE

Par Poste et Etranger : 60 cent.

LE
BARON FRÉDÉRICK

PAR

GUSTAVE AIMARD

Édition de luxe illustrée

PARIS

A. DEGORCE-CADOT, éditeur, 70bis, rue Bonaparte

ET CHEZ TOUS LES LIBRAIRES DE FRANCE ET DE L'ÉTRANGER

Aymard (Gustave).
Le Fils du Soleil, 2 séries......... 1 20

Ancelot (Madame V.)
Laure, 2 séries.................... 1 20
La Fille d'une Joueuse, 2 séries.... 1 20

Anonyme.
Mémoires secrets du duc de Roquelaure,
  8 séries.
1re et 2e séries brochées ensemble
3e et 4e   —   —
5e et 6e   —   —   4 80
7e et 8e   —   —

Bauchery (Roland).
Les Bohémiens de Paris, 3 séries... 1 80

Bernardin de Saint-Pierre.
Paul et Virginie, 1 série.......... » 60
La Chaumière indienne, 1 série..... » 60

Bertnet (Elie).
Mademoiselle de la Fougeraie, 1 série » 60
L'Oiseau du désert, 1 série........ 1 20
Paul Duvert, 1 série............... » 60
M. de Blangy et les Rupert, 1 série » 60
Le Val Perdu, 2 séries............. 1 20

Billaudel (Ernest).
La Femme Fatale, 1 série........... » 60
Les Vengeurs de Lorraine, 2 séries.. 1 20

Boisgobey et Philipp Melin.
La Franc-maçonnerie des Voleurs.. 1 60

Boisgobey (F. du).
L'Empoisonneur, 3 séries........... 1 80
La Tête de Mort, —................. 1 80
La Toile d'araignée, —............. 1 80

Boulabert (Jules).
La Femme bandit, 6 séries......... 3 60
Le Fils du Supplicié, 3 séries...... 1 80
La Fille du Pilote, 5 séries....... » »
Les Catacombes sous la Terreur, 3 s. 1 80
Les Amants de la Baronne, 3 séries. 1 80
Luxure et Chasteté, 2 séries....... 1 20

Capendu (Ernest).
Mademoiselle la Ruine, 3 séries.... 1 80
Le Pré Catelan, 2 séries........... 1 20
Capitaine Lachesnaye, 3 séries..... 1 80
Grotte d'Etretat, 3 séries. 1 85
Surcouf, 1 série................... » 60
La Mère l'Etape, 3 séries.......... 1 80
La Tour aux Rats, 2 séries......... 1 20
Le Sire de Lustupin, 2 séries...... 1 20

Canvain (Jules).
Le Voleur de Diadème,............. 1 80

Chardati.
Les Vautours de Paris, 3 séries.... 1 80

Chateaubriand.
Les Natchez, 4 séries.............. 2 40
Atala, 1 série..................... » 60
René, le dernier des Abencérages, 1 s. » 60
Les Martyrs, 3 séries.............. 1 80
Itinéraire de Paris à Jérusalem, 3 sér. 1 80

Deslys (Charles).
Le Canal Saint-Martin, 3 séries.... 1 80
Les Compagnons de minuit, 2 séries 1 20
L'Avugle de Bagnolet, 1 série..... » 60
La Marchande de Plaisirs, 1 série.. » 60
Le Coffret d'Ebène, 1 série........ » 60

Dulaure.
Les Deux Invasions(1814-1815), avec
  préface de Jules Claretie, 4 dou-
  bles séries à 1 fr. 20............ 4 80
Le Crime d'Avignon, 1 série....... » 60
Les Tueurs du Midi, 1 série........ » 60
Les Jumeaux de la Réole, 2 séries.. 1 20
L'Assassinat de Rodez (Affaire
  Fualdès), 1 série............... » 60

Duplessis (Paul).
Les Boucaniers, 5 séries........... 3 »
Les Etapes d'un Volontaire, 5 séries 3 »
Le Batteur d'Estrade, 5 séries..... 3 »
Les Mormons, 4 séries............. 2 40
Maurevert l'Aventurier, 2 séries.... 1 20
Les Deux Rivales, 2 séries......... 1 20

D'Ollivet.
Le Chien deJean de Nivelle, 2 séries 1 20

Féré (Octave).
La Bergère d'Ivry, 3 séries........ 1 80

Fondras (Marquis de).
La Comtesse Alvinzi, 2 séries...... 1 20

Gondrecourt (A. de).
Les Pécbés Mignons, 4 séries...... 2 40
Les Jaloux, 3 séries............... 1 80
Mademoiselle de Cardonne, 2 séries 1 20
Le dernier des Kerven, 3 séries.... 1 80
Le Chevalier de Pampelonne, 2 séries 1 20
Régicide par amour, 1 série........ » 60
Les Cachots de la Bastille, 4 séries. 2 40

Kock (Henry de).
La Fille à son père, 1 série....... » 60
Le Démon de l'Alcôve, 1 série..... » 60
Les Baisers maudits, 1 série....... » 60
La Tigresse, 2 séries.............. 1 20
Le Médecin des Voleurs, 4 séries... 2 40
Ni Fille, ni Femme, ni Veuve, 1 série » 60
Les Trois Luronnes, 3 séries....... 1 80
L'Auberge des treize pendus, 3 séries 1 80
Les Mystères du Village, 2 séries... 1 20
Les Amoureux de Pierrefonds, 1 sér. » 60
L'Amant de Lucette, 1 série........ » 60

Laborieux.
L'Ouvrier Gentilhomme, 2 séries.... 1 20

Landelle (Gustave de la).
Les Géants de la Mer, 4 séries..... 2 40
Reine du bord, 3 séries............ 1 80
Une Haine à bord, 2 séries........ 1 20
Les Iles de glace, 3 séries......... 1 80

Lavergne (Alexandre de).
Le Lieutenant Robert, 2 séries..... 1 20
Epouse ou Mère, 2 séries.......... 1 20

Maimbourg (le P.)
Les Croisades, 4 doubles séries à
  1 fr. 20......................... 4 80

Méry.
Un Carnaval à Paris, 2 séries..... 1 20

Meunier (Alexis).
Le Comte de Soissons, 2 séries.... 1 20

Montépin (Xavier de).
Les Viveurs de Province, 4 séries... 2 40
Le Loup noir, 1 série.............. » 60
Les Amours d'un Fou, 2 séries . .. 1 20
Les Chevaliers du Lansquenet, 7 sér. 1 20
La Sirène, 1 série................. » 60
L'Amour d'une Pécheresse, 1 série. » 60
Un Gentilhomme de grand chemin,
  2 séries......................... 1 80
Confessions d'un Bohème, 3 séries.. 1 80
Le Vicomte Raphaël, 2 séries 1 20
Fatalité, 1 série.................. » 60
Le Compère Leroux, 2 séries 1 20

Noir (Louis).
Jean Chacal, 2 séries.. .... 1 20
Le Coupeur de Têtes, 4 séries..... 2 40
Le Lion du Soudan, 4 séries 2 40
Jean qui Tue, 4 séries............. 2 40
Les Goélands de l'Iroise, 3 séries.. 1 80
La Folle de Quiberon, 3 séries..... 1 80
Grands jours de l'armée d'Afrique
  2 séries......................... 1 20
Campagnes de Crimée, 6 séries à 1 fr. 6 »
Campagnes d'Italie, 3 séries à 1 fr. 1 80
Le Corsaire aux Cheveux d'or, 3 sér. 1 80

Perceval (Victor).
La plus Laide des Sept, 2 séries ... 1 20
Régina, 2 séries................... 1 20
Blanche, 1 série................... » 60
Un Excentrique, 1 série........... » 60

Perrin (Maximilien).
Les Mémoires d'une Lorette, 2 séries 1 20
Le Bambocheur, 2 séries........... 1 20

Prévost (l'abbé).
Manon Lescaut, 1 série............ » 60

Rolla (un officier d'état-major).
Crimes et Folies en l'année terrible,
  2 doubles séries à 1 fr. 20.... .. 2 40

Rieux (Jules de).
Ces Messieurs et ces Dames, 2 séries 1 20

Rouquette.
Ce que coûtent les Femmes........ 1 20

Rouquette et Fourgeaud.
Les Drames de l'Amour, 2 séries ... 1 20

Rouquette et Moret.
Le Médecin des Femmes, 3 séries... 1 80

Tasse (Le).
La Jérusalem délivrée, 3 séries..... 1 80

Vadaille (de).
L'Homicide d'Auteuil, 3 séries..... 1 80

Vidocq.
Les Vrais Mystères de Paris, 4 séries 2 40

Voltaire.
Candide, 1 série................... » 60

Boulogne (Seine). — Imprimerie JULES BOYER.

DEGORCE-CADOT, éditeur, 70bis, rue Bonaparte.

LES TROIS SPECTRES

par

Élie Berthet

A. Michele

MARLIER et Cie

Boulogne (Seine). — Imprimerie JULES BOYER.

UN
SÉRAIL ROYAL

Par Albert BLANQUET

PRIX : 1 franc 20. — Par poste et Étranger : 1 franc 50.

PARIS

A. DEGORCE-CADOT, éditeur, 70ᵇⁱˢ, rue Bonaparte

ET CHEZ TOUS LES LIBRAIRES DE FRANCE ET DE L'ÉTRANGER

1078-77. — Boulogne (Seine). — Imprimerie JULES BOYER.

BIBLIOTHÈQUE DE BONS ROMANS ILLUSTRÉS
Format grand in-4°

N. B. — Les mêmes ouvrages peuvent être demandés PAR SÉRIES SÉPARÉES A 60 C. L'UNE

fr. c.

AIMARD (GUSTAVE).

Le Fils du Soleil, 2 séries	1 20
Une Poignée de Coquins, 3 séries	1 80
Le Loup Garou, 3 séries	1 80

ANCELOT (MADAME V.).

Laure, 2 séries	1 20
La Fille d'une joueuse, 2 séries	1 20

ANONYME.

Mémoires secrets du duc de Roquelaure, 8 séries.	
1re et 2e séries brochées ensemble. . . }	
3e et 4e — — . . } 4 80	
5e et 6e — — . . }	
7e et 8e — — . . }	

BAUCHERY (ROLAND).

Les Bohémiens de Paris, 3 séries	1 80

BERNARDIN DE SAINT-PIERRE.

Paul et Virginie, 1 série	» 60
La Chaumière indienne, 1 série	» 60

BERTHET (ELIE).

Mademoiselle de la Fougeraie, 1 série . . .	» 60
L'Oiseau du désert, 2 séries	1 20
Paul Duvert, 1 série	» 60
L'Incendiaire, 1 série	» 60
Le Val d'Andorre, 1 série	» 60
M. de Blangy et les Rupert, 1 série . . .	» 60
Les Chauffeurs, 3 séries	1 80
Le Château de Montbrun, 2 séries . . .	1 20
La Directrice des postes, 2 séries . . .	1 20
La Folle des Pyrénées, 2 séries	1 20
L'Assassin du percepteur, 2 séries . . .	1 20
Le Braconnier, 2 séries	1 20
La Félonie, 2 séries	1 20
La Mésalliance, 2 séries	1 20
La Faillite, 2 séries	1 20

BILLAUDEL (ERNEST).

Un Mariage légendaire, 1 série	» 60
La Femme fatale, 1 série	» 60
Les Vengeurs de Lorraine, 2 séries . . .	1 20
Miral, 2 séries	1 80

BLANQUET (ALBERT).

Le Parc aux Cerfs, 2 séries	1 20
Un Sérail royal, 3 séries	1 80

BOULABERT ET PHILIPPE ROLLA.

La Franc-Maçonnerie des Voleurs	1 80

BOISGOBEY (F. DU).

L'Empoisonneur, 3 séries	1 80
La Tête de mort, 3 séries	1 80
La Toile d'araignée, 3 séries	1 80
La Bande rouge, 3 séries	1 80
Un Drame sur la Seine, 2 séries	1 20
La Muette qui parle, 2 séries	1 20

BOULABERT (JULES).

La Femme bandit, 6 séries	3 60
Le Fils du supplicié, 3 séries	1 80
La Fille du pilote, 5 séries	3 »
Les Catacombes sous la Terreur, 3 séries. .	1 80
Les Amants de la baronne, 3 séries . . .	1 80
Luxure et Chasteté, 2 séries	1 20

CAPENDU (ERNEST).

Mademoiselle la Ruine, 3 séries	1 80
Le Pré Catelan, 2 séries	1 20
Capitaine Lachesnaye, 3 séries	1 80
Les Grottes d'Etretat, 3 séries	1 80
Subcouf, 1 série	» 60
La Mère l'Etape, 3 séries	1 80
La Tour aux Rats, 2 séries	1 20
Le Sire de Lustupin, 2 séries	1 20

CAUVAIN (JULES).

Le Voleur de diadème	1 80

CHARDALL.

Le Bâtard du roi, 2 séries	1 20
Les Jarretières de Mme de Pompadour, 2 séries.	1 20
Trois Amours d'Anne d'Autriche, 2 séries . .	1 20
Capitaine Dix, 2 séries	1 20
Les Vautours de Paris, 8 séries	1 80

fr. c.

CHATEAUBRIAND.

Les Natchez, 4 séries	2 40
Atala, 1 série	» 60
René, le dernier des Abencérages, 1 série. .	» 60
Les Martyrs, 3 séries	1 80
Itinéraire de Paris à Jérusalem, 3 séries. .	1 80

DESLYS (CHARLES).

Le Canal Saint-Martin, 3 séries	1 80
Les Compagnons de minuit, 2 séries . . .	1 20
La Marchande de plaisirs, 1 série . . .	» 60
L'Aveugle de Bagnolet, 1 série . . .	» 60
Le Mesnil-au-Bois, 1 série	» 60

DOMINIQUE (A.).

Les Évadés de Cayenne, 2 séries . . .	1 20
La Pupille du Forçat, 3 séries	1 80

DULAURE.

Les Deux invasions (1814-1815), avec préface de JULES CLARETIE, 4 doubles séries à 1 20	4 80
Le Crime d'Avignon, 1 série	» 60
Les Tueurs du Midi, 1 série	» 60
Les Jumeaux de la Réole, 2 séries . . .	1 20
L'Assassinat de Rodez (Affaire Fualdès) . . 1 série	» 60

DUPLESSIS (PAUL).

Les Boucaniers, 5 séries	3 »
Maurevert l'Aventurier, 2 séries . . .	1 20
Les doux Rivales, 2 séries	1 20
Les Étapes d'un volontaire, 5 séries. . .	3 »
Le Batteur d'estrade, 5 séries	3 »
Les Mormons, 4 séries	2 40

FABRE D'OLIVET.

Le Chien de Jean de Nivelle, 2 séries . . .	1 20

FÉRÉ (OCTAVE).

La Bergère d'Ivry, 3 séries	1 80

FOUDRAS (MARQUIS DE).

La Comtesse Alvinzi, 2 séries	1 20
Madeleine pécheresse, 3 séries	1 80
Madeleine repentante, 2 séries	1 20
Madeleine relevée, 2 séries	1 20

GONDRECOURT (A. DE).

Les Péchés Mignons, 4 séries	2 40
Les Jaloux, 3 séries	1 80
Mademoiselle de Cardonne, 2 séries . . .	1 20
Le dernier des Korven, 3 séries	1 80
Le Chevalier de Pampelonne, 2 séries . .	1 20
Régicide par Amour, 1 série	» 60
Les Cachots de la Bastille, 3 séries . . .	1 80
Une Vengeance de Femme, 2 séries . . .	1 20
Madame de Trèbes, 2 séries	1 20
Pierre Leborgne, 1 série	» 60

CAMILLE GROS.

Les Camisards, 2 séries	1 20

KOCK (PAUL DE).

L'Amant de la Lune (en théâtre), 1 série. .	0 60

KOCK (HENRY DE).

La Fille à son père, 1 série	» 60
Le Démon de l'Alcôve, 1 série	» 60
Les Baisers maudits, 1 série	» 60
La Tigresse, 2 séries	1 20
L'Amant de Lucette, 1 série	» 60
Le Médecin des Voleurs, 4 séries . . .	2 40
Ni Fille, ni Femme, ni Veuve, 1 série . .	» 60
Les Trois Luronnes, 3 séries	1 80
L'Auberge des Treize Pendus, 3 séries. .	1 80
Les Mystères du village, 2 séries . . .	1 20
L'Heure du Berger, 1 série	0 60

LABOURIEUX.

L'Ouvrier Gentilhomme, 2 séries	1 20

LANDELLE (GUSTAVE DE LA).

Les Géants de la mer, 4 séries	2 40
Reine du Nord, 3 séries	1 80
Une Haine à bord, 2 séries	1 20
Les Iles de glace, 3 séries	1 80

fr. c.

LAVERGNE (ALEXANDRE DE).

Le Lieutenant Robert, 2 séries	1 20
Épouse ou Mère, 2 séries	1 20

MAIMBOURG (LE P.).

Les Croisades, 4 doubles séries à 1 fr. 20. . .	4 80

MÉRY.

Un Carnaval à Paris, 2 séries	1 20

MEUNIER (ALEXIS).

Le Comte de Soissons, 2 séries	1 20

MONTÉPIN (XAVIER DE).

Les Viveurs de Province, 4 séries . . .	2 40
Le Loup Noir, 1 série	» 60
Les Amours d'un fou, 2 séries	1 20
Les Chevaliers du lansquenet, 7 séries. . .	4 20
La Sirène, 1 série	» 60
L'Amour d'une pécheresse, 1 série . . .	» 60
Un Gentilhomme de grand chemin, 3 séries .	1 80
Confession de bonne, 3 séries	1 80
Le Vicomte Raphaël, 2 séries	1 20
La Fatalité, 1 série	» 60
Les Oiseaux de nuit, 3 séries	1 80

NOIR (LOUIS).

Le Coupeur de têtes, 4 séries	2 40
Le Lion du Soudan, 4 séries	2 40
Jean qui tue, 4 séries	2 40
Jean Chazal, 2 séries	1 20
Le Roi des Jungles, 3 séries	1 80
La Tombe ouverte, 2 séries	1 20
La Folle du Quiberon, 3 séries	1 80
Grands jours de l'armée d'Afrique, 3 séries.	1 80
Campagnes du Crimée, 12 séries à 50 c. . .	6 »
Campagnes d'Italie, 6 séries à 50 c. . .	3 »
Le Corsaire aux cheveux d'or, 3 séries. . .	1 80

PERCEVAL (VICTOR).

Blanche, 1 série	» 60
La plus Laide des Sept, 2 séries . . .	1 20
Régina, 2 séries	1 20
Beatrix, 1 série	0 60
Un Excentrique, 1 série	0 60

PERRIN (MAXIMILIEN).

Les Mémoires d'une Lorette, 2 séries . . .	1 20
Le Bamboeheur, 2 séries	1 20

PRÉVOST (L'ABBÉ).

Manon Lescaut, 1 série	» 60

ROLLA (UN OFFICIER D'ÉTAT-MAJOR).

Crimes et Folies en l'année terrible, 2 doubles séries à 1 fr. 20	2 40

RIEUX (JULES DE).

Ces Messieurs et ces Dames, 2 séries . . .	1 20

ROUQUETTE.

Ce que coûtent les Femmes	1 20

ROUQUETTE ET FOURGEAUD.

Les Drames de l'amour, 2 séries . . .	1 20

ROUQUETTE ET MORET.

La Médecin des femmes, 2 séries . . .	1 20

VADALLE (DE).

L'Homicide d'Auteuil, 3 séries	1 80

VIDOCQ.

Les Vrais Mystères de Paris, 4 séries . . .	2 40

VOLTAIRE.

Candide, 1 série	» 60

Le Catalogue général des Collections Degorce-Cadot est envoyé franco.

BIBLIOTHÈQUE DE BONS ROMANS ILLUSTRÉS
Format grand in-4°
N. B. — Les mêmes ouvrages peuvent être demandés PAR SÉRIES SÉPARÉES A 60 C. L'UNE

	fr. c.
AIMARD (GUSTAVE).	
Le Fils du Soleil, 2 séries	1 20
Une Poignée de Coquins, 3 séries	1 80
Le Loup Garou, 3 séries	1 80
ANCELOT (MADAME V.).	
Laure, 2 séries	1 20
La Fille d'une joueuse, 2 séries	1 20
ANONYME.	
Mémoires secrets du duc de Roquelaure, 8 séries.	
1re et 2e séries brochées ensemble. .	
3e et 4e —	4 80
5e et 6e —	
7e et 8e —	
BAUCHERY (ROLAND).	
Les Bohémiens de Paris, 3 séries	1 80
BERNARDIN DE SAINT-PIERRE.	
Paul et Virginie, 1 série	» 60
La Chaumière indienne, 1 série	» 60
BERTHET (ELIE).	
Mademoiselle de la Fougeraie, 1 série	» 60
L'Oiseau du désert, 2 séries	1 20
Paul Duvert, 1 série	» 60
L'Incendiaire, 1 série	» 60
Le Val d'Andorre, 1 série	» 60
M. de Blangy et les Rupert, 1 série	» 60
Les Chasseurs, 2 séries	1 20
Le Château de Montbrun, 2 séries	1 20
La Directrice des postes, 2 séries	1 20
La Folle des Pyrénées, 2 séries	1 20
L'Assassin du percepteur, 2 séries	1 20
Le Braconnier, 2 séries	1 20
La Félonie, 2 séries	1 20
La Mésalliance, 2 séries	1 20
La Faillite, 2 séries	1 20
BILLAUDEL (ERNEST).	
Un Mariage légendaire, 1 série	» 60
La Femme fatale, 1 série	» 60
Les Vengeurs de Lorraine, 2 séries	1 20
Miral, 2 séries	1 20
BLANQUET (ALBERT).	
Le Parc aux Cerfs, 2 séries	1 20
Un Sérail tragique, 3 séries	1 80
BOULABERT ET PHILIPPE ROLLA.	
La Franc-Maçonnerie des Voleurs	1 80
BOISGOBEY (F. DU).	
L'Empoisonneur, 3 séries	1 80
La Tête de mort, 3 séries	1 80
La Toile d'araignée, 3 séries	1 80
La Bande rouge, 3 séries	1 80
Un Drame sur la Seine, 2 séries	1 20
La Muette qui parle, 2 séries	1 20
BOULABERT (JULES).	
La Femme bandit, 6 séries	3 60
Le Fils du supplicié, 3 séries	1 80
La Fille du pilote, 5 séries	3 »
Les Catacombes sous la Terreur, 3 séries	1 80
Les Amants de la baronne, 3 séries	1 80
Luxure et Chasteté, 2 séries	1 20
CAPENDU (ERNEST).	
Mademoiselle la Ruine, 3 séries	1 80
Le Pré Catelan, 2 séries	1 20
Capitaine Lachesnaye, 3 séries	1 80
Les Grottes d'Etretat, 3 séries	1 80
Surcouf, 1 série	» 60
La Mère l'Etape, 3 séries	1 80
La Tour aux Rats, 9 séries	1 20
Le Sire de Lastupin, 2 séries	1 20
CAUVAIN (JULES).	
Le Voleur de diadème	1 80
CHARDALL.	
Le Bâtard du roi, 2 séries	1 20
Les Jarretières de Mme de Pompadour, 2 séries.	1 20
Trois Amours d'Anne d'Autriche, 2 séries	1 20
Capitaine Dix, 2 séries	1 20
Les Vautours de Paris, 3 séries	1 80

	fr. c.
CHATEAUBRIAND.	
Les Natchez, 4 séries	2 40
Atala, 1 série	» 60
René, le dernier des Abencérages, 1 série	» 60
Les Martyrs, 3 séries	1 80
Itinéraire de Paris à Jérusalem, 3 séries	1 80
DESLYS (CHARLES).	
Le Canal Saint-Martin, 3 séries	1 80
Les Compagnons de minuit, 2 séries	1 20
La Marchande de plaisirs, 1 série	» 60
L'Aveugle de Bagnolet, 1 série	» 60
Le Mesnil-au-Bois, 1 série	» 60
DOMINIQUE (A.).	
Les Évadés de Cayenne, 2 séries	1 20
La Pupille du Forçat, 3 séries	1 80
DULAURE.	
Les Deux Invasions (1814-1815), avec préface	
de Jules Claretie, 4 doubles séries à 1 20	4 80
Le Crime d'Avignon, 1 série	» 60
Les Tueurs du Midi, 1 série	» 60
Les Jumeaux de la Réole, 2 séries	1 20
L'Assassinat de Rodez (Affaire Fualdès).	
1 série	» 60
DUPLESSIS (PAUL).	
Les Boucaniers, 5 séries	3 »
Mauvevert l'Aventurier, 2 séries	1 20
Les deux Rivales, 2 séries	1 20
Les Etapes d'un volontaire, 5 séries	3 »
Le Batteur d'estrade, 5 séries	3 »
Les Mormons, 4 séries	2 40
FABRE D'OLIVET.	
Le Chien de Jean de Nivelle, 2 séries	1 20
FÉRÉ (OCTAVE).	
La Bergère d'Ivry, 3 séries	1 80
FOUDRAS (MARQUIS DE).	
La Comtesse Alvinzi, 2 séries	1 20
Madeleine pécheresse, 3 séries	1 80
Madeleine repentante, 2 séries	1 20
Madeleine relevée, 2 séries	1 20
GONDRECOURT (A. DE).	
Les Péchés Mignons, 4 séries	2 40
Les Jaloux, 3 séries	1 80
Mademoiselle de Cardonne, 2 séries	1 20
Le dernier des Kervon, 3 séries	1 80
Le Chevalier de Pampelonne, 2 séries	1 20
Régicide par Amour, 1 série	» 60
Les Cachots de la Bastille, 3 séries	1 80
Une Vengeance de Femme, 2 séries	1 20
Madame de Trèbes, 2 séries	1 20
Pierre Leborgne, 1 série	» 60
CAMILLE GROS.	
Les Camisards, 2 séries	1 20
KOCK (PAUL DE).	
L'Amant de la Lune (en théâtre), 1 série	0 60
KOCK (HENRY DE).	
La Fille à son père, 1 série	» 60
Le Démon de l'Alcôve, 1 série	» 60
Les Baisers maudits, 1 série	» 60
La Tigresse, 2 séries	1 20
L'Amant de Lucette, 1 série	» 60
Le Médecin des Voleurs, 4 séries	2 40
Ni Fille, ni Femme, ni Veuve, 1 série	» 60
Les Trois Luronnes, 3 séries	1 80
L'Auberge des Treize Pendus, 3 séries	1 80
Les Mystères du village, 2 séries	1 20
L'Heure du Berger, 1 série	0 60
LABOURIEUX.	
L'Ouvrier Gentilhomme, 2 séries	1 20
LANDELLE (GUSTAVE DE LA).	
Les Géants de la mer, 4 séries	2 40
Reine du Bord, 3 séries	1 80
Une Haine à bord, 2 séries	1 20
Les Iles de glace, 3 séries	1 80

	fr. c.
LAVERGNE (ALEXANDRE DE).	
Le Lieutenant Robert, 2 séries	1 20
Épouse ou Mère, 2 séries	1 20
MAIMBOURG (LE P.).	
Les Croisades, 4 doubles séries à 1 fr. 20	4 80
MÉRY.	
Un Carnaval à Paris, 2 séries	1 20
MEUNIER (ALEXIS).	
Le Comte de Soissons, 2 séries	1 20
MONTÉPIN (XAVIER DE).	
Les Viveurs de Province, 4 séries	2 40
Le Loup Noir, 1 série	» 60
Les Amours d'un fou, 2 séries	1 20
Les Chevaliers du lansquenet, 7 séries	» 60
La Sirène, 1 série	» 60
L'Amour d'une pécheresse, 1 série	» 60
Un Gentilhomme de grand chemin, 3 séries	1 80
Confession d'un bohème, 3 séries	1 80
Le Vicomte Raphaël, 2 séries	1 20
La Fatalité, 1 série	» 60
Les Oiseaux de nuit, 3 séries	1 80
NOIR (LOUIS).	
Le Coupeur de têtes, 4 séries	2 40
Le Lion du Soudan, 4 séries	2 40
Jean qui tue, 4 séries	2 40
Jean Chacal, 2 séries	1 20
Le Roi des Jungles, 3 séries	1 80
La Tombe ouverte, 2 séries	1 20
La Folle de Quiberon, 3 séries	1 80
Grands jours de l'armée d'Afrique, 3 séries.	1 80
Campagnes de Crimée, 12 séries à 50 c.	6 »
Campagnes d'Italie, 6 séries à 50 c.	3 »
Le Corsaire aux cheveux d'or, 3 séries.	1 80
PERCEVAL (VICTOR).	
Blanche, 1 série	» 60
La plus Laide des Sept, 2 séries	1 20
Régina, 2 séries	1 20
Beatrix, 1 série	0 60
Un Excentrique, 1 série	0 60
PERRIN (MAXIMILIEN).	
Les Mémoires d'une Lorette, 2 séries	1 20
Le Bambocheur, 2 séries	1 20
PREVOST (L'ABBÉ).	
Manon Lescaut, 1 série	» 60
ROLLA (UN OFFICIER D'ÉTAT-MAJOR).	
Crimes et Folies en l'année terrible, 2 doubles	
séries à 1 fr. 20	2 40
RIEUX (JULES DE).	
Ces Messieurs et ces Dames, 2 séries	1 20
ROUQUETTE.	
Ce que coûtent les Femmes	1 20
ROUQUETTE ET FOURGEAUD.	
Les Drames de l'amour, 2 séries	1 20
ROUQUETTE ET MORET.	
Le Médecin des femmes, 3 séries	1 80
VADALLE (DE).	
L'Homicide d'Auteuil, 3 séries	1 80
VIDOCQ.	
Les Vrais Mystères de Paris, 4 séries	2 40
VOLTAIRE.	
Candide, 1 série	» 60

Le Catalogue général des Collections Degorce-Cadot est envoyé franco.

1073-77. — Boulogne (Seine). — Imprimerie JULES BOYER.

LE

PARG AUX GERFS

GRAND ROMAN HISTORIQUE

Par Albert BLANQUET

PRIX : 1 franc 20. — Par poste et Étranger : 1 franc 50.

PARIS

A. DEGORCE-CADOT, éditeur, 70bis, rue Bonaparte

ET CHEZ TOUS LES LIBRAIRES DE FRANCE ET DE L'ÉTRANGER

1073-77 — Boulogne (Seine).—Imprimerie JULES BOYER.

PRIX : 50 centimes.

10me SÉRIE

Par Poste et Étranger : 60 cent.

LE
BARON FRÉDÉRICK

PAR

GUSTAVE AIMARD

Édition de luxe illustrée

PARIS

A. DEGORCE-CADOT, éditeur, 70bis, rue Bonaparte

ET CHEZ TOUS LES LIBRAIRES DE FRANCE ET DE L'ÉTRANGER

PRIX : 50 centimes.   9ᴹᴱ SÉRIE   Par Poste et Etranger : 60 cent.

LE
BARON FRÉDÉRICK

PAR

GUSTAVE AIMARD

Édition de luxe illustrée

PARIS

A. DEGORCE-CADOT, éditeur, 70ᵇⁱˢ, rue Bonaparte

ET CHEZ TOUS LES LIBRAIRES DE FRANCE ET DE L'ÉTRANGER

SÉRIE 9ᴮᵁ

PRIX : 50 centimes. 10me SÉRIE Par Poste et Étranger : 60 cent.

LE
BARON FRÉDÉRICK

PAR

GUSTAVE AIMARD

Édition de luxe illustrée

PARIS

A. DEGORCE-CADOT, éditeur, 70bis, rue Bonaparte

ET CHEZ TOUS LES LIBRAIRES DE FRANCE ET DE L'ÉTRANGER

SÉRIE 10me

PRIX : 50 centimes.   11ME SÉRIE   {Par Poste et Étranger : 60 cent.

LE
BARON FRÉDÉRICK

PAR

GUSTAVE AIMARD

Édition de luxe illustrée

PARIS

A. DEGORCE-CADOT, éditeur, 70bis, rue Bonaparte

ET CHEZ TOUS LES LIBRAIRES DE FRANCE ET DE L'ÉTRANGER

L'Ouvrage complet — 8 séries de 48 pages — 2 fr. 40

COLLECTION DES ROMANS INTÉRESSANTS ILLUSTRÉS

LE COUPEUR DE TÊTES

PAR Louis Noir.

Boulogne (Seine). — Imprimerie JULES BOYER.

COLLECTION DEGORCE-CADOT.

Éditeur, 70 bis, rue Bonaparte, PARIS

EXTRAIT DU CATALOGUE

BIBLIOTHÈQUE DE BONS ROMANS ILLUSTRÉS

Format grand in-4° à deux colonnes

N. B. — Les mêmes ouvrages peuvent être demandés par séries séparées à 60 c. l'une

SUR DEMANDE AFFRANCHIE

Le Catalogue général de la Librairie DEGORCE-CADOT est envoyé franco.

En ajoutant 10 centimes au prix de chaque Série, les Brochures ci-dessus seront expédiées franco par la poste.

Boulogne (Seine). — Imprimerie JULES BOYER.

L'Ouvrage complet — 8 séries de 48 pages — 2 fr. 40

COLLECTION DES ROMANS INTÉRESSANTS ILLUSTRÉS

LE COUPEUR DE TÊTES

PAR LOUIS NOIR.

Boulogne (Seine). — Imprimerie JULES BOYER.

IMEN. Livraison à 10 centimes.

La 1ʳᵉ livraison paraîtra le 18 mars.
La 1ʳᵉ série à 50 cent. paraîtra le 1ᵉʳ avril.

1

LES

MAITRES ESPIONS

PAR

GUSTAVE AIMARD

Édition de luxe illustrée

PARIS

A. DEGORCE-CADOT, éditeur, 70ᵇⁱˢ, rue Bonaparte

ET CHEZ TOUS LES LIBRAIRES DE FRANCE ET DE L'ÉTRANGER

LES MAÎTRES ESPIONS

PROLOGUE

I

COMMENT L'ARAIGNÉE TENDAIT SA TOILE

L'Autriche était vaincue.

Les résultats imprévus de la bataille de Sadowa l'avaient livrée pantelante aux griffes acérées de l'hyène prussienne.

Impuissant et humilié, l'empereur d'Autriche avait été contraint de se courber sous l'implacable volonté de son vainqueur et de signer le honteux traité qui le rejetait hors de la Confédération allemande.

Depuis quelques jours, Guillaume IV se trouvait à Ems, où il digérait l'immense curée de l'Empire mis à sac.

A cette époque, le roi de Prusse était un homme d'environ soixante-neuf ans, d'une taille bien au-dessus de la moyenne, sec, nerveux, plutôt laid que beau. Son œil, brillant parfois de fauves lueurs, disparaissait presque constamment, perdu derrière des cils épais et sous ses sourcils abondants. Ses favoris en hérisson et ses moustaches ébouriffées lui donnaient au premier aspect une ressemblance frappante avec le jaguar, ce tigre américain.

Boutonné depuis le haut jusqu'en bas, gourmé et pour ainsi dire ficelé dans une capote bleue à deux rangs de boutons d'argent, il portait des épaulettes de même métal, à graines d'épinards. Un passe-poil rouge accompagnait le collet et dessinait les manches de cette capote qui, par une ouverture pratiquée à cet effet comme dans les tuniques de nos anciens sergents de ville, laissait passer la poignée et la dragonne de son épée dont le fourreau tombait droit le long du vêtement.

Le surplus de son costume se composait d'un pantalon gris de fer, avec le passe-poil d'un rouge sanglant.

Ses manières et ses allures, triviales et presque grossières, étaient celles d'un vieux soldat.

De plus, il affectait en parlant la prononciation nasillarde du grand Frédéric dont il a fait son modèle.

Chaque jour on le voyait sur le Cursaal se promener silencieusement, seul, jetant autour de lui des regards sournois, comme un fauve qui guette, et suivi à dix pas en arrière par deux laquais à face patibulaire, dignes serviteurs de ce monarque cauteleux qui résume en lui la froide cruauté des Teutons, l'orgueil brutal des Germains et l'avarice sordidement judaïque et légendaire des Hohenzollern.

Le jour où commence l'histoire que nous entreprenons de raconter, après avoir bu son verre d'eau, ainsi qu'il le faisait chaque matin, le roi venait d'apparaître sur le Cursaal, mais cette fois il n'était pas seul.

Il était accompagné d'un homme d'une taille élevée, aux traits heurtés, aux cheveux courts et rares sur le front, aux yeux glauques, dont le regard sans cesse errant ne se fixait jamais. Les poils rudes de sa moustache coupée en brosse ne cachaient qu'à demi la torsion sardonique de sa bouche aux lèvres charnues dont le rire, qu'il essayait vainement de rendre bonhomme, ne parvenait qu'à donner à son visage une indicible expression de fourberie railleuse.

La morgue et la roideur de ce personnage le faisaient, bien qu'il portât un costume civil, reconnaître pour un officier prussien.

Cet homme était le ministre, le confident, l'*alter ego* du roi, le sombre conseiller dont les perfides insinuations poussaient incessamment son maître dans la voie ténébreuse, où quelques années plus tard celui-ci devait s'enfoncer dans le sang jusqu'aux genoux. C'était l'homme enfin qui, patriote et démocrate au début de sa carrière, avait renié toutes ses croyances; que ses flatteurs ont eu l'audace de comparer à Richelieu, et qui n'est même pas la caricature de Mazarin.

Pendant près d'une demi-heure, le roi et le ministre s'entretinrent à voix basse, avec une animation toujours croissante.

Le roi marchait la tête légèrement penchée sur la poitrine. Du bout de sa botte, il poussait avec un geste impatient les cailloux qui se rencontraient sur ses pas.

Le ministre, sans hausser la voix, mais avec des mouvements obséquieux, des sourires serviles, semblait insister près de son maître sur une demande qu'il lui adressait sans doute et que celui-ci s'obstinait à refuser.

Mais enfin, comme cela arrive toujours, lorsqu'un caractère faible et incertain se trouve aux prises avec un autre plus fort et plus résolu, le roi, de guerre las, s'arrêta, redressa la tête et fit un geste d'assentiment.

Le ministre, sans insister davantage, recula d'un pas en arrière, salua en s'inclinant profondément, et laissant son maître continuer seul sa promenade, il se retira en lui lançant à la dérobée un regard de triomphe.

C'était un noble seigneur que ce ministre, et, bien que sa fortune ne répondît pas encore à ses prétentions, toutes féodales, et surtout à ses vues ambitieuses, il était de vieille race et portait le titre de comte.

Sans nul doute, ses ancêtres devaient faire partie de ces nobles à aire d'épervier qui détroussaient les voyageurs, *allaient à la proie*, et que Frédéric Barberousse broya dans leurs burgs féodaux sous sa puissante épée.

Probablement aussi le descendant de ces nobles écorcheurs rêvait de ressusciter ces beaux temps du moyen âge, et c'est dans ce but qu'il s'était mis à l'œuvre avec une si furieuse ténacité; s'essayant d'abord sur le Danemarck, puis sur l'Autriche, puis sur les petits États de la Confédération germanique, afin de procéder plus tard en grand à l'écrasement de la civilisation moderne.

Donc, ainsi que nous l'avons dit, le comte, après avoir quitté son maître, s'éloigna à grands pas, s'enfonça dans les rues les plus désertes de la ville, puis, arrivé devant une maison de médiocre apparence, mais construite entre cour et jardin, il s'arrêta devant une porte basse pratiquée dans le mur de ce jardin, jeta autour de lui un regard investigateur pour s'assurer que personne n'observait ses mouvements.

Il ouvrit cette porte avec une clef microscopique qu'il retira d'une des poches de son gilet et referma la porte derrière lui.

Il se trouva alors dans un jardin assez vaste, construit à la française, et qui, sans doute abandonné depuis longtemps, ressemblait presque à un bois, tant les arbres et arbustes qui le composaient avaient jeté dans toutes les directions des rejetons parasites.

Le ministre s'engagea dans une sorte d'allée qu'il parcourut d'un pas hâtif dans toute sa longueur.

Après quelques minutes, il déboucha sur une vaste [pelouse qui s'étendait derrière la maison.

Là, se trouvaient installés comme dans un camp provisoire, une centaine de soldats revêtus de l'uniforme prussien.

En apercevant le comte, ils se levèrent respectueusement, se placèrent en haie sur son passage et lui firent le salut militaire.

Le comte, rendit ce salut d'un geste machinal, monta quelques marches d'un perron en assez mauvais état, posa la main sur le loqueteau d'une porte, mais, au moment de l'ouvrir, il se retourna.

— Capitaine Schultz, dit-il à un officier qui, le petit doigt de la main gauche sur la couture du pantalon et la main droite au casque, se tenait immobile, au bas du perron, mon secrétaire vous a-t-il communiqué mes ordres ?

— Oui, Excellence, répondit le colosse, — le capitaine avait plus de six pieds, — plus semblable à un automate qu'à un homme.

— A dix heures, ce soir, soyez prêt. Maintenant, allez.

Le capitaine se retourna tout d'une pièce, et rejoignit d'autres officiers qui se tenaient roides et immobiles à quelques pas plus loin.

Le comte poussa la porte, pénétra dans le corridor et de là dans un vaste cabinet où il s'assit dans un large fauteuil, derrière une table couverte ou plutôt encombrée de papiers et de dossiers soigneusement étiquetés et rangés avec un soin méticuleux.

Ce cabinet était éclairé par deux grandes fenêtres, devant lesquelles tombaient d'épais rideaux, qui ne laissaient pénétrer qu'un jour presque crépusculaire.

A une petite table, placée dans un des angles de la pièce, écrivait un homme à la figure de fouine, dont les cheveux du blond le plus fade tombaient en longues mèches graisseuses sur le collet de son habit étriqué, aux coutures blanches de vétusté et réparé aux coudes.

Aussitôt qu'il aperçut le comte, cet homme se leva comme poussé par un ressort, salua en se courbant en deux comme s'il eût voulu faire la culbute, puis il reprit sa place sur sa chaise et se remit à sa tâche, un instant interrompue.

— Quoi de nouveau, herr Muller ? dit le comte.

— Rien, monseigneur, répondit le scribe en se levant et saluant de nouveau, puis il se rassit.

— Il n'est venu personne ?

— Personne, monseigneur, répondit le scribe, se relevant et resaluant.

Rien n'était plus singulier que les mouvements automatiques et compassés de ce digne homme qui, chaque fois que son maître lui adressait la parole, se croyait obligé de se lever, de saluer et de se rasseoir.

La conversation eût-elle duré plusieurs heures, jamais il n'eût manqué d'accomplir à chaque interpellation ce qu'il considérait de sa part comme un devoir impérieux.

Plus d'une fois, le comte lui avait fait des observations à ce sujet, mais jamais le secrétaire n'avait voulu en démordre. Aussi le ministre avait-il fini par le laisser libre d'agir à sa guise.

— Vous savez, herr Muller, dit le comte avec intention, que je veux être prévenu aussitôt que les personnes que j'attends seront arrivées.

— Je me suis conformé en tout aux ordres de Votre Excellence, monseigneur.

— N'avais-je pas convoqué pour aujourd'hui certaines personnes qui désirent m'adresser des demandes ?

— J'ignore, monseigneur, quelles sont les personnes qui ont été convoquées par Votre Excellence, mais l'antichambre est pleine de gens qui semblent, pour la plupart, venir des parties les plus éloignées de la Prusse. Ils sont bien une trentaine. Parmi eux se trouvent plusieurs femmes. Tous, du reste, sont munis de pressantes lettres de recommandation pour Votre Excellence.

Un sourire de railleuse satisfaction illumina comme un éclair dans la nuit sombre, le visage renfrogné du ministre.

— S'il en est ainsi, dit-il, ne faisons pas attendre ces personnes plus longtemps. Introduisez-les immédiatement et faites-les entrer par ordre alphabétique. Je n'ai au reste que quelques mots à dire à chacune d'elles. Eh! mais, à propos, les bons sur la trésorerie, que je vous ai demandés, sont-ils prêts?

— Les voici, monseigneur. Il y en a cinq cents. Ils sont, ainsi que vous m'en avez donné l'ordre, de cinq mille, dix mille, vingt-cinq mille et cent mille thalers, tous payables au porteur, dans les principales maisons de banque de Paris, Metz, Nancy, Mulhouse, etc....

— Très-bien, herr Muller, dit le comte, en feuilletant les liasses de bons de la trésorerie, qu'il plaça ensuite sur la table et sur lesquels il posa un presse-papier. Maintenant faites entrer ces solliciteurs... N'oubliez pas cependant que si les personnages que j'attends arrivaient durant ce temps, je tiens à les voir immédiatement.

— Votre Excellence sera obéie, monseigneur.

Le scribe salua et sortit à reculons.

Le comte se leva et alla s'adosser à la cheminée.

— Tous ces individus me sont fort recommandés, murmura-t-il en parcourant des yeux un papier écrit en chiffres. On me les représente comme des gens actifs, intelligents, sans scrupules, pauvres, avides et résolus à ne reculer devant rien pour atteindre la fortune. Le moment arrive où s'engagera la grande partie que je prépare depuis si longtemps. Il est temps enfin que tous les fils de l'immense réseau dont j'ai couvert la France soient reliés entre eux et que je les tienne dans ma main. Qui saurait prévoir les événements qui d'ici à quelques mois peuvent surgir? Il faut

être prêt. Et puis, au besoin, ne puis-je pas aider le hasard? « Aide-toi, le ciel t'aidera, » a dit un sage. Et je m'aide autant que je puis, ajouta-t-il en riant, car cette fois ce ne sont plus des soldats que je vais envoyer, ce sont des chefs...

En ce moment, la porte du cabinet s'ouvrit et la portière fut soulevée. Un homme parut, et les audiences commencèrent.

Elles continuèrent sans interruption pendant toute la journée. Ce ne fut que vers six heures du soir que le dernier solliciteur quitta le cabinet du comte.

Chacun de ces personnages, chargé sans doute par le ministre de quelques missions ténébreuses, emportait avec lui un ou plusieurs des bons de la trésorerie.

Le comte passa alors dans une salle à manger voisine de son cabinet, et se fit servir immédiatement à dîner.

Le ministre du roi de Prusse est grand mangeur, et surtout grand buveur. La station qu'il fit à table fut longue. Lorsqu'il se leva pour rentrer dans son cabinet, ses joues légèrement enluminées, témoignaient qu'il s'était arrêté sur la limite précise, non pas de la tempérance, mais de l'ivresse.

Chez cet homme, dans les veines duquel coulait du fiel au lieu de sang, la digestion était laborieuse, l'âme au lieu de s'égayer s'attristait. Le visage devenait plus sombre.

Il s'assit.

Une pendule de style Louis XIV, posée sur un piédouche, sonna lentement dix heures.

Au même instant, un bruit semblable au roulement d'un tonnerre lointain et qui se rapproche rapidement, se fit entendre au dehors. Le bruit cessa devant la maison, puis des pas pesants résonnèrent dans l'antichambre. On entendit plusieurs crosses de fusil se reposer sur les dalles.

La porte s'ouvrit, et herr Muller montra sa longue personne par l'entrebâillement.

— Monseigneur est-il disposé à recevoir le

aron de Stanbow? dit-il d'une voix obsé-
lieuse.

— Qu'il entre, répondit le comte, mais que
escorte ne s'éloigne pas.

La personne annoncée sous le titre de
aron de Stanbow, et qui avait pu entendre
ette recommandation, pénétra alors dans le
abinet, salua respectueusement le comte,
uis elle se redressa et demeura immobile et
oide comme un soldat sous les armes.

Le baron était un homme de vingt-trois
ns environ.

Superbe cavalier dans toute l'acception du
ot, il résumait en sa personne toutes les
eautés de la race germanique pure. Toute-
ois, ses traits pâles, fatigués, défaits, ses
eux alanguis, montraient chez ce jeune
omme, soit une grande douleur morale non
ncore étouffée, soit les lassitudes d'une dé-
ravation précoce.

Peut-être y avait-il en lui de l'un et de
autre.

Le comte l'examina un instant à la dérobée,
uis fixant sur lui son regard glauque, il lui
it d'une voix douce et avec un indicible
ccent de bonhomie :

— Vous êtes le baron Frédéric de Stanbow,
monsieur ?

— Oui, monseigneur.

— Veuillez approcher.

Le baron fit quatre pas en avant et s'ar-
êta en face du ministre dont la table seule le
éparait.

— Monsieur le baron, reprit le comte, dont
a voix devenait de plus en plus douce et les
manières se faisaient plus affables, il y a
quelques jours seulement que j'ai été informé
ar hasard de la dure réclusion à laquelle vous
tes condamné. La personne qui m'a parlé de
ous semble vous porter un si vif intérêt que
e n'ai pu résister au désir que me témoignait
ette personne, et j'ai pris sur vous et sur les
auses qui ont amené votre détention les renseignements les plus précis et les plus minutieux.

— Monseigneur !... murmura le baron avec
embarras.

— Oui, je sais. Vous avez eu une jeunesse...
comment dirai-je ?... orageuse, si orageuse
même que votre famille, épouvantée de vos
désordres, a porté au roi une plainte fou-
droyante contre vous.

— Monseigneur !...

— Oh! permettez, monsieur le baron. Je
ne me pose pas devant vous en pédagogue.
Eh! mon Dieu! moi aussi, j'ai eu une jeunesse orageuse. Moi aussi, j'ai jeté l'argent
par toutes les fenêtres ; j'ai eu des intrigues,
et pourtant, vous le voyez, aujourd'hui.....
Seulement, entre nous soit dit, vous avez été
un peu trop vite. Mais il y a deux ans à peine
en possession de votre fortune, vous vous
êtes ruiné, sans même savoir comment. Et
alors, à bout de ressources, ayant perdu tout
crédit — ce n'est pas moi qui dis cela, remar-
quez-le bien, c'est la plainte adressée au
roi, — vous n'auriez pas hésité pour continuer quelque temps encore cette folle existence, à contrefaire d'honorables signatures.

— Oh! monseigneur ! en effet...

— Ceci est grave, monsieur le baron, d'autant plus grave que votre père, dit-on, en
est mort de chagrin. Aussi, Sa Majesté le roi,
grâce à la bienveillance qu'il conserve pour
votre famille, et afin de ne pas vous laisser
publiquement déshonorer le nom de vos ancêtres, vous a-t-il condamné à terminer vos
jours dans une forteresse. Mon embarras est
extrême, je ne vous le cache pas, mon cher baron : je voudrais vous être utile et, je vous
l'avoue, je ne sais que faire. Voyons. Tout cela
est-il vrai ? Qu'avez-vous à objecter ?

— Rien monseigneur, murmura le jeune
homme d'une voix tremblante. Le châtiment
est juste et mérité. Cependant, puisque Votre
Excellence daigne m'interroger, j'oserai, si
elle me le permet, implorer d'elle une
grâce.

— Une grâce ! fit le comte avec un feint
intérêt.

— Monseigneur, je suis bien jeune. Ma punition durera peut-être bien longtemps encore. Les souffrances que j'endure sont intolérables. Daigne le roi mettre le comble à ses bontés en ordonnant immédiatement mon exécution. Ma mort aura racheté ma vie.

Il y eut un assez long silence entre les deux interlocuteurs.

Le jeune homme suivait d'un regard anxieux le tout-puissant ministre qui, les bras derrière le dos, la tête penchée sur la poitrine, marchait à grands pas dans le cabinet, plongé en apparence dans les plus profondes réflexions.

Enfin le comte s'arrêta devant le jeune homme, et fixant sur celui-ci un regard qui lui fit baisser les yeux.

— Ainsi, c'est la mort que vous implorez, lui dit-il d'une voix douce.

— Oui, la mort, la mort par grâce, monseigneur, répondit-il avec des larmes dans la voix.

Le comte sourit; son visage s'éclaira; ses traits s'adoucirent encore.

— Vous souffrez donc bien? lui dit-il.

— Un martyre de toutes les heures, de toutes les secondes, monseigneur; un martyre si effroyable qu'il me faut toute la force de ma volonté pour m'empêcher de me briser le crâne contre les murs de ma prison.

— Et si je vous les ouvrais, les portes de cette prison? reprit le comte en pesant sur chaque mot. Si je vous rendais à la vie? Si je faisais renaître l'avenir qui s'est si brutalement fermé devant vous? En un mot, si je vous faisais libre et riche?

— Oh! monseigneur, murmura le jeune homme, dont tout le corps était agité par un mouvement convulsif et dont le front s'humectait de larges gouttes de sueur. Tant de bonheur me serait-il réservé? Oh! non, c'est impossible!

— Rien n'est impossible à qui veut fermement, répliqua sentencieusement le sinistre tentateur.

— Monseigneur, pardonnez-moi ces paroles qui s'échappent malgré moi de mon cœur chargé d'amertume. Je n'ose croire à cet avenir dont vous me parlez... Moi retranché du nombre des vivants! Vous raillez, monseigneur... Si je pouvais un instant supposer que ce que vous daignez me dire fût vrai... Mais non. Cela n'est pas : cela ne saurait être.

— Pauvre nature humaine, fit le comte, comme s'il se parlait à lui-même; le doute sera-t-il donc toujours au fond de tous les sentiments? Voyons, répondez nettement, monsieur le baron de Stanbow, répondez comme je vous interroge : je vous le répète, il ne tient qu'à vous d'être libre et riche.

— Oh! alors, monseigneur, tout de suite, reprit-il d'une voix étouffée.

— Tout de suite? Soit! reprit le comte redevenant subitement froid : je ne vous ai pas dit : vous êtes libre; mais il ne tient qu'à vous d'être libre, ce qui n'est pas tout à fait la même chose. Cela suppose... une convention... une condition... enfin, une sorte de pacte entre nous.

— Condition, convention ou pacte, j'accepte tout, monseigneur, tout, pour être libre; respirer enfin l'air pur, voir d'autres hommes que mes geôliers; errer à ma guise, au milieu de la foule indifférente, mais dont chaque individu sera pour moi un ami inconnu... Oh! monseigneur, ne rétractez pas vos paroles! Rendez-moi cette liberté que vous m'avez laissé entrevoir, lorsque l'espérance même m'avait abandonné; demandez-moi en retour ce que vous voudrez. Je suis prêt à tout pour être libre, quoi que vous m'ordonniez, quoi que vous exigiez de moi... Je le ferai sans hésitation, sans crainte, sans remords.

— Allons, dit le comte, avec un accent d'imperceptible raillerie, je vois que je ne me suis pas trompé sur vous et que nous pouvons nous entendre. Écoutez-moi, baron de Stanbow; aussitôt que vous aurez quitté ce cabinet, vous serez libre et vous emporterez dans votre portefeuille deux bons de la trésorerie

LES
MAITRES ESPIONS

PAR

GUSTAVE AIMARD

GRAVURE DE LA 1ᵉ LIVRAISON

ÉDITION DE LUXE, GRAND IN-4°

EN VENTE PARTOUT :

1ᵉ Livraison à 10 cent. le Dimanche 18 Mars

1ᵉ Série de 5 Livraisons à 50 cent. le 1ᵉʳ Avril

L'Ouvrage sera complet en 90 Livraisons à 10 centimes ou 18 Séries à 50 centimes.

43.77. — Boulogne (Seine). — Imp. JULES BOYER.

LES
MAITRES ESPIONS
PAR
GUSTAVE AIMARD

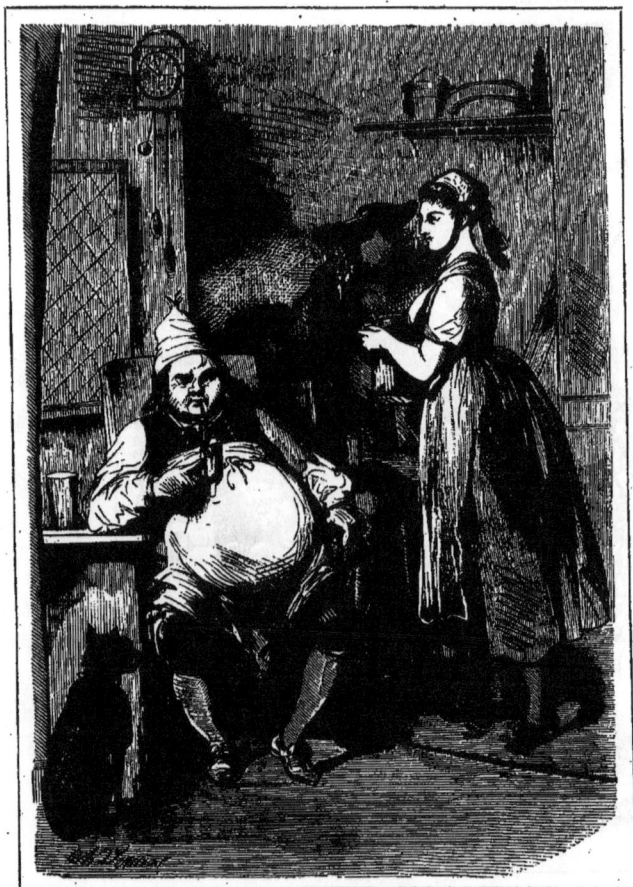

GRAVURE DE LA 3e LIVRAISON

ÉDITION DE LUXE, GRAND IN-4°

EN VENTE PARTOUT :

1re Livraison à 10 cent. le Dimanche 18 Mars

1re Série de 5 Livraisons à 50 cent. le 1er Avril

L'Ouvrage sera complet en 90 Livraisons à 10 centimes ou 18 Séries à 50 centimes.

457,77. — Boulogne (Seine). — Imp. JULES BOYER.

LES
MAITRES ESPIONS

PAR

Gustave AIMARD

GRAVURE DE LA 3ᵉ LIVRAISON

ÉDITION DE LUXE, GRAND IN-4°

EN VENTE PARTOUT :

1ʳᵉ Livraison à 10 cent. le Dimanche 18 Mars

1ᵉᵘ Série de 5 Livraisons à 50 cent. le 1ᵉʳ Avril

L'Ouvrage sera complet en 90 Livraisons à 10 centimes ou 18 Séries à 50 centimes.

457.77. — Boulogne (Seine). — Imp. JULES BOYER.

LES
MAITRES ESPIONS

PAR

GUSTAVE AIMARD

GRAVURE DE LA 2e LIVRAISON

ÉDITION DE LUXE, GRAND IN-4°

EN VENTE PARTOUT :

1re Livraison à 10 cent. le Dimanche 18 Mars

1re Série de 5 Livraisons à 50 cent. le 1er Avril

L'Ouvrage sera complet en 90 Livraisons à 10 centimes ou 18 Séries à 50 centimes.

457.77. — Boulogne (Seine). — Imp. JULES BOYER.

LES MAITRES ESPIONS

PAR

GUSTAVE AIMARD

GRAVURE DE LA 4ᵉ LIVRAISON.

ÉDITION DE LUXE, GRAND IN-4°

EN VENTE PARTOUT :

1ʳᵉ Livraison à 10 cent. le Dimanche 18 Mars.

1ʳᵉ Série de 5 Livraisons à 50 cent. le 1ᵉʳ Avril.

L'Ouvrage sera complet en 90 Livraisons à 10 centimes ou 18 Séries à 50 centimes.

437.77. — Boulogne (Seine). — Imp. JULES BOYER.

LES
MAITRES ESPIONS

PAR

GUSTAVE AIMARD

GRAVURE DE LA 2ᵉ LIVRAISON

ÉDITION DE LUXE, GRAND IN-4°

EN VENTE PARTOUT

1ʳᵉ Livraison à 10 cent. le Dimanche 18 Mars

1ʳᵉ Série de 5 Livraisons à 50 cent. le 1ᵉʳ Avril

L'Ouvrage sera complet en 90 Livraisons à 10 centimes ou 18 Séries à 50 centimes.

457.77. — Boulogne (Seine). — Imp. JULES BOYER.

LES
MAITRES ESPIONS
PAR
Gustave AIMARD

GRAVURE DE LA 5ᵉ LIVRAISON

ÉDITION DE LUXE, GRAND IN-4ᵒ

EN VENTE PARTOUT :

1ʳᵉ Livraison à 10 cent. le Dimanche 18 Mars

1ʳᵉ Série de 5 Livraisons à 50 cent. le 1ᵉʳ Avril

L'Ouvrage sera complet en 90 Livraisons à 10 centimes ou 18 Séries à 50 centimes.

457.77. — Boulogne (Seine). — Imp. JULES BOYER.

LES

LES
MAITRES ESPIONS

PAR

GUSTAVE AIMARD

GRAVURE DE LA 6ᵉ LIVRAISON

ÉDITION DE LUXE, GRAND IN-4°

EN VENTE PARTOUT :

1ʳᵉ Livraison à 10 cent. le Dimanche 18 Mars

1ʳᵉ Série de 5 Livraisons à 50 cent. le 1ᵉʳ Avril

L'Ouvrage sera complet en 90 Livraisons à 10 centimes ou 18 Séries à 50 centimes.

457.77. — Boulogne (Seine). — Imp. JULES BOYER.